BIBLIOTHÈQUE SCIENTIFIQUE UNIVERSELLE

LA FIN DU MONDE
DES ESPRITS

LE SPIRITISME
DEVANT LA RAISON ET LA SCIENCE

PAR

LE Dr PHILIP DAVIS

OUVRAGE ILLUSTRÉ DE 13 FIGURES DANS LE TEXTE

PARIS
A LA LIBRAIRIE ILLUSTRÉE
7, RUE DU CROISSANT ET RUE ST-JOSEPH, 8

Tous droits réservés.

LA FIN

DU

MONDE DES ESPRITS

LA FIN

DU

MONDE DES ESPRITS

LA FIN
DU
MONDE DES ESPRITS

LE SPIRITISME
DEVANT LA RAISON ET LA SCIENCE

PAR

LE Dr PHILIP DAVIS

OUVRAGE ILLUSTRÉ DE 13 FIGURES DANS LE TEXTE

PARIS

A LA LIBRAIRIE ILLUSTRÉE

7, RUE DU CROISSANT, 7

Tous droits réservés.

INTRODUCTION

Ce livre est le fruit de vingt années de recherches et d'études expérimentales sur le spiritisme et les singuliers phénomènes qui lui sont généralement attribués.

Les adeptes de cette croyance prétendent n'avoir rien à craindre des lumières de la science; ils en invoquent même le contrôle, assurés qu'ils sont du triomphe de leurs doctrines et des manifestations extérieures qui, d'après eux, en montrent la légitimité.

J'ai donc examiné les faits et les théories spirites d'après les règles scientifiques les plus étroites et les plus sévères, ne laissant rien passer sans le soumettre aux méthodes d'observation, d'analyse et de synthèse que l'on a coutume d'appliquer à l'étude de tous les phénomènes de la nature, et cela sans parti pris, sans système préconçu, prêt à accepter l'existence des esprits, si cette existence venait à ressortir clairement de mes expériences; mais je dois dire en toute franchise que je n'ai rencontré nulle part ces prétendants intermédiaires entre la terre et les mondes supérieurs.

Le spiritisme, bien qu'il ait l'air de s'en défendre, est devenu une véritable religion qui compte parmi ses adeptes de farouches sectaires, de sombres fanatiques, pour qui la raison et le libre examen sentent le fagot, et qui aurait ses martyrs si l'ère des persécutions religieuses n'était point fermée à tout jamais ; et comme toutes les religions, il a tenu à prolonger la vie de l'être humain au delà des bornes assignées à l'existence de son enveloppe matérielle.

Il n'y a rien de *nouveau* dans la *nouvelle* croyance, pas plus la doctrine, qui prétend établir que nous restons en communication avec les âmes des morts passés à l'état d'esprits, que les manifestations qui servent de lien entre ces derniers, c'est-à-dire les habitants de notre sphère. Tout cela est aussi vieux que le monde, a été enseigné dans tous les temples de l'antiquité, et ne peut séduire que les intelligences absolument ignorantes des choses du passé.

Si le spiritisme pouvait *de nouveau* envahir le monde, et soumettre la raison humaine à ses pratiques, loin d'être un progrès comme ses adeptes le prétendent, ce serait un retour aux plus grossières superstitions des âges disparus, et la proscription des conquêtes de la science, par le fanatisme religieux et la sorcellerie.

N'ai-je pas entendu, dans une réunion de spirites convaincus, où je prenais la défense des droits de la science et de la raison, un colonel s'écrier avec une sombre conviction :

— Il n'y a ni raison ni science quand les esprits ont parlé, il n'y a qu'à se taire et à obéir !

Que dire d'une doctrine qui amène des gens réputés intelligents à un pareil oubli de la liberté des autres et de leur propre dignité ?

En dehors des personnes que l'étude des nombreuses variations de l'esprit humain et des différentes formes revêtues par la superstition à travers les âges, a conduites à l'examen sérieux du spiritisme, ou encore de celles que la curiosité d'abord et le désir d'approfondir la question ensuite, ont amenées au même résultat, il en est d'autres qui ne savent rien de cette secte étrange qui est en train d'envahir l'Amérique et l'Angleterre, et compte déjà près de deux cent mille adeptes, à Paris seulement.

A cette catégorie de lecteurs, peut-être l'ouvrage que je publie aujourd'hui pourrait-il présenter quelque obscurité si je n'en éclairais le début d'explications préalables. La mise en scène d'une séance complète de spiritisme me paraît devoir répondre entièrement à cette nécessité, car il en ressortira la connaissance des doctrines professées par les spirites et celle des moyens qu'ils emploient pour mettre en rapport les vivants et les morts.

Je trouve dans mes notes la première séance de spiritisme à laquelle j'ai assisté, je la transcris textuellement; l'impression qu'elle me laissa fut de telle nature, que de ce jour-là je résolus de faire une étude approfondie de ces étranges phénomènes, afin d'établir la part de la supercherie et de la vérité :

Ce fut un soir de 1857 à New-York, un de mes amis m'introduisit dans un cercle spirite fort célèbre à cette époque : « *Life and Light.* » — Vie et Lumière, — était son nom.

La séance allait commencer, et je n'eus que le temps, après les présentations d'usage, de prendre place, mais cinquantième au moins, autour d'une vaste table formant un parallélogramme arrondi à chaque extrémité; la pièce était fortement éclairée par trois becs de gaz emprisonnés dans des globes de cristal rose; c'était une séance en pleine lumière, le cercle, du reste, n'en donnait pas d'autres, pour prévenir la fraude le plus possible, ainsi que me l'apprit un de mes voisins de table, pendant les quelques minutes qui s'écoulèrent, avant que le *médium* qui causait avec le maître de la maison ne vînt s'asseoir au milieu de nous.

J'en profitai pour continuer, moi aussi, la conversation avec ce complaisant voisin.

— C'est la première fois, lui dis-je, que j'assiste à pareille séance.

— Alors vous êtes un néophite, me répondit-il, vous connaissez cependant les bases de nos croyances.

— Simplement pour en avoir entendu parler dans le monde.

— Alors on a dû vous débiter des choses fort ridicules ; permettez-moi de vous donner quelques notions plus saines, qui vous permettront de suivre nos expériences avec profit. Nous avons un peu de temps à nous, car on vient d'aller chercher un objet que le médium a fait demander.

— Vous me rendrez un véritable service, dis-je en m'inclinant.

— Oh ! ce ne sera pas long, les instants nous manquent pour sortir des considérations générales qui nous suffiront pour le moment.

Nous croyons que l'univers, depuis la création, est peuplé d'esprits, destinés à venir animer le corps des hommes, afin de se perfectionner par la lutte et la souffrance et atteindre le bonheur suprême sous la forme la plus pure et la plus parfaite. Les âmes des morts, en effet, s'entourent d'une matière vaporeuse puisée au fluide universel que nous appelons *perisprit*, du latin *peri spiritus*, autour de l'esprit. Ainsi munis d'une forme empruntée à la *matière quintessenciée*, les esprits vivent dans notre atmosphère, dans l'espace, dans les mondes supérieurs, indifféremment, selon leur degré de perfection et la mission qu'ils accomplissent. Ils sont nos guides naturels, car ils ne perdent ni le souvenir ni leur affection pour la famille terrestre dont ils ont fait partie et qu'ils s'appliquent à reformer autour d'eux.

Les esprits sont en communication constante avec nous, ce sont eux qui dirigent nos aspirations vers le bien, et malheureusement, car il y en a de mauvais, ce sont ces derniers également qui nous poussent vers le mal.

— Mais c'est la théorie chrétienne que vous m'exposez, ne pus-je m'empêcher de dire à mon interlocuteur en l'interrompant.

— La vérité est *une*, me répondit-il, et éternelle. Il n'y a donc rien d'étonnant à ce qu'on rencontre dans le christianisme des parcelles de cette vérité, d'autant plus que cette religion a été fondée par des spirites dont les descendants ont dévoyé, ainsi qu'il arrive fatalement dans toutes les institutions humaines, qui oublient leurs principes en tombant aux mains des ambitieux qui ne voient en elles qu'un instrument de domination. Vous retrouverez des spirites partout, en Grèce, en Égypte, dans l'Inde, partout ils ont jeté les bases des pures croyances, confisquées ensuite par les prêtres........

Je continue ou plutôt je termine, car la séance va commencer. Lorsque les esprits veulent se manifester à nous autrement qu'en nous inspirant, c'est-à-dire se manifester matériellement, ils sont obligés de le faire par l'intermédiaire d'un fluide spécial, que tous les hommes possèdent, mais qui n'existe que chez un très petit nombre d'individus, en quantité suffisante pour permettre aux esprits de se révéler à nous par une série de phénomènes et de communications qui ne peuvent laisser aucun doute sur leur existence, et la mission qu'ils viennent remplir auprès des humains ; ce sont ces hommes doués de cette faculté et qui servent ainsi de lien entre les *Esprits* et les *Terrestres*, que nous appelons des *médiums*.

Vous connaissez sans doute celui qui va diriger les manifestations de cette séance.

— Non ! je l'avoue.

— C'est le célèbre Daniel Donglas Home.

— Celui qui depuis dix ans occupe les deux mondes de son étonnante personnalité ?

— Lui-même, je vous présenterai à lui à la fin de la soirée si vous le désirez.

— Bien volontiers.

Mon ami, en m'amenant au cercle, ne m'avait pas prévenu de cette particularité, il avait sans doute voulu me laisser toute la saveur de l'imprévu. C'est de cette époque que datent mes relations avec Home, relations qui avec le temps devaient revêtir tous les caractères d'une véritable et sincère amitié.

Notre conversation en resta là forcément, le célèbre médium venait de s'asseoir dans le fauteuil qu'on lui avait réservé.

Après nous avoir prié de mettre nos mains sur la table, afin de centraliser notre fluide, et de rester en communication avec lui, Home plaça simplement le bout de ses doigts sur le rebord de la table, et presque immédiatement cette dernière, qui était restée muette à notre contact, fit entendre des coups d'une telle violence, qu'il semblait qu'on voulût la briser à coups de marteau.

A volonté et sur la demande de l'un de nous, les coups frappés simulèrent des roulements de tambour, des crépitements semblables à des feux de peloton, ou bien encore battirent la mesure avec une rare exactitude, pendant que la maîtresse de la maison exécutait un morceau de piano.

Et pendant ce temps, deux de nous, sur l'invitation du médium, assis sur un escabeau, lui tenaient les jambes: quant aux mains de ce dernier, elles étaient restées immobiles, dans la position où il les avait placées au début.

Le maître de la maison, gentleman des plus honorables, nous affirma que la table n'avait subi aucune préparation, c'était celle qui servait à ses employés, depuis de longues années, pour la préparation des échantillons.

Mais là ne se borna pas cette expérience pour éviter jusqu'à possibilité d'un soupçon. A un moment donné Home se leva, retourna son fauteuil de façon à placer le dossier en face de la table sans la toucher, puis s'agenouillant sur ce siège, étendit les mains au-dessus de la table sans conserver le moindre contact avec elle. Aussitôt les mêmes phénomènes se reproduisirent avec une égale intensité.

Un alphabet muni d'une aiguille mobile fut alors apporté et les communications avec les prétendus esprits commencèrent.

Le procédé était des plus simples.

L'un de nous ayant demandé si un esprit présent désirait se manifester, deux coups secs frappés dans la table, d'après les conventions établies, répondirent affirmativement.

La personne chargée de recevoir la communication se mit à faire parcourir à l'aiguille

a.

mobile toutes les lettres de l'alphabet en commençant par l'A, et chaque fois que ladite aiguille arrivait sur une lettre que l'esprit voulait indiquer, la table frappait un coup, et la lettre était immédiatement enregistrée.

J'étais là haletant, on le conçoit, regardant ce singulier phénomène, de lettres frappées par la table, à mesure que l'aiguille tournait, à peu près comme dans les systèmes primitifs de télégraphe, me demandant si un sens quelconque allait sortir de cet assemblage de lettres qui s'allongeaient sur le papier et formaient déjà plusieurs lignes, lorsque tout à coup, un roulement se fit entendre dans la table... D'après les usages reçus entre les esprits et leurs intermédiaires les médiums, cela signifiait que la communication était terminée, et celui qui avait assemblé les lettres lut à haute voix :

« Mes chers compatriotes,

« Je suis profondément attristé par le spectacle de vos divisions intestines. Une guerre de tarifs s'est élevée entre les Etats du nord, qui sont manufacturiers et industriels, et les États du sud, qui sont surtout producteurs ; les droits exorbitants dont les matières premières sont chargées à leur sortie des ports du sud, n'ont d'autre but que d'éloigner la concurrence étrangère, afin de procurer à bas prix ces matières premières aux manufactures du nord, qui seules en bénéficient.

« Qui ne voit que dans ce cas les intérêts des États du sud, sont entièrement sacrifiés à ceux des États du nord, qui grâce à ces tarifs égoïstes sont les maîtres du marché des États du sud, contraints de livrer leurs marchandises à vil prix?

« Si le congrès ne se hâte de reviser ces tarifs dans un sens plus libéral et plus soucieux des intérêts de nos frères du sud, je prévois de grandes complications, qui peuvent mettre en péril l'œuvre d'unité américaine qui a été le souci de toute ma vie, et le but poursuivi par tous les vrais patriotes.

« WASHINGTON. »

Lorsque le nom du président dont nous révérions tous la mémoire, fut lancé aux auditeurs à la fin de cette communication, une singulière émotion s'empara de tous les assistants, car personne parmi eux excepté moi peut-être, ne doutait de la présence de l'âme de Washington au milieu de nous. Sur la proposition du maître de la maison, trois hurrahs frénétiques furent poussés en l'honneur du héros de l'Indépendance.

Tous ceux qui avaient assisté à cette séance furent persuadés que Washington était venu ce soir-là leur prédire la terrible guerre de sécession qui nous mit aux prises les uns les autres pendant quatre mortelles années. En se reportant à l'époque où eut lieu cette séance, il était facile de voir qu'il n'y avait aucune prédiction dans ces paroles, car elle n'était que le résumé des discours prononcés au congrès par les partisans de la revision des tarifs, qui ne craignaient pas de dire qu'il y avait dans cette injuste répartition des charges fédérales, un germe de *séparation* que les nordistes pourraient bien se reprocher un jour de n'avoir pas arraché.

Bien que ce fût la première fois que je voyais une séance de cette nature, il me fut impossible de croire à l'existence des esprits; j'avais beau faire de réels efforts pour me persuader, en présence de la conviction unanime des assistants, que c'était la meilleure manière d'expliquer les phénomènes dont j'étais témoin, ma raison refusait énergiquement de se courber devant ce genre de superstition, et de ce jour naquit le projet d'étudier le spiritisme sous toutes ses faces, afin de me rendre compte de la valeur de ses manifestations prétendues surnaturelles.

La suite de la séance fut plus étonnante encore.

Nous avions tous quitté la table, et nous fûmes témoins des phénomènes les plus extraordinaires accomplis par la seule force fluidique de Home:

il lui suffisait de placer la main au-dessus de la lourde table qui avait servi à nos expériences pour qu'elle s'élevât de quelques pieds au-dessus du sol, et une fois même elle s'en fut toucher le plafond des quatre pieds en se renversant, et cela sans aucun contact aperçu. Nous essayâmes, tous réunis, de lui faire accomplir la même évolution et il nous fut impossible d'y parvenir.

A volonté, par la simple imposition des mains à distance, Home éteignit les flambeaux et les ralluma plusieurs fois. Dans le même moment, lorsque les flambeaux pâlissaient, nous commencions à apercevoir des globes lumineux, qui parcouraient la salle en tous sens, et pendant les quelques secondes que durait l'extinction des feux, ces apparitions acquéraient une intensité extraordinaire.

Et pendant tout ce temps, Home se faisait tenir les mains par les assistants, et cette surveillance m'étant échue, je demandai à les tenir toutes deux à moi seul, ce qui me fut accordé, et je pus constater que pendant la durée des phénomènes elles étaient comme inertes, et couvertes d'une sueur glacée.

On apporta ensuite l'objet que le médium avait demandé; c'était un accordéon que le maître de la maison avait fait acheter pour la circonstance; l'instrument fut suspendu à une tringle de fer entre deux chaises, par le côté opposé aux touches, sans que le médium se mêlât en rien de cette opération. Ce dernier s'approcha alors, étendit la main droite au-dessus de l'accordéon, à cinq ou six pouces environ de la clef du soufflet, et trois minutes ne s'étaient pas écoulées, que des accords harmonieux se firent entendre comme si on essayait l'instrument, puis à ma profonde stupéfaction, l'air populaire dans toute l'Amérique de *Yanhee doodle* succéda à ce prélude, et cela sans aucun contact du médium avec l'accordéon.

L'expérience fut recommencée trois fois afin que chacun de nous pût voir qu'il n'y avait aucune supercherie, et il fut constant pour tous, que Home n'avait point touché l'instrument, ni avant, ni pendant toute la durée du phénomène.

Une balance ordinaire du système américain, pouvant peser jusqu'à deux cents kilos, fut alors placée sur la table ; tous les assistants purent la vérifier, et s'assurer que rien ne permettait la supercherie ; elle fut chargée à cet instant de 150 kilos, environ 290 livres américaines. Home étendit la main au-dessus du plateau vide, et nous vîmes, après un temps fort peu long, le plateau influencé par le médium s'abaisser graduellement, et faire contre-poids à la masse opposée, de façon à neutraliser entièrement les 150 kilos.

La séance se termina par un phénomène de matérialisation : nous vîmes clairement en pleine lumière trois mains vaporeuses sortir de la table, s'élever peu à peu au sommet d'un énorme bouquet qui venait d'être apporté, et effeuiller lentement les fleurs, principalement les roses, dont nous trouvâmes la table couverte après leur disparition.

Enfin pour prendre congé de nous, Home accomplit le fameux phénomène d'élévation familier avec Fakirs Indous, placé à quinze pas de nous, les bras croisés, l'œil perdu dans le vague, à la façon des inspirés transportés par l'extase. Il s'éleva insensiblement à une hauteur de deux pieds environ, sans le moindre soutien apparent, et, après être resté dans cette position environ une minute, il redescendit graduellement sur le sol.

Lorsque mon voisin m'eut présenté, ainsi qu'il me l'avait promis, au célèbre médium, je ne pus m'empêcher de lui demander, tellement tous ces étranges phénomènes m'avaient bouleversé le cerveau, quelle explication il donnait lui-même de cette puissance qui rappelait les thaumaturges de la cour de Pharaon...

— Je ne suis qu'un instrument inconscient, me répondit-il, les esprits se servent de mon fluide pour se manifester, communiquer avec les hommes, et faire connaître leur pouvoir.

Et dans l'assistance pas un incrédule, pas un de mes compagnons qui n'attribuassent aux esprits les étranges phénomènes dont je venais d'être le témoin. Parmi tous ces faits, il y en avait sans doute qui pouvaient s'expliquer par l'habileté du prestidigitateur; mais la plupart, ceux par exemple qui avaient été exécutés sans contact du médium et en pleine lumière, était-il possible d'admettre l'imposture, en présence surtout de tout ce que New-York comptait de plus distingué et de plus éclairé..., des professeurs, des avocats, d'anciens maires de la *cité empire*, qui tous étaient de fervents adeptes du spiritisme ?

Dès ce jour je compris que les médiums *seuls* pouvaient dire la vérité, car *seuls* ils savaient ce qu'ils mettaient du leur dans le phénomène accompli, mais qu'ils ne la diraient pas, si les esprits n'avaient été inventés par eux que pour donner un cachet mystérieux et surnaturel à des phénomènes qui pouvaient bien n'être qu'une branche encore inconnue des sciences physiologiques et psychologiques...

Je me fis moi-même le serment d'étudier, et de ne m'arrêter que le jour où j'aurais pu faire la lumière pleine et entière sur ce curieux et important sujet. Ce livre est né de là !

J'ai consacré vingt ans à cet exercice, ne laissant passer aucun fait sans l'étudier, aucun médium de quelque importance sans contrôler ses actes, et je suis arrivé à faire la preuve, pleine, entière, scientifique, que, si esprits il y a, ils ne sont absolument pour rien dans les phénomènes attribués au spiritisme, ce qui revient à dire que pour nous les esprits n'existent pas, puisque leur existence ne peut être démontrée.

Les phénomènes que les spirites relèvent à leur acquis doivent être divisés en deux catégories. Dans la première, je range tous les faits matériels, tels que mouvements des corps sans contact, bruits, vibrations de nature variée, produits en dehors de toute action musculaire ou mécanique, coups frappés traduisant à l'aide d'un code de signaux la pensée du médium, ou d'une personne présente, altération du poids des corps, transport des mêmes corps à distance, etc... Tous ces faits, des expériences cent fois répétées, m'ont permis d'établir leur sincérité, en même temps que j'en découvrais la cause dans l'accumulation d'un fluide nerveux spécial, chez certains individus, fluide qui agit dans certains cas, comme l'électricité.

Dans la seconde catégorie, je place tous les faits de matérialisation et d'apparition de fantôme. Quant à ces phénomènes, je les déclare complètement apocryphes et inventés par les médiums pour abuser de la crédulité publique. Non seulement je fais la preuve de toutes ces fraudes, mais j'indique les moyens employés par les mystificateurs pour édifier leurs audacieuses supercheries. Après la lecture de ce livre, toute personne de bonne foi reconnaîtra qu'il ne reste absolument rien de ces grossières superstitions qui, avec leurs spectres, leurs fantômes, leurs communications d'outre-tombe, conduisent leurs adeptes à la folie, et n'auraient d'autre résultat, si leurs pratiques se généralisaient, que de ramener la civilisation aux démiurges du moyen âge et aux pythonisses de l'antiquité.

Je viens de parler de la folie spéciale du spiritisme, je ne puis résister au désir d'emprunter au journal *La Revue spirite* une lettre écrite par un correspondant de New-York, qui relate une séance de matérialisation, ou d'apparitions d'esprits matérialisés. Il n'est pas d'explication qui puisse même faire comprendre la nature de cette monomanie que j'ai appelée *folie du spiritisme*. Voici cette lettre :

« Je suis toujours à bord de la *Flore* et en rade de New-York, d'où j'ai écrit au Banner of Light, lui demandant l'adresse d'un médium remarquable ; ce journal m'adressa à M. Henri Lacroix, 16, Clinton-Place, New-York, spirite très serviable et très obligeant, bien connu à Paris, qui me conduisit chez M. et mistress Coffray, médiums à matérialisation.

« J'allais donc pouvoir me rendre compte *de visu* de ces phénomènes, en les soumettant à une *investigation sérieuse*, la mienne sur laquelle je compte beaucoup.

« Nous étions quatorze personnes pour cette séance, dans une grande pièce simplement ornée, ayant pour meubles le bahut du médium sur lequel il s'assied pendant les expériences, deux canapés, une boîte à musique, deux guitares, deux tambours de basque et autant de clochettes; une petite table cirée, un parapluie chinois suspendu obliquement par sa canne au mur opposé à celui auquel est adossé le bahut. Derrière ce parapluie, une lampe mue par un mécanisme à bascule, qu'un faible mouvement fait agir, et destiné à rendre le mouvement plus ou moins intense à travers le tissu léger du parapluie. *Les esprits meuvent ce mécanisme !*

« Quatre globes à gaz étaient suspendus au centre du plafond. *Je palpai toute chose avec soin et minutie.* Je constatai que les personnes présentes étaient sérieuses, d'un âge mûr, à l'air distingué, et restai convaincu après un long examen qu'une supercherie ne se pouvait, *en me réservant de tout soumettre au contrôle de la raison.* Nous nous plaçâmes en cercle, la main dans la main, le médium compris, pour la séance noire, car on éteignit le gaz : les instruments jouèrent ensemble, avec cadence, transportés dans l'espace, touchant les parois du mur, courant autour de nous, se plaçant sur nos têtes, etc.; une bande lumineuse apparut au milieu du cercle et des mains nous frappèrent sur les genoux; le gaz étant rallumé, nous vîmes tous les instruments à leur place primitive et les assistants de même. Je me disais qu'il eût fallu huit personnes pour agiter ces instruments, les transporter avec une si grande rapidité de la terre au plafond, qui était trop élevé, et produire la boule lumineuse, sans bruit de pas, sans éclipser la boule lumineuse; encore fallait-il que ces personnes ne pussent se rencontrer dans l'obscurité... »

— Suit une expérience d'écriture directe, puis l'auteur de la lettre arrive aux apparitions.

« Pour la séance de matérialisation, la lampe placée derrière le parapluie fut allumée, et on éteignit les becs de gaz; nous nous plaçâmes tous en fer à cheval, faisant face au bahut sur lequel s'assit mistress Coffray; son mari était au milieu de nous.

« La lumière s'affaiblit derrière le parapluie, indice de la présence de *forces invisibles qui la réglaient*. La boîte à musique fut remontée par des mains exercées et impalpables, et l'apparition d'une femme à taille petite, inférieure à celle du médium se présenta vêtue de blanc. En sortant du bahut où se tenait le médium, elle marcha jusqu'au milieu de notre cercle, et là elle disparut après nous avoir salués ; la lumière qui se modifiait était souvent assez intense pour distinguer la couleur des yeux, du visage, des cheveux des assistants et des apparitions ainsi que la blancheur de leurs dents, et toujours elle nous éclairait assez pour ne perdre de vue ni le bahut où se trouvait le médium, ni les mouvements des spectateurs. Un autre esprit, plus grand que le premier, se dirigea vers une dame assise près de nous, l'embrassa et tint conversation avec elle ; c'était la fille défunte de cette dame ; elle s'en revint vers le médium et disparut. Un jeune homme se présenta vêtu de gris, se dirigea vers son père présent parmi nous, puis il s'effaça pour faire place à d'autres. M. Lacroix eut la matérialisation de son frère, puis de sa femme qui voulut me serrer la main ; je fus très émotionné et surpris en dévisageant cette face blanche humaine dont la main qui pressait la mienne était froide et humide ; elle échangea quelques paroles avec son mari, me dit *Good bye* et se retira pour disparaître.

Un esprit nous montra comment il se matérialisait. Nous vîmes un point blanc très petit qui s'agrandit peu à peu, et atteignit la grandeur d'un foulard ordinaire, un souffle l'agita, le souleva au milieu, ce qui l'élargit en lui donnant les dimensions d'un voile très grand ; ce voile se releva et au-dessous se trouva une femme qui put nous parler, nous offrir des fleurs naturelles pleines de doux parfums. Ensuite elle se dématérialisa ainsi : ses vêtements et son voile tombèrent à terre en morceaux détachés nettement, se réduisirent en un voile large comme les deux mains, lequel devint un point imperceptible, enfin tout disparut.

« Six dames ou demoiselles, quatre hommes, trois enfants et un Indien nous apparurent dans cette séance, et nous offrirent des bouquets et des fleurs prises dans les champs, dans les jardins, au dire des assistants, ou fabriqués par ces êtres étranges ; ces fleurs bien réelles nous restèrent dans les mains.

« Une force invisible remontait la boîte à musique et réglait constamment la lumière ; j'avais inspecté préalablement le plancher du salon, les portes sur lesquelles mon regard se portait n'ont jamais été ouvertes, et j'ai bonne vue, jeune et fort, point crédule, investigateur, j'étais assuré autant qu'on peut l'être, que ce qui se passait devant moi n'était pas le résultat d'un truc, d'autant plus que tous les assistants voyaient ce que mon toucher, mes oreilles et mes yeux constataient être la réalité. M. Coffray, *médium*, est un homme de trente ans ; sa dame, *qui possède une aussi belle faculté*, a vingt-cinq ans ; ils paraissent tous deux pleins de franchise et leur physionomie porte l'empreinte sérieuse de gens qui ne font point seulement un métier.

Signé : A.-T. DE BLÉSIGNAC.

« Gironde. »

Voilà ce que j'appelle *la folie des spirites ;* un pareil morceau pourrait se passer de commentaire, il est par lui-même une preuve flagrante de l'influence délétère du spiritisme sur le cerveau de ses adeptes. Autrefois les médiums se hasardaient à faire paraître un seul spectre, mais la jeune école n'a pas de ces retenues, elle y va par douzaine, que dis-je par douzaine, mistress Coffrey en a fort bien fait paraître quatorze, hommes, femmes et enfants dont un Indien et M. T. de Blésignac (Gironde), qui a avalé ces quatorze spectres, ose parler de contrôle de la raison, de preuves et d'investigations.... alors qu'il s'est borné à regarder et à *palper* les meubles sans oublier les parapluies.

On croit rêver quand on entend donner à de pareilles naïvetés le nom de contrôle scientifique.

Le contrôle scientifique serait la pleine lumière, au lieu d'une lueur indécise qui laisse à peine visible la forme vague du médium en y ajoutant la faculté de tenir la main du médium pendant tout le temps de l'apparition du fantôme, qui devrait en outre se produire sur un terrain neutre, c'est-à-dire en un lieu où le médium ne pourrait être soupçonné d'avoir préparé ses manifestations.

Et puis, que dites-vous de ce luxe de guitares, de tambour de basque, de boîte à musique, de cloches et de parapluies ?..... Et ces esprits qui rencontrent les lampes et règlent la lumière ?...

Tout cela en vérité est par trop naïf et je m'en voudrais d'insister.....

Mais n'y a-t-il pas là un argument décisif, en faveur de la nécessité pour la science, de réagir contre ces superstitieuses et dégradantes pratiques ? Et n'était-il pas temps, en présence de tels exemples de crédulité, de faire la croisade du bon sens et de la raison ?

PREMIÈRE PARTIE

HISTOIRE DU SPIRITISME

I

S'il est une question à l'ordre du jour, qui passionne savants et ignorants, classes populaires et gens du monde, c'est sans contredit celle du spiritisme. On peut dire que cette question arrive à son heure et qu'elle est mûre pour un débat contradictoire, alors que parallèlement les savants les plus distingués des deux mondes se mettent résolument à l'étude de l'*hypnotisme*, de la *suggestion* et de tous les phénomènes du *somnambulisme provoqué*, abandonnés jusqu'ici aux magnétiseurs et aux charlatans de profession.

Le moment me paraît venu de tenter sur cet important sujet une revue historique de ses progrès, et une série d'expériences dans le genre de celles que les professeurs Charcot, Bernheim, de Nancy; Beaunis, Liégeois, pour ne citer que les plus éminents, font sur le magnétisme animal, c'est-à-dire de traduire le spiritisme à la barre de la raison et de la science, afin de savoir si nous sommes réellement en présence de phénomènes spéciaux dont nous aurons à déterminer les lois, ou bien s'il n'y a dans les manifestations du *modern spiritualism* qu'une habile exploitation de la crédulité humaine.

Il semblerait tout d'abord que rien ne soit plus facile que d'arriver à ce résultat, en appliquant rigoureusement à cette étude les véritables méthodes scientifiques. Cependant on est forcé de convenir que quelques difficultés imprévues et d'un ordre spécial doivent se dresser tout à coup sur la route à parcourir, car, jusqu'à ce jour, aucun des savants qui se sont occupés de cette question — et il en est des plus éminents — ne sont arrivés à la traiter avec cette indépendance sereine que l'on rencontre dans le cabinet du chimiste et du naturaliste.

Les uns, sans se donner la peine d'étudier les phénomènes dits d'ordres *spirites*, les considérant *a priori* comme impossibles, sans autre examen, les ont écrasés de tout le poids de leur autorité scientifique, imitant en cela d'illustres devanciers, qui pendant de longues années refusèrent d'accorder la moindre attention aux phénomènes du *magnétisme animal* ou, comme l'on dit aujourd'hui, du *somnambulisme provoqué*.

Or, quel que soit le respect dont on puisse entourer les décisions de certains savants, il va de soi qu'on ne saurait accorder la même créance à leurs affirmations dénuées de toutes études expérimentales.

D'autres, après quelques phénomènes rigoureusement observés, de déductions en déductions ont glissé, sans s'en rendre compte, sur la pente dangereuse où l'imagination et le sentiment remplacent les froides données de la raison, et finissent peu à peu par admettre des faits qui ne tiendraient pas dix secondes devant la rigueur d'un examen scientifique.

D'autres encore, tout en proclamant à chaque pas leur méfiance pour les expériences faites en dehors d'eux, et qu'ils n'ont pu par conséquent contrôler malgré la très grande indépendance intellectuelle avec laquelle ils ont procédé eux-mêmes à l'étude de ce genre de phénomènes, en sont arrivés à subir des influences étrangères, au point de ne pas oser repousser des faits d'une gravité exceptionnelle dont rien ne consacrait l'authenticité... n'était l'illustration des savants qui les avaient garantis de leur autorité.

Je veux parler de certains phénomènes *d'apparitions* que des savants, des plus éminents, prétendent avoir photographiés, et de *matérialisations*, sur lesquels je reviendrai bientôt... Ainsi après avoir obtenu les premiers résultats, à l'aide des méthodes d'investigation les plus sérieuses, ils ont fini par se départir de cette rigueur scientifique qui était leur sauvegarde, tout en croyant rester sur le terrain de la science pure..... C'est qu'il est des sentiers des plus dangereux à parcourir pour l'intelligence humaine, où les méthodes de la science peuvent bien lui indiquer les meilleures directions à suivre, mais sont incapables de réparer les brèches du cerveau s'il vient à s'en produire. Ainsi la boussole indique toujours au navire le droit chemin, mais elle est incapable de le conduire au port si des avaries graves viennent à se déclarer en cours de voyage.

C'est pour cela que, si d'aventure quelque libre esprit venait à se poser aujourd'hui cette question : Qu'est-ce que le spiritisme ? avec l'idée arrêtée de n'accepter qu'une réponse scientifique... en dehors des panégyristes et des détracteurs *quand même*, il ne rencontrerait que des travaux timides et incomplets, dans le genre de ceux dont je viens de signaler les sources, plus ou moins affirmatifs sur les faits, à peu près muets sur la valeur de la doctrine, et ne concluant jamais, par peur de compromettre la renommée scientifique de leurs auteurs.

Cette crainte de formuler une opinion sur les phénomènes et sur la doctrine, tout en reconnaissant la *matérialité* des faits et la possibilité d'une *théorie spirite*, mais qui renvoie le jugement définitif à plus ample informé, concourt en réalité à donner à tout cela une importance exagérée. A notre sens, le spiritisme — et le but de ce livre est de le démontrer — n'a plus rien à nous apprendre sur le terrain des phénomènes, et en soumettant ces derniers à une inflexible critique scientifique, la doctrine qu'ils comportent s'en dégage d'elle-même, avec une inéluctable certitude qui ne laisse plus de place au charlatanisme et au mensonge d'une foule de médiums, non plus qu'aux sarcasmes de certains savants qui, après avoir proclamé *ex cathedra* que tous les phénomènes du spiritisme n'étaient qu'un tissu de supercheries, refusent de les étudier par peur d'avoir à se déjuger.

Il est certain du reste qu'en France, les Sociétés savantes sont peu portées à l'examen des choses nouvelles, et il n'est pas étonnant que les hommes qui ont repoussé les chemins de fer, le télégraphe, le magnétisme animal, ne se soient point sentis attirés par des phénomènes qui se présentaient à eux avec des apparences mystérieuses et surnaturelles.

Nous pouvons dire cependant qu'en agissant ainsi, les grands corps constitués, comme l'Académie des sciences et l'Académie de médecine, ont peut-être manqué aux devoirs qui découlent de leur haute situation ; car en admettant que les phénomènes du spiritisme ne soient qu'un assemblage d'habiles impostures, ne devaient-ils pas, après une enquête sérieuse sur ses faits, le dévoiler à leurs concitoyens, afin de les mettre en garde, avec preuves à l'appui, contre l'exploitation dont ils étaient menacés?... Nous eussions alors, et des premiers, applaudi à cette verte conclusion du *Dictionnaire encyclopédique des sciences médicales*, auquel ont collaboré les plus hautes personnalités scientifiques : « Les fidèles — il s'agit des adeptes du spiritisme — sont des naïfs de bonne foi ; les habiles s'en servent pour appeler le public et se faire sans grands efforts un revenu vraiment sérieux. »

Tandis qu'avec l'absence de toute preuve expérimentale, nous sommes obligés de dire aux auteurs de cet article : — « Où donc avez-vous puisé le droit de parler ainsi ? Quelles sont les preuves que vous apportez au débat ? Quels phénomènes avez-vous étudiés, contrôlés ? Quelles supercheries avez-vous dévoilées ? Quels médiums avez-vous, comme on dit vulgairement, pris la main dans le sac ? Des faits ! des expériences ! des preuves ! et vous ne nous apportez que des appréciations ! »

Est-ce ainsi que des hommes de science auraient dû se comporter, et ne pouvaient-ils, en présence de phénomènes et de faits matériels faciles à expérimenter, apporter au moins au lecteur la preuve des efforts faits par eux pour en contrôler la véracité ?

Je n'insiste pas sur ce sujet, que j'aurai l'occasion de retrouver plus tard et de traiter avec tous les détails qu'il comporte, lorsque j'examinerai la situation que la science officielle a faite au spiritisme. Je tenais simplement à signaler dès le début la position prise par la plupart des savants qui se sont occupés de cette question, et qui, soit esprit de système, soit influence traditionnelle de ce que j'appellerai la « caste scientifique », soit toute autre préoccupation, n'ont pas daigné éclairer leur religion et la nôtre, en appliquant au sujet qu'ils prétendaient étudier les sévères méthodes scientifiques sans lesquelles on n'a pas le droit de juger et surtout de condamner.

Aussi ne sait-on rien *de sérieux* ou à peu près, en France, sur la nouvelle croyance qui affecte tous les dehors d'une véritable religion, bien qu'elle compte déjà à Paris plus de cent mille adeptes, et qu'elle soit en train de faire en province de nombreux prosélytes.

On ignore aussi généralement combien l'Angleterre et l'Amérique ont devancé ce pays dans cette voie : les fidèles de la nouvelle doctrine s'y comptent par millions ; ils ont déjà leurs fanatiques ; s'ils étaient persécutés, demain ils auraient leurs martyrs.

Le moment nous semble donc venu de voir si ce mouvement doit être favorisé ou si le bon sens public doit en faire bonne et rapide justice... Mais pour cela, dans un sens comme dans l'autre, il faut parler à la raison, et seule la science est capable de tenir un langage écouté, c'est-à-dire de fournir des preuves sur lesquelles puissent s'étayer d'indiscutables convictions.

Vingt ans d'études expérimentales, avec les méthodes les plus rigoureusement scientifiques, vont nous permettre de faire la lumière complète sur tous les phénomènes d'ordre spirite, et par conséquent sur la doctrine qui en découle.

J'aurai l'occasion de faire connaître plus tard les circonstances qui m'ont engagé à consacrer une partie de ma vie à ces études, que je n'ai interrompues que le jour où les pratiques de la nouvelle croyance n'eurent plus de secret pour moi. Pas un phénomène, pas un fait de quelque nature qu'ils fussent que je n'aie étudiés et contrôlés vingt fois avec les médiums les plus en renom et les plus honnêtes des deux mondes et notamment avec le célèbre Daniel Donglas Home, et dont je n'aie fini par trouver les causes.

Je considère aujourd'hui d'autant plus comme un devoir de faire connaître le résultat de mes recherches, que les pratiques du spiritisme commencent à se généraliser dans les familles, ce qui est un très grand danger pour la raison de ceux de leurs membres qui n'ont point le cerveau très solide, et des adolescents dont l'imagination est des plus impressionnables.

Ce n'est pas sans inconvénient grave que des gens d'âges et de tempéraments différents se réunissent le soir, dans une mystérieuse obscurité, pour évoquer les âmes des trépassés et faire parler les voix d'outre-tombe... Combien de névroses qui se sont terminées par la folie n'ont pas eu d'autre cause et d'autre début ! Il est donc nécessaire que chacun sache à quoi s'en tenir, sur les pratiques du spiritisme, et soit à même de ne point confondre les vrais *médiums*, ceux qui possèdent réellement la *force psychique*, avec les charlatans qui exploitent la crédulité des salons. Il y a là certainement une des plus grandes et des plus curieuses forces de la nature dont l'Orient et l'Asie se servent depuis des milliers d'années, et qui ne s'est révélée, en Amérique et en Europe, que depuis un temps relativement fort court. Il ne faut pas permettre que les éternels exploiteurs de la faiblesse humaine la ravissent au contrôle et à l'étude de la science pour en faire leur chose et ramener le peuple aux plus tristes périodes de l'histoire, celles de l'ignorance et de l'abrutissement intellectuel. C'est infailliblement là que les faux médiums sont en train de conduire l'Amérique et l'Angleterre, si on ne parvient à saper leur puissance, en dévoilant leurs misérables subterfuges, et c'est sur la patrie de Voltaire, sur la France, avec ses qualités maîtresses de raison et de bon sens, que je compte le plus pour remplir ce rôle de sauvegarde des nations, à l'heure où le danger deviendrait humanitaire, par sa presse et par ses savants, par tout ce qui pense, parle et écrit. Comme elle a déjà fait en 89 la croisade de la liberté, elle ferait la croisade de la raison.

Ces craintes pour l'avenir n'ont rien d'exagéré, et il est permis de redouter l'effet de pareilles pratiques sur l'esprit des masses, lorsqu'on voit des savants, célèbres dans le monde entier par leurs découvertes et la sûreté de leur méthode, finir par laisser leur belle intelligence dans les méandres de ces superstitieuses pratiques.

II

Avant d'entrer dans le vif de mon sujet, il ne sera pas sans intérêt de faire connaître les causes des rapides succès du spiritisme en Amérique et en Angleterre. Ces causes nous édifieront également *ex contrario* sur la lenteur du mouvement spirite, chez les peuples de races gauloise, latine et slave.

Dans l'Inde, cette *alma parens* de la plupart des nations modernes, les constants rapports avec les âmes des incarnés des ancêtres sont, depuis la plus haute antiquité, la base même du culte mystérieux des pagodes... En Angleterre et surtout en Amérique, cette croyance à l'intervention des esprits est organisée également comme une sorte de religion, avec ses principes, ses invocations, ses pratiques spéciales, et, nous venons de le dire, commence à compter ses adeptes par millions.

La raison de ce succès dans les pays de race anglosaxonne est facile à comprendre. Les propagateurs de la doctrine, soit par habileté, soit par conviction, se sont résolument placés sous l'égide de la Bible. En relevant les nombreuses apparitions, les phénomènes connus sous le nom de miracles que l'on rencontre à chaque pas dans le livre sacré, ils ont prétendu avec une certaine logique que leurs pratiques actuelles, loin d'être le produit de nouveautés dangereuses et hostiles à la foi, témoignaient au contraire d'un louable retour à la pure tradition du primitif Evangile.

Il faut être Américain ou Anglais pour bien comprendre tout ce que « The Holy Bible » a d'influence sur la vie publique et privée des deux peuples. Ce respect exagéré pour le livre sacré a même engendré des mœurs d'une intolérance toute spéciale contre lesquelles rien ne saurait réagir.

Ainsi, nulle part la liberté de conscience n'est mieux garantie par les lois, et plus mal vue dans la société !... C'est au point qu'un libre penseur ne pourra, même scientifiquement, pour soutenir ses opinions, discuter un texte de la Bible, sans être considéré immédiatement par ses auditeurs comme un homme de basse extraction, et dans tous les cas de fort mauvaise compagnie ; du haut en bas de l'échelle, et quelle que soit la position sociale de l'individu, ce livre est le régulateur souverain de ses croyances, de ses pensées, de sa conduite : c'est la révélation, la parole de Dieu lui-même qui le guide, le soutient dans la joie et la fortune, le console dans la tristesse et l'adversité.

C'est ce *livre* par excellence qu'il lit chaque soir devant la famille assemblée, qu'il médite le septième jour, qui fut celui du repos du Seigneur, et qui est devenu le sien ; ce livre qu'il emporte dans ses pérégrinations, ses voyages, ses luttes, pour y puiser le pain des forts,... ce livre, enfin, qui crée, je ne crains pas de le dire, un lien aussi étroit que l'idée de patrie entre les membres épars d'une même nation.

Il n'est pas un Anglo-Américain qui, après une existence plus ou moins aventureuse, rentrant sur le tard au foyer paternel, ne revoie avec une émotion attendrie la vieille Bible de la famille immobile à la même place sur le prie-Dieu de l'aïeul !

Ce ne sont pas seulement de pieux souvenirs d'enfance, dans lesquels se confond l'amour de la famille, que nous conservons ainsi avec respect, dans la mémoire de ce livre vénéré, c'est encore une antique tradition autour de laquelle vient se grouper le culte des ancêtres et de la patrie régénérée, en même temps qu'elle est l'aurore de la liberté religieuse et du libre examen, pour lesquels nos pères ont combattu et donné le plus pur de leur sang... A ces époques de lutte, trop souvent les familles persécutées et errantes n'eurent d'autre bien et d'autre consolation que la Bible... Combien de martyrs l'eurent également pour compagne sur les bûchers de la *Foi*... De là ce culte exclusif, fait de traditions de famille, de légendes religieuses et de souffrances, culte perpétué par hérédité que chaque Anglo-Américain professe pour le *livre divin !*

Les Sociétés évangéliques ont beau inonder les autres peuples de Bible, dans la croyance qu'une influence *sui generis* pourrait s'exercer avec le temps et produire des résultats identiques. Je ne sais si elles ont fini par se rendre compte de leur insuccès ; dans tous les cas, il était à prévoir ; pour les gens de races gauloise, latine, slave, etc., la Bible ne représente qu'un livre de légendes historiques et religieuses, dont la lecture et les commentaires leur ont été de tous temps interdits comme renfermant de mystérieuses paroles, que les élus de Dieu, c'est-à-dire les prêtres, ont seuls reçu le pouvoir d'expliquer. Fort peu ont essayé d'éluder cette défense, et ceux qui l'ont osé n'ont pas tardé à laisser de côté un livre qui, lorsqu'on le lit sans préparation, paraît n'être qu'un tissu grossier de fables cruelles et immorales.

Il y a peu de pays où la Bible soit moins étudiée et moins lue qu'en France, et je ne serais pas loin d'attribuer à ce fait le scepticisme rationnel qui fait le fond du tempérament de la plupart de ses habitants. Ce n'est pas en effet sans un certain péril pour l'intelligence que le cerveau se repaît dès l'âge le plus tendre de cette littérature religieuse, remplie d'apparitions, de miracles, de choses mystérieuses et surnaturelles, le tout, mis sur le compte de la révélation divine, c'est-à-dire à l'abri de toute contestation et discussion humaine ; de là cette tendance générale chez les Anglo-Américains à accepter sans difficulté les choses mystérieuses et surnaturelles auxquelles leur cerveau s'est habitué, grâce aux fictions religieuses dont il s'est constamment abreuvé depuis le premier âge.

Cette situation psychologique a amené deux résultats fatals.

D'un côté, la crédulité de ceux qui, malgré l'âge, sont restés de bonne foi dans leurs croyances est devenue sans limites ; de l'autre, la tendance à exploiter cette crédulité s'est augmentée dans les mêmes proportions chez ceux qui ont complètement secoué le joug des prescriptions religieuses. Aussi l'Amérique est-elle la terre classique des faux médiums et des charlatans. Tous les barnums en disponibilité, depuis l'invasion du spiritisme, ont abandonné les enfants phénomènes et les animaux prodiges pour exploiter la nouvelle industrie, et les officines qui fabriquaient des nains et des animaux à six pattes pour l'exportation fabriquent aujourd'hui de *faux médiums* qu'ils expédient dans le monde entier, avec des attributions spéciales pour chacun, afin qu'ils ne se gênent pas mutuellement dans l'exercice de leur art. Je ne priverai certes pas le lecteur d'une visite à New-York, dans une de ces honorables maisons de confiance, où l'on prépare les jeunes *évocateurs d'esprits* avec un sérieux qui n'a d'égal que l'hypocrisie apportée de part et d'autre à la confection du *sujet*.

Je dévoilerai toutes ces fraudes dans un chapitre spécial sans la moindre pitié, car ce sont ces tristes personnages, dont le nombre est réellement extraordinaire, qui éloignent les savants de la *science psychique*, et causent le plus grand tort aux médiums réellement doués, qui sont à peine *un sur cent*, parmi tous les individus qui ont la prétention de provoquer les manifestations et les phénomènes d'ordre *spirite*.

J'indiquerai aussi le moyen de les prendre en flagrant délit d'imposture, et ce, sans qu'il puisse rester le moindre doute sur leur bonne foi ; les honnêtes gens ne sauraient trop se liguer entre eux pour dévoiler tous ces subterfuges, et faire chasser leurs auteurs de toutes les réunions et de tous les salons.

Ces gens-là sont d'une habileté hors ligne, ils ont étudié pendant de longues années les phénomènes spéciaux qu'ils sont censés produire, et arrivent à tromper facilement même les incrédules, quand ces derniers ne connaissent pas le défaut de la cuirasse.

J'ai expliqué qu'en se réclamant de la Bible, le spiritisme avait trouvé, en Amérique du moins — car le chemin qu'il fit ne fut peut-être pas aussi rapide en Angleterre — un accueil enthousiaste. Toutefois, ce n'alla pas tout d'un mot au début... Cette faculté que l'on est à peu près convenu d'appeler force psychique, et qui produit une série de phénomènes des plus extraordinaires, par l'unique volonté apparente de celui qui la possède, était, chose remarquable, restée inconnue pendant des siècles en Europe et en Amérique, bien qu'elle fût exploitée dans les temples et les pagodes de l'Inde et de l'Asie dès la très haute antiquité. Je prie le lecteur de retenir cette circonstance, car elle prouve au moins ce fait, que cette force ne trouve pas, dans nos tempéraments occidentaux, un milieu très favorable à son développement. On soutiendra peut-être qu'une bonne partie des sorciers poursuivis et brûlés au moyen âge étaient en possession de cette étrange faculté, mais ce ne sera qu'une opinion, et non une preuve, d'autant que depuis qu'on ne brûle plus lesdits sorciers, ils n'ont pas davantage, que je sache, fait parade de leur *faculté psychique*.

Quoi qu'il en soit, c'est vers 1847 que cette force mystérieuse fit pour la première fois son apparition à Hydesville, comté de Wayne, circonscription d'Arcadia, dans l'Amérique du Nord, et cela dans des cir-

constances extraordinaires, si l'on s'en rapporte à
Mme Emma Hardinge, qui s'est fait l'historiographe du
spiritisme américain (*History of modern american spiritualism*).

Cela nous a toute la tournure d'une légende, bien qu'elle ne date pas encore d'un demi-siècle.

Écoutez ce récit abrégé, dont nous laissons toute la responsabilité à son véritable auteur :

Une famille du nom de Fox, composée du père, de la mère et de trois jeunes filles — l'histoire retiendra surtout les noms des jeunes Marguerite et Catherine Fox — habitait Hydesville depuis peu de temps. Elle appartenait à la secte des méthodistes, et était fort attachée à ses devoirs religieux, ce qui lui avait attiré l'estime générale.

Un beau jour, la demeure des Fox devint le centre d'un sabbat infernal, des coups violents étaient tout à coup frappés dans les murailles, dans le plafond et le plancher, les portes et les fenêtres, et des bruits inconnus se faisaient entendre dans les chambres inoccupées ; dès le début, toute la famille se précipitait dans les lieux où ce tapage se produisait, et un singulier spectacle s'offrait à sa vue : de tous côtés gisaient des meubles renversés, d'autres oscillaient en cadence, à travers l'appartement, malgré la présence des Fox, et les lits des deux plus jeunes filles se distinguaient surtout dans ces promenades singulières. Ce n'était pas tout : Margaret et Kate sentaient la nuit des mains glacées se promener sur elles, et des mouvements étranges, comme ceux d'un chien qui se serait frotté contre leurs lits, étaient ressentis par les jeunes miss.

Il est inutile de dire que John Fox et sa femme, croyant tout d'abord à une série de mauvaises plaisanteries des voisins, avaient inutilement cherché à surprendre ces derniers. Ils n'avaient pas tardé à être convaincus de leur parfaite innocence.

Pendant toute cette année, les bruits ne discontinuèrent pas, et redoublèrent d'intensité dans les premiers mois de 1848 : plus de tranquillité le jour, aucun repos la nuit. Les pauvres gens passaient leur temps en prière, dans la pensée d'exorciser l'esprit malin, auquel ils attribuaient leurs épreuves.

Rien n'y fit, les bruits se mirent à imiter, comme par une sorte de moquerie, ceux que la famille Fox faisait elle-même en ouvrant et en fermant les portes et les fenêtres de l'habitation.

Les deux plus jeunes enfants, Margaret et Kate, la première âgée de quinze ans et la seconde de douze, s'étaient peu à peu habituées à ces bruits qui ne leur causaient aucun dommage, et qu'elles attribuaient au diable, comme toute leur famille.

Un jour que le malin compère venait, selon sa seconde manière, d'imiter, à s'y méprendre, le bruit d'une croisée que l'on refermait, la jeune Kate qui, dans ses entretiens avec sa sœur, avait donné le nom de *Pied-Fourchu* au satanique personnage, fit claquer ses doigts un certain nombre de fois en disant : « Faites donc comme moi, M. Pied-Fourchu ! »

Instantanément le bruit fut répété le nombre de fois demandé ! La jeune fille ayant alors répété plusieurs fois le même mouvement, mais sans produire de bruit, un nombre égal de coups fut immédiatement frappé par le mystérieux correspondant.

— Oh! mère, attention! cria la jeune fille, il voit aussi bien qu'il entend.

La mère, étonnée, se mit de la partie.

— Compte jusqu'à dix, fit-elle à son tour.

Les dix coups furent frappés à l'instant même.

Les questions alors se multiplièrent, et il leur fut pareillement répondu.

Les deux femmes, dans leur curieuse investigation, finirent par remarquer que les manifestations cessaient lorsque la réponse devait être négative.

Ainsi, la demande suivante « — Es-tu un homme? » ne reçut pas de réponse. Mais mistress Fox ayant continué « — Es-tu un esprit? », un véritable carillon de coups se fit entendre à l'instant même.

Le bruit de la nouvelle physionomie que prenait l'aventure s'étant répandu au dehors, amis et voisins demandèrent à l'envi à faire partie de la réunion. L'esprit prétendu ne s'y étant pas opposé, les expériences continuèrent de plus belle, et durèrent jusqu'au lendemain matin. Ce fut pendant cette nuit que quelqu'un ayant eu l'idée lumineuse de se servir de l'alphabet, il fut possible d'avoir une conversation suivie avec l'esprit frappeur, qui consentit à se manifester par ce moyen, et indiqua lui-même en diverses communications la façon dont il devait être interrogé par *la table* autour de laquelle se réunirent les personnes présentes dans le but d'augmenter la somme de fluide à dépenser. D'autres esprits vinrent se joindre au premier, et leurs leçons posèrent les premiers principes du spiritisme, tels qu'ils sont admis aujourd'hui par tous les adeptes de la nouvelle croyance.

Sous le patronage des esprits, des cercles ne tardèrent pas à se former de tous côtés, et les pratiques du spiritisme se répandirent dans toute l'Amérique avec la vitesse de l'éclair. Chaque cité, chaque bourg eurent bientôt leur *spiritual circle*. C'est alors qu'une vaste réaction fut organisée par les fanatiques de toutes les sectes du christianisme : évangélistes, méthodistes, wesleyens, anglicans, luthériens et catholiques s'unirent pour proscrire la nouvelle doctrine, et toutes les chaires de l'Amérique tonnèrent contre les manifestations *spirites*, les attribuant à Lucifer, Belzébuth, etc. Le tentateur suprême avait fait tout le mal, et il fallait le chasser de toutes les tables de l'Amérique où il s'était réfugié, même par la force, et la famille Fox, cause première de tout ce beau tapage, fut solennellement rejetée du sein de l'Église méthodiste, à laquelle elle appartenait, tandis que la foule, ameutée par les prêches, envahissait un peu partout les locaux où s'assemblaient les modernes adeptes du spiritisme, parlant ni plus ni moins que de les *lyncher*. Cependant de hautes personnalités scientifiques firent entendre leurs voix. Au moins fallait-il examiner, juger avant de proscrire. Un peu de calme s'ensuivit ; des commissions furent nommées, dont les membres, bien entendu, appartenaient tous au clan des incrédules... A l'étonnement général, leurs conclusions furent, toutes sans exception, non seulement contraires aux opinions de la foule, mais encore aux leurs mêmes.

Alors on somma les savants de donner leur sentiment sur la question, recours toujours écouté en Amérique par les représentants de la science, parce que leurs décisions sont toujours acceptées avec respect.

Mapes, le plus grand chimiste de l'Union; Robert Hare, professeur à l'Université de Pensylvanie, commencèrent une série d'expériences, dont la conclusion fut « que les phénomènes spirites n'avaient rien de commun avec le hasard, la supercherie ou l'illusion ».

Ce verdict rendu, le spiritisme avait désormais droit de cité en Amérique.

Le juge Edmonds, qui entre temps avait commencé un ouvrage destiné à démontrer la fausseté de ces phénomènes, l'acheva en démontrant, au contraire, leur parfaite existence; la chaire elle-même s'humanisa, et une foule de prédicants des diverses confessions déclarèrent qu'il n'y avait pas incompatibilité entre les pratiques spirites et les enseignements du christianisme.

Un d'entre eux même eut une phrase heureuse, qui fit immédiatement le tour de l'*Union :* « Celui qui s'adonne aux pratiques du spiritisme, dit-il, est par cela d'autant meilleur chrétien, qu'il se conforme aux enseignements de la Bible, dont les nombreuses manifestations font pour ainsi dire de ce livre sacré le code de l'ancien spiritualisme. »

Ces paroles traversèrent l'Amérique comme une traînée de poudre. Aussitôt tous les spirites de se réclamer de la Bible et d'introduire dans leurs réunions le chant des cantiques et des psaumes sacrés.

La cause du spiritisme biblique était gagnée définitivement, et ses adeptes triomphants purent prétendre que la conquête entière du pays n'était plus qu'une question de temps,... et ils avaient raison.

Au fort de la discussion, les législatures des différents États du Nord se saisirent de la question, et la résolurent en général dans un sens libéral. Quelques-unes cependant tinrent à se distinguer par une intolérance qu'on ne s'attendrait pas à trouver aux États-Unis. La législature de l'Alabama, entre autres, décréta d'une amende de cinq cents dollars, soit deux mille cinq cents francs, tout citoyen convaincu de se livrer aux pratiques du spiritisme.

Ce ne fut d'un bout à l'autre de l'Union qu'un immense éclat de rire. La presse grave se contenta d'enregistrer le bill en demandant si les Commanches ou les Apaches avaient repris possession de l'Alabama, mais les journaux à caricature s'en donnèrent à cœur joie, et les malheureux législateurs en virent de belles pendant une quinzaine de jours.

Le gouverneur de l'État eut le bon sens d'opposer son veto à l'exécution du malencontreux bill, et il n'en fut plus question.

Le spiritisme put organiser paisiblement ses cercles, ses *meetings*, ses moyens de propagande dans l'Alabama, comme dans les autres États de l'Union.

L'Amérique en était là, et son engouement pour les nouvelles pratiques n'avait plus de bornes. Tous les soirs *après les affaires*, les tables et les têtes tournaient sur toute l'étendue du territoire de l'oncle Sam, lorsque des chercheurs, — il y a des chercheurs partout — vinrent démontrer avec preuves à l'appui que les Pieds-Noirs, les Nez-Percés, les enfants de la Grande-Tortue, tous les Peaux-Rouges enfin, avaient leurs médiums et évoquaient les esprits des siècles et des siècles avant que Margaret et Kate Fox n'aient initié les blancs à ces mystérieuses pratiques... L'Inde et l'Asie ont la prétention d'avoir été de tout temps en communication avec les esprits des ancêtres... En vérité il n'y a rien de nouveau sous le soleil!... Pas même cette maxime.

Nous verrons quelle est la situation présente du spiritisme en Amérique, lorsque je ramènerai le lecteur dans cette contrée pour étudier les différents genres de manifestations qui s'y produisent, car les esprits qui sont, paraît-il, hiérarchisés dans l'autre monde comme en celui-ci, ne se comportent pas partout de la même façon... Il n'y a pas la moindre pointe d'ironie dans ces paroles; je ne fais que consigner une opinion admise par tous les spirites, réservant tout jugement personnel pour le moment où, ayant étudié les faits et la théorie avec une entière impartialité et une rigueur scientifique que rien ne pourra détourner de sa tâche, il me sera possible de formuler un jugement que je croirai définitif, car il sera uniquement basé sur la réalité de phénomènes que j'ai étudiés, vérifiés, contrôlés pendant plus de vingt ans à l'aide de méthodes expérimentales, ne laissant aucune prise à l'imagination ou à la supercherie.

Je ne saurais trop le redire, c'est une pente glissante, que celle de l'étude du spiritisme, où beaucoup de cerveaux trop faibles ont fini par sombrer, sans même s'en rendre compte, et le même sort attend infailliblement quiconque se laissera aller à la moindre concession, et ne demandera pas constamment à la science et à ses méthodes infaillibles un refuge contre certains entraînements qui sont inhérents à la nature humaine.

Malheur en cette matière à celui qui ne se prémunit pas contre les arguments suivants : — Ces faits m'ont été certifiés par des personnes d'une telle honorabilité ! — De deux choses l'une, ou bien il faut accuser d'imposture messieurs tels et tels qui sont des autorités scientifiques, ou bien on doit croire que les faits qu'ils rapportent, etc..., pour moi je préfère croire que... — Si ces phénomènes sont faux, comment admettre que des personnes aussi considérables aient ainsi perdu leur temps à...? — D'un côté, MM. Pierre, Paul, Jean et Jacques, c'est-à-dire tout ce que la science compte d'élevé et d'illustre, et de l'autre au contraire... pour moi mon siège est fait. Je préfère, avec MM. Pierre, Paul, etc., croire que... — Quant à croire qu'*un tel* ait voulu me tromper, cela fait plus de violence à la raison et au bon sens que de croire, etc...

Remarquez que ces appels à la raison et au bon sens... ainsi qu'à l'autorité de messieurs tels ou tels, ne sont jamais faits qu'aux heures où l'on manque d'arguments scientifiques, ou encore *volens aut nolens*, lorsqu'on sent que le résultat donné ne supporterait pas le contrôle d'une rigoureuse méthode.

On admet d'abord ainsi un phénomène sans grande importance, puis on finit par se laisser entraîner dans l'engrenage, où tout passe, même le cerveau... Est-ce que de pareilles preuves ont jamais été données en matière scientifique, et oserait-on par exemple démontrer la loi de Mariotte en disant : M. X*** jouit d'une telle honorabilité que je n'hésite pas à croire sur sa parole « que les volumes des gaz ne soient en raison inverse des pressions qu'ils supportent ». Malgré l'opinion de M. X***, l'homme de science soumettrait les gaz à des pressions graduelles dans un instrument qui lui donnerait à chaque pression la mesure du volume, et ainsi, ayant fait lui-même sa preuve, il pourrait, après avoir répété assez souvent l'expérience pour être assuré que rien ne l'a induit en erreur, affirmer à son tour la loi.

C'est surtout en matière de spiritisme qu'il faut expérimenter soi-même et refaire toutes les entreprises des autres ; sans cela, on s'expose à gager de son nom d'incommensurables mystifications, et comme ce n'est jamais en vain qu'on se trompe ou qu'on est trompé en semblable matière, on en arrive à servir de porte-drapeau à une poignée de charlatans qui abritent leurs jongleries derrière votre autorité scientifique... Et, à ce propos, nous aurons à faire l'historique de la décadence intellectuelle d'un des hommes les plus illustres dont s'honore la science moderne ; je veux parler du grand chimiste William Crookes, qui, après s'être maintenu longtemps sur le terrain de la science pure dans l'étude des phénomènes spirites qu'il avait entreprise, a fini par tomber dans *la possession, les apparitions de fantômes, et toutes les grossières pratiques d'un sorcier du moyen âge*... Mais je ne veux parler de ceci que les mains pleines de preuves, et en démontrant que le savant chimiste anglais n'est arrivé là que par l'oubli des méthodes scientifiques qui l'eussent garanti contre les illusions des sens... Dès qu'un homme, quel qu'il soit, imprime lui-même les causes de sa propre faiblesse, il devient d'une façon absolue justiciable de la critique scientifique...

Ce sera peut-être la première fois que s'imposera l'obligation de protester, au nom de la science et de la raison, contre un savant de cette envergure, mais il y a là une nécessité de premier ordre, car il ne se passe pas de jour que les charlatans du spiritisme ne mettent en avant le nom de l'illustre chimiste pour légitimer leurs impostures et continuer à exploiter dans la paix et l'abondance la crédulité publique.

Mais traversons pour un moment l'Atlantique, qui plus d'une fois nous ramènera sur la terre classique *des médiums*. Il nous reste à voir rapidement comment le spiritisme s'est introduit en Angleterre et en France, et quelle a été sa fortune dans les deux pays.

III

Lorsque le mouvement occasionné en Amérique par la découverte de la *force nouvelle* fut connu en Angleterre, il fut accueilli par une incrédulité générale, et comme une de ces folies tapageuses dont *Jonhatan Brother* était coutumier. Tout ce qui arrive d'Amérique est du reste reçu avec un certain mépris ironique par les Anglais, qui transportent en toutes choses leurs préjugés de race, et pour eux les habitants de leur ancienne colonie sont d'une race de beaucoup inférieure à la leur. Ce sentiment inné dans leur esprit est bien connu des Américains; de là une haine profonde qui se serait traduite depuis longtemps par une gigantesque guerre maritime, si l'Angleterre n'eût depuis longtemps pris l'habitude de céder à toutes les exigences des Yankees, qui, elle le sait bien, anéantiraient son commerce dans le monde entier.

Nous n'avons pas adhéré à la clause du traité de Paris abolissant la course, et cela en prévision de cette lutte, car c'eût été, en cas d'une déclaration de guerre inopinée, nous mettre absolument à la merci des Anglais, n'ayant pas voulu nous donner le luxe coûteux de l'entretien d'une flotte de guerre. Avec la faculté de distribuer *des lettres de marque*, du jour au lendemain tous les navires de commerce américains seraient équipés en corsaires, et pour qui connaît nos hardis aventuriers, il n'y a pas de doute qu'une pareille situation n'infligeât à l'Angleterre un véritable désastre industriel et commercial.

En attendant, les Anglais se vengent par le mépris de la crainte que nous leur inspirons. Toute importation américaine est donc de prime abord mal vue chez eux, et les pratiques du spiritisme subirent naturellement le sort commun. La curiosité fut cependant plus forte que la mauvaise humeur, les journaux de l'Union arrivaient avec les détails les plus circonstanciés sur la nature des phénomènes obtenus, des voyageurs avaient fait connaître les différents moyens d'interroger les esprits frappeurs, et bientôt l'entraînement anglais ne le céda en rien à l'engouement américain : on avait d'abord essayé, comme on dit vulgairement, « pour voir, pour se rendre compte »; mais peu à peu les convictions s'accentuèrent, les adeptes se réunirent en groupe, on découvrit des médiums. La nouvelle croyance se réclama également de la Bible, il ne lui manquait qu'une consécration scientifique pour acquérir droit de cité en Angleterre. La Société dialectique de Londres, présidée par le savant sir John Lubbok, se chargea, malgré elle, de la lui donner.

En présence de l'opposition faite à la nouvelle croyance par le haut clergé et l'aristocratie anglaise, cette Société, composée des hommes les plus distingués des trois royaumes, résolut de soumettre à de sérieuses investigations les phénomènes attribués par les uns aux esprits, par les autres à la seule supercherie.

« Enfin, dit à ce propos le *Times*, nous allons donc savoir à quoi nous en tenir sur ces machinations qui pour un peu sembleraient vouloir nous ramener à l'époque des sorciers et des thaumaturges ; avec la Société de dialectique, nous n'avons à craindre ni atermoiement, ni capitulation de conscience. »

Qu'on juge de l'étonnement général, lorsque cette Société publia le rapport du comité qu'elle avait chargé de cet examen, rapport entièrement favorable aux faits qu'il était chargé d'expérimenter.

Voici ce rapport d'un très rare intérêt, car il est le premier jugement porté en Europe par la science sur les véritables pratiques du spiritisme, celles qui n'ont jamais eu besoin, pour se produire, du charlatanisme ou de la fraude.

Société dialectique de Londres.
Rapport du comité d'expérience sur le spiritisme.

« Depuis le 16 février 1869, date de sa nomination, votre sous-comité a tenu quarante séances dans le but de faire des expériences et des épreuves rigoureuses.

« Toutes ces réunions ont eu lieu dans les demeures privées des membres du comité, afin d'exclure toute possibilité de mécanisme disposé d'avance ou d'artifice quelconque.

« L'ameublement des pièces dans lesquelles on a fait les expériences a été dans chaque circonstance leur ameublement ordinaire.

« Les tables dont on s'est servi ont toujours été des tables à manger pesantes, qui demandaient un effort considérable pour être mises en mouvement. La plus petite avait cinq pieds neuf pouces de long, sur quatre pieds de large, et la plus grande neuf pieds trois pouces de long sur quatre pieds et demi de large. La pesanteur était en proportion.

« Les chambres, les tables, et tous les meubles en général, ont été soigneusement examinés à plusieurs reprises avant, pendant et après les expériences, pour obtenir la certitude qu'il n'existait aucun truc, instrument ou appareil quelconque, à l'aide duquel les sons ou les mouvements ci-dessous désignés eussent pu être produits.

« Les expériences ont été faites à la lumière du gaz,

excepté dans un petit nombre d'occasions spécialement notées dans les minutes.

« Votre comité a évité de se servir de *médiums* de profession ou médiums payés, notre médium étant l'un des membres de notre comité, personnes placées dans une haute position sociale, d'une intégrité parfaite, qui n'ont aucun objectif pécuniaire en vue, et ne pourraient tirer aucun profit d'une supercherie.

« Votre comité a tenu quelques réunions sans la présence d'aucun *médium*, pour essayer d'obtenir par quelques moyens des effets comme on en observe lorsqu'un médium est présent; — il est bien entendu que, dans ce rapport, le mot de *médium* est simplement employé pour désigner un individu, sans la présence duquel les phénomènes décrits ou n'ont pas lieu, ou se produisent avec moins d'intensité et de fréquence; — aucun effort ne fut capable de produire quelque chose d'exactement semblable aux manifestations qui ont eu lieu en présence du médium.

« Chacune des épreuves que l'intelligence combinée des membres de votre comité pouvait imaginer a été faite avec patience et persévérance.

« Les expériences ont été dirigées avec une grande variété de conditions, et toute l'ingéniosité possible a été mise en œuvre pour inventer des moyens qui permissent à votre comité de vérifier ses observations et d'écarter toute possibilité d'imposture ou d'illusion.

« Environ les quatre cinquièmes des membres de votre comité ont débuté dans la voie des investigations par le scepticisme le plus complet, touchant la réalité des phénomènes annoncés, avec la ferme croyance qu'ils étaient le résultat, soit de l'*imposture*, soit de l'*illusion*, soit d'*une action involontaire des muscles*. Ce fut seulement après une irrésistible évidence, dans des conditions qui excluaient l'une et l'autre de ces hypothèses, et après des expériences et des épreuves rigoureuses souvent répétées, que les membres les plus sceptiques de votre comité furent à la longue, et malgré eux, convaincus que les phénomènes qui s'étaient manifestés pendant cette enquête prolongée étaient de véritables faits.

« Le résultat de leurs expériences, longtemps poursuivies et dirigées avec soin, a été, après des épreuves contrôlées sous toutes formes, d'établir les conclusions suivantes :

« Premièrement. — Dans certaines dispositions de corps ou d'esprit où se trouvent une ou plusieurs personnes présentes, il se produit une force suffisante pour mettre en mouvement des objets pesants, sans emploi d'aucun effort musculaire, sans contact ou connexion matérielle d'aucune nature entre ces objets et le corps de quelque personne présente.

« Deuxièmement. — Cette force peut faire rendre des sons, que chacun peut entendre distinctement, à des objets solides qui n'ont aucun contact ni aucune connexion visible ou matérielle avec le corps de quelque personne présente ; et il est prouvé que ces sons proviennent de ces objets, par des vibrations qui sont parfaitement distinctes au toucher.

« Troisièmement. — Cette force est fréquemment dirigée avec intelligence.

« Quelques-uns de ces phénomènes se sont produits

dans trente-quatre séances sur quarante, que votre comité a tenues.

« La description d'une de ces expériences, et la manière dont elle a été conduite, montreront mieux le soin et la circonspection avec lesquels votre comité a poursuivi ses investigations.

« Tant qu'il y avait contact, ou simplement possibilité de contact par les mains ou les pieds, ou même par les vêtements de l'une des personnes qui étaient dans la chambre, avec l'objet mis en mouvement, ou émettant des sons, on ne pouvait être parfaitement assuré que ces mouvements ou sons n'étaient pas produits par la personne ainsi mise en contact. L'expérience suivante a donc été tentée :

« Dans une circonstance où onze membres de votre comité étaient assis depuis quarante minutes autour de l'une des tables de salle à manger décrites précédemment, et lorsque déjà des mouvements et des sons variés s'étaient produits, dans un but d'expérimentation plus rigoureuse, ils tournèrent les dossiers des chaises vers la table, à neuf pouces environ de celle-ci, puis ils s'agenouillèrent sur les chaises en plaçant les bras sur les dossiers.

« Dans cette position, leurs pieds étaient nécessairement tournés en arrière, loin de la table, et par conséquent ne pouvaient être placés dessous ni toucher le parquet. Les mains de chaque personne étaient étendues au-dessous de la table à environ quatre pouces de sa surface. Aucun contact avec une partie quelconque de la table ne pouvait avoir lieu sans qu'on s'en aperçût.

« En moins d'une minute, sans avoir été touchée, la table se déplaça quatre fois : la première fois, d'environ cinq pouces d'un côté, puis de douze pouces du côté opposé ; ensuite, de la même manière, et respectivement, de quatre et de six pouces.

« Les mains de toutes les personnes présentes furent ensuite placées sur les dossiers des chaises à un pied environ de la table, qui fut mise en mouvement, comme auparavant, cinq fois avec un déplacement variant entre quatre et six pouces.

« Enfin toutes les chaises furent écartées de la table à la distance de douze pouces, et chaque personne s'agenouilla sur sa chaise comme précédemment, mais cette fois en tenant ses mains derrière le dos, et par suite le corps placé à dix-huit pouces de la table, le dossier de la chaise se trouvant ainsi entre l'expérimentateur et la table. Celle-ci se déplaça quatre fois dans des directions variées.

« Pendant cette expérience décisive, et en moins d'une demi-heure, la table se mut ainsi treize fois, sans contact, ou possibilité de contact avec une personne présente, les mouvements ayant lieu dans des directions différentes, et quelques-uns de ceux-ci répondant à la demande de divers membres de votre comité.

« La table a été examinée avec soin, tournée sens dessus dessous, et scrutée pièce par pièce, mais on n'a rien découvert qui pût rendre compte des phénomènes.

« L'expérimentation a été faite partout, en pleine lumière du gaz placé au-dessus de la table.

« En résumé, votre comité a été plus de *cinquante* fois témoin de semblables mouvements sans contact, en huit soirées différentes, dans les maisons de membres de votre comité, et chaque fois les épreuves les plus rigoureuses ont été mises en œuvre.

« Dans toutes ces expériences, l'hypothèse d'un moyen mécanique ou autre a été complètement écartée, par le fait que les mouvements ont eu lieu dans plusieurs directions, tantôt d'un côté, tantôt de l'autre, tantôt en remontant vers le haut de la chambre, tantôt en descendant : mouvements qui auraient exigé la coopération d'un grand nombre de mains et de pieds, et qui, en raison du volume considérable et de la pesanteur des tables, n'auraient pu se produire sans l'emploi visible d'un effort musculaire.

« Chaque main et chaque pied étaient parfaitement en vue et n'auraient pu bouger sans qu'on s'en aperçût immédiatement.

« L'illusion a été mise hors de question. Les mouvements ont eu lieu en différentes directions, et toutes les personnes présentes ont été simultanément témoins. C'est là une affaire de mesurage, non d'opinion ou d'imagination.

« Ces mouvements se sont reproduits tant de fois, dans des conditions si nombreuses et si diverses, avec tant de garanties contre l'erreur ou la supercherie, et avec des résultats si invariables, que les membres de votre comité qui avaient tenté ces expériences, après avoir été pour la plupart sceptiques au début de leur investigation, ont été convaincus qu'il existe une force capable de mouvoir des corps pesants, sans contact matériel, force qui dépend, d'une manière inconnue, de la présence d'êtres humains.

« Votre comité n'a pu collectivement obtenir aucune certitude relativement à la nature et à la source de cette force ; il a simplement acquis la preuve *du fait de son existence.*

« Votre comité pense qu'il n'y a aucun fondement à la croyance populaire, qui prétend que la présence de personnes sceptiques contrarient la production ou l'action de cette force.

« En résumé, votre comité exprime unanimement l'opinion : que l'existence d'un fait physique important se trouve ainsi démontrée, à savoir : que des mouvements peuvent se produire dans des corps solides, sans contact matériel, par une force inconnue jusqu'à présent, agissant à une distance indéfinie de l'organisme humain, et tout à fait indépendante de l'action musculaire, force qui doit être soumise à un examen scientifique plus approfondi, si l'on veut découvrir sa véritable source, sa nature et sa puissance. »

Tel fut le premier verdict de la science, sur les pratiques du spiritisme en Angleterre, verdict rendu par des physiciens, des chimistes, des astronomes, des naturalistes, membres pour la plupart de la Société royale de Londres, qui renferme dans son sein, comme notre Académie des sciences, toutes les illustrations scientifiques du pays ; mais aussi, quelle rigueur de méthode dans la conduite des expériences, et quelle prudence dans les affirmations ? Le fait brutal est indéniable : il existe réellement une force qui dépend de la présence humaine, capable de mouvoir des corps pesants sans contact matériel... Cette force peut faire rendre des sons aux mêmes corps, que chacun peut entendre et saisir, par vibration, sans aucun contact matériel avec lesdits corps... Enfin cette force est fréquemment dirigée avec intelligence...

Voilà tout ce que le fameux comité de la Société de dialectique a voulu voir, tout ce qu'il accepte d'appuyer de sa haute autorité scientifique, parce que ce sont des faits qui peuvent être démontrés, des expériences qui peuvent être renouvelées à première réquisition ;... mais de la cause génératrice, pas un mot, le comité ne l'a pas rencontrée *scientifiquement* dans ses recherches, et il déclare que seules de longues observations la pourraient peut-être faire découvrir. Il ne hasarde que ces paroles d'une gravité exceptionnelle, car si elles n'indiquent pas la nature de la force que le comité a reconnue, elles lui prêtent cependant de l'intelligence dans ses actes :

« *Cette force est fréquemment dirigée avec intelligence.* »

Cette conclusion fut accueillie avec enthousiasme par les cercles spirites...

« Ce rapport, dirent-ils, est la plus haute consécration que la science puisse donner non seulement à nos phénomènes, mais encore à nos principes, puisque les faits étant admis, on leur reconnaît en outre une direction intelligente. Nous n'osions pas prétendre à autant, car si nous n'avons jamais douté de la bonne foi de nos savants, nous n'étions pas aussi convaincus de leur indépendance vis-à-vis les préjugés de la foule. »

Ce langage était répété par toutes les revues et par tous les journaux dévoués à la cause.

Mais ce n'était point tout encore. A ce rapport fut jointe une enquête relatant tous les faits dont le comité n'avait pas voulu prendre la responsabilité collective... Des témoignages authentiques y affirmaient les phénomènes les plus étranges : transports d'objets à distance ; jeu d'instruments reproduisant des airs sans contact matériel avec les personnes présentes ; corps pesants animés ou inanimés, hommes ou objets, s'élevant spontanément dans l'air, sans aucune assistance matérielle ; apparitions de mains et de formes humaines flottant dans l'espace, ou glissant avec le mouvement de la marche, au milieu des assistants qui les peuvent toucher ; écritures et dessins spontanés se produisant sur des feuilles de papier ou des ardoises neuves ; langues de feu et lueurs circulant dans l'air, s'évanouissant et reparaissant, selon le désir des assistants, etc. ; et tout cela certifié par un *Morgan*, président de la Société mathématique de Londres, un C. F. Varley, ingénieur en chef des Compagnies de télégraphe, internationale transatlantique, un Russel Wallace, le plus populaire des naturalistes, et une foule d'autres, appartenant comme ces derniers aux sommités scientifiques de l'Angleterre.

Je laisse à penser le *tolle* qui s'éleva dans le camp même des Sociétés savantes. Les membres de la Société de dialectique qui n'avaient point fait partie du comité, refusèrent de s'associer aux travaux de leurs collègues, et leur laissèrent toute la responsabilité de la publication du rapport et de l'enquête annexée, et l'opinion publique, comme toujours, se divisa en deux camps bien tranchés. Le *Times* dans un *leader article,* après avoir examiné la question sous toutes ses faces, déclara qu'on ne saurait rien, tant qu'un des illustres membres de la Société Royale, comme William Crookes par exemple, devant l'autorité duquel tout le monde avait l'habitude de s'incliner, ne consentirait pas à refaire seul ces expériences, et à donner son avis sur la réalité ou la fausseté des phénomènes spirites. La lutte était de nouveau engagée sur toute la ligne entre croyants et sceptiques, lorsque tout à coup William Crookes déclara qu'il adhérait à la demande du *Times* et qu'il allait expérimenter seul dans son cabinet de chimiste, et qu'il soumettrait tous les phénomènes d'ordre spirite à l'examen et à l'analyse les plus sévères.

Il y eut alors comme une détente dans les esprits ; chacun fit trêve, et déclara, des deux côtés, qu'il s'en remettait d'avance aux déclarations de l'illustre savant.

IV

Nous arrivons à la partie la plus grave peut-être de notre œuvre : l'exposition des recherches et des travaux de l'éminent William Crookes. Quelque volumineuses que soient ses publications, la loyauté nous oblige à en donner la quintessence analytique la plus complète possible, car si, dans une partie des phénomènes, nous nous trouvons entièrement d'accord avec lui sur les résultats qu'il a obtenus, dans une autre, nous prétendons qu'il a subi malgré lui la terrible influence de ces sortes d'études, et qu'il a glissé peu à peu sans s'en douter sur la pente dangereuse de l'illuminisme et de l'auto-suggestion, qui lui ont fait voir et photographier des fantômes, des incarnations comme on dit dans le langage spirite, qui n'étaient que le produit d'une audacieuse supercherie.

Son histoire, surtout avec Katie King, jeune et charmante incarnation du sexe féminin, qui pendant trois ans fréquenta la maison du savant, avec M{^{lle}} Cook, son médium bien entendu, se laissant toucher, embrasser dans la demi-obscurité de la petite lampe phosphorescente, qui permet de voir sans rien distinguer, même à six pouces du visage, est bien ce que je connais de plus extraordinaire comme crédulité d'un côté, et astucieuse habileté de l'autre.

Je ne parle ainsi, que parce que je connais tous les trucs des médiums à incarnation, les ayant appris à New-York, dans une de ces maisons que tout le monde connaît en Amérique, qui sont censées s'appliquer au développement des facultés des *médiums*, et qui en réalité ne sont que des écoles de fraudes et de supercherie. C'est là que se fabriquent ces étoffes légères comme des toiles d'araignées, dont se recouvrent les incarnés, et qui tiennent dans un dé à coudre, ces masques d'une composition spéciale que le médium enferme dans le médaillon de sa chaîne de montre... Mais ce n'est pas le lieu d'énumérer ces fraudes, je renvoie cet intéressant sujet à la visite que j'ai promis de faire accomplir aux lecteurs, dans un de ces établissements...

Je disais plus haut que j'allais donner un exposé le

plus complet possible des travaux et des recherches du savant en empruntant cette analyse à ses œuvres mêmes, afin de ne pas être accusé de combattre mon éminent contradicteur sans avoir mis les pièces du procès, émanant de ce dernier lui-même, sous les yeux du lecteur.

En outre tous les médiums à *matérialisation*, c'est-à-dire produisant des apports de fleurs et autres objets, ainsi que des apparitions et incarnations de fantômes, ne manquent jamais de mettre leurs supercheries à l'abri de l'autorité scientifique de William Crookes. Il y a là encore un haut intérêt qui s'impose de démontrer, à l'aide des expériences mêmes du savant, qu'il a été la victime de l'audacieuse habileté des médiums, avant de faire connaître les travaux.

Voici donc d'importants extraits, empruntés aux différentes œuvres, livres, brochures, articles de journaux, publiés par l'éminent chimiste. Nous les avons choisis de façon qu'ils fassent un tout complet, permettant de juger et de trancher définitivement la question qui nous occupe, et qui peut se résumer ainsi : « Que doit-on croire et que doit-on rejeter dans les phénomènes et les doctrines du spiritisme ? »

La plupart des autres écrivains, anglais et américains, sont : ou de violents détracteurs de la croyance spirite, ou des adeptes convaincus. Dans le premier cas les écrits sont sans bonne foi, dans le second ce ne sont que récits enthousiastes et chants d'actions de grâces. Ni les uns ni les autres ne peuvent servir de base à une discussion. Avec William Crookes au contraire, on est toujours sur le terrain scientifique pur, et lorsque son esprit suggestionné vient à s'en écarter, dans les *apparitions* par exemple, il le fait avec une telle honnêteté, que c'est dans ses propres écrits que nous trouverons les arguments les plus irréfutables contre l'existence des gracieux fantômes qui ont fréquenté sa demeure.

Ainsi qu'on va le voir, le style du savant n'est pas dépourvu d'ornement, mais nous n'en donnerons qu'une courte citation, car nous avons hâte d'entrer dans le vif du sujet.

Extrait des ouvrages, articles et brochures publiés par William Crookes sur ses recherches dans le domaine des faits et phénomènes spirites.

« ... Comme un voyageur explorant une contrée lointaine, merveilleuse, connue seulement par des rapports vagues et inexacts, depuis quatre ans je poursuis des recherches dans un domaine des sciences naturelles qui offre encore un sol presque vierge à l'homme de science. Ce dernier peut en effet pénétrer l'action des forces gouvernées par des lois de la nature, où d'autres ne voient que l'intervention des dieux offensés. C'est ainsi que je me suis fait l'obligation de tracer l'opération des lois et des forces naturelles, où d'autres chercheurs n'ont vu que l'intervention d'êtres surnaturels, ne possédant aucune loi, n'obéissant à aucune autre force que celle de leur libre arbitre.

« Les phénomènes que je viens attester sont extraordinaires ; ils sont si directement opposés aux articles de croyances scientifiques les plus accrédités — entre autres l'ubiquitaire et invariable action de la loi de gravitation — que même en me rappelant les détails de ce que j'atteste, il y a dans mon esprit lutte entre ma *raison* qui prononce que c'est scientifiquement impossible et ma *conscience* qui me dit que mes sens, ma vue et mon toucher, d'accord avec les sens des personnes présentes, ne sont point un témoignage mensonger, même quand ils protestent contre mes préjugés. »

Après une série d'autres considérations qu'il est inutile de citer, William Crookes entre délibérément en matière :

« Mon but principal, dit-il, sera d'enregistrer un certain nombre de manifestations qui ont eu lieu dans ma maison, en présence de témoins sincères, et sous le contrôle le plus sévère possible ; de plus chaque fait que j'ai observé a été enregistré par différents observateurs, comme ayant eu lieu à des époques et à des endroits différents ; on remarquera que ces faits ont le caractère le plus étonnant et semblent complètement inconciliables avec toutes les théories connues de la science moderne. Etant convaincu de leur vérité, ce serait une *lâcheté morale* de leur refuser mon témoignage, et parce que nos publications précédentes ont été ridiculisées par des critiques qui ne savaient rien du sujet, qui étaient trop esclaves des préjugés pour voir et s'assurer par eux-mêmes si, dans ces phénomènes, il y avait oui ou non de la vérité, je dirai simplement ce que j'ai vu à l'aide d'épreuves et d'expériences réitérées...

« Je dois d'abord signaler une ou deux erreurs qui se sont emparées de l'esprit public. L'une d'elles est que l'obscurité est indispensable au phénomène. Ce qu'il y a de certain, c'est que, excepté plusieurs cas où l'obscurité fut nécessaire, par exemple pour des phénomènes d'apparences lumineuses et quelques autres, chaque manifestation dont j'ai été témoin a eu lieu avec la *lumière ;* dans les quelques cas où le phénomène relaté s'est passé dans l'obscurité, j'ai toujours eu soin de le mentionner. De plus, quand *des raisons spéciales* ont *demandé l'exclusion de la lumière*, le contrôle s'est opéré d'une façon si parfaite, que la suppression d'un de nos sens *n'a pu réellement nuire à l'évidence.*

« Une autre erreur très commune consiste à dire que la manifestation ne peut avoir lieu qu'à de certaines époques et dans certains endroits, — dans les appartements des médiums, et à des heures convenues à l'avance ; — et d'après cette erreur, on conclut qu'il y a analogie entre ces phénomènes appelés *spirites* et ces tours de passe-passe accomplis par des escamoteurs et des sorciers opérant chez eux, entourés de tous les moyens propres à leur art ! Pour montrer combien ces objections sont loin de la vérité, je n'ai besoin que de dire que, à de rares exceptions près, plusieurs centaines de faits, que je suis disposé à attester, ont eu lieu chez moi, à des époques fixées par moi, et dans des circonstances et conditions qui excluaient l'aide du plus simple instrument.

« Ces faits, pour être imités par des moyens mécaniques ou physiques connus, confondraient l'habileté d'un Houdin, d'un Rosco, d'un Anderson, appuyés sur toutes les machines imaginables et sur les ressources d'une longue pratique.

« Il est une troisième erreur : c'est que le médium choisit son propre cercle d'amis pour donner sa séance, et que ces amis doivent ajouter une foi entière aux croyances qu'il professe, et que la condition de se dispenser de toute investigation ou recherche est imposée à chaque personne afin d'éviter toute observation et de faciliter la supercherie. » —William Crookes a raison de traiter d'erreurs ces procédés vulgaires, parce que lui ne s'est adressé qu'à des médiums d'une grande puissance comme Daniel Donglas Home et miss Kate Fox, dont le caractère eût du reste répugné à ces fraudes ; mais il n'est que trop vrai que tous les médiums qui donnent des représentations à domicile, et se font payer comme des escamoteurs, se servent communément de ces moyens pour protéger leurs supercheries, et rendre impossible tout contrôle. Je les démasquerai en temps et lieux, et ferai connaître aux lecteurs comment ils devront agir pour les prendre en flagrant délit d'imposture, et cela dans toute réunion, sans que médiums et assistants ne s'en doutent. De cette façon on ne cause aucun scandale dans des assemblées où les fanatiques sont toujours en majorité, et on a la satisfaction quand on est un caractère libre et indépendant, de s'être édifié soi-même sur le compte de ces vils charlatans qui exploitent la crédulité humaine.

Le savant continue :

« En réponse à tout cela, je puis attester qu'à l'exception de très peu de cas, où le motif de l'exclusion ne servait certainement pas de voile à la supercherie, j'ai choisi un cercle d'amis, j'ai introduit tous les incrédules qu'il m'a plu d'introduire, et j'ai généralement pris toutes les précautions nécessaires pour éviter toute espèce de fraude. Ayant graduellement remarqué les conditions indispensables qui facilitaient le phénomène, je me suis servi de mes remarques, et, grâce à elles j'ai obtenu plus de succès en certaines circonstances qu'on n'en avait obtenu précédemment dans les mêmes cas, où par des idées fausses sur l'importance de quelques observations insignifiantes, les conditions imposées pouvaient rendre moins aisée, au contraire, la découverte de la fraude...

« J'ai dit que l'obscurité n'est pas essentielle. Il est cependant bien reconnu que, quand la force est faible, une brillante lumière peut nuire à l'apparition de quelques phénomènes.

« La puissance de M. Home est suffisamment forte pour n'avoir point à redouter cette influence; aussi refuse-t-il toujours l'obscurité pour ses séances. »

Cette observation de William Crookes est parfaitement juste. Daniel Home, mon compatriote et mon contemporain, a été de plus mon ami, et je puis affirmer que non seulement il produisait toujours ses manifestations en pleine lumière, mais encore que l'obscurité avait une action très fâcheuse sur son système nerveux. Il la redoutait et la fuyait.

Dans une longue convalescence de six mois qu'il accomplit chez moi, et dont je raconterai bientôt toutes les péripéties, nous refîmes ensemble toutes les expériences que sa force psychique réellement extraordinaire lui permettait de réaliser, et pas une seule fois, *même les soirs où le succès ne répondait pas à nos efforts,* il ne consentit à opérer en dehors de la lumière... mais c'était un médium comme le pareil ne se présentera pas de longtemps. C'est grâce à lui que j'ai pu contrôler définitivement toutes les expériences, faites seules ou avec d'autres, et que je puis avoir la prétention justifiée *de dire aujourd'hui scientifiquement le dernier mot sur le spiritisme et les phénomènes sur lesquels il repose,* c'est-à-dire de ruiner à tout jamais la *théorie des esprits,* tout en admettant *la réalité de la plupart des phénomènes.*

Voilà le grand mot lâché !... Oui, il n'y a pas, il n'y a jamais eu d'*esprits ;* il n'y a qu'une force purement naturelle dépendant d'un fluide semblable à celui de l'électricité, peut-être l'électricité elle-même, dont l'homme, dans certaines conditions, se charge comme une pile, et produit toute une série de phénomènes étranges, extraordinaires, invraisemblables, auxquels il est impossible d'assigner une limite...

Je voulais réserver cette déclaration de principe pour ma conclusion, alors que j'aurais donné toutes les preuves à l'appui, mais il m'a semblé tout à coup, alors que je n'en étais encore qu'au développement historique de la marche du spiritisme en Amérique et en Europe, qu'en faisant connaître de suite *le résultat final auquel je tardais,* le lecteur ne m'en suivrait qu'avec plus d'intérêt peut-être, et, devant l'importance de ce résultat, n'en accorderait que plus d'attention aux développements destinés à l'amener, et sans lesquels l'erreur dans laquelle sont tombés la plupart des expérimentateurs de bonne foi, savants ou simples chercheurs, serait inexplicable.

Ainsi, les savants se sont entourés de toutes les précautions possibles, afin d'obtenir les phénomènes d'ordre spirite, en dehors de toute fraude. Cela est bien, mais les manifestations ainsi obtenues, qu'ont-ils fait? Ils se sont contentés de les enregistrer, en s'écriant, quelques-uns du moins : « Tout cela est contraire en apparence aux lois naturelles que nous connaissons, et cependant nous l'avons vu ! Tout cela est absurde, invraisemblable, et cependant cela est, et ce serait une faiblesse morale que de refuser notre témoignage ! »

Aucun d'eux n'a osé aller plus loin, et aborder la recherche des causes... c'est-à-dire nier ou affirmer l'intervention des *esprits désincarnés*, dans la manifestation des phénomènes spirites. Et cependant ils n'avaient, pour soulever le voile qui recouvre ce mystère et faire la lumière complète et définitive, qu'à faire la contre-épreuve de toutes les communications qu'ils recevaient à titre de manifestation d'outre-tombe... C'est par ce moyen, et à l'aide d'autres contre-expériences que je ferai bientôt connaître, que je suis arrivé à détruire définitivement la *légende des esprits*. Il restera des phénomènes dont l'étude sera d'un haut intérêt pour la science, mais il ne restera rien, absolument rien, qui puisse permettre l'établissement d'une croyance spiritualiste et religieuse... Tel est le but de cet ouvrage. Il n'est que temps que la science se mette en travers de l'œuvre néfaste des médiums, afin de les empêcher de ramener le monde aux mystérieuses pratiques de l'Orient et au fanatisme du moyen âge, et pour cela il n'y a pas à distinguer entre le vrai et le faux médium, leur œuvre est également néfaste à tous deux... Une simple note provoquée par le passage de William Crookes que je citais m'a entraîné plus loin que je ne le pensais. Je n'ai rien à en retrancher, et prie seulement le lecteur d'attendre le résultat des expériences absolument convaincantes et scientifiques que j'ai faites avec Daniel Home et plusieurs autres médiums. Il y trouvera *la preuve*, qu'il pourra contrôler et obtenir lui-même avec le premier médium de bonne foi, que les prétendus esprits ne sont absolument pour rien dans la production des phénomènes dits spirites, et que par conséquent le spiritisme comme croyance religieuse est absolument sans bases, sans fondement.

Je vais donner maintenant, d'après William Crookes lui-même, la classification des phénomènes dont il a obtenu la manifestation, en procédant des plus simples aux plus compliqués, et qu'il certifie de son autorité d'homme et de savant.

PREMIÈRE CLASSE

MOUVEMENTS DE CORPS PESANTS AVEC CONTACT, MAIS SANS INTERVENTION MÉCANIQUE

C'est une des plus simples formes observées dans ces phénomènes. Elle varie en degré, depuis le tremblement de la chambre jusqu'à un simple mouvement; mais elle consiste principalement à élever dans l'air

Fig. 1. — Élévation des corps inanimés par le simple contact de la main.

des corps lourds quand la main est placée dessus. L'objection très vraisemblable qu'on peut faire à cela, est que quand des personnes touchent une chose on mouvement, elles peuvent la pousser, la tirer ou l'élever. J'ai prouvé par expérience — c'est William Crookes qui parle — que cela n'est pas possible dans beaucoup de cas ; mais pour moi-même, je n'attache qu'une très petite importance à cette classe de phénomènes et je ne la mentionne que pour servir de préliminaires à d'autres mouvements de la même espèce, mais sans contact.

Ces mouvements, et même on peut dire tous les phénomènes de la même nature, sont généralement précédés par un rafraîchissement de l'air s'élevant parfois jusqu'à produire du vent. J'ai vu des feuilles de papier dispersées par ce vent, et j'ai remarqué qu'un thermomètre avait baissé de plusieurs degrés. Dans quelques autres circonstances, je n'ai observé aucun mouvement de l'air, mais le froid est devenu si intense, que je ne puis comparer ce que son intensité nous faisait ressentir qu'à la sensation qu'on éprouve en plongeant la main dans un bain de mercure.

DEUXIÈME CLASSE

PHÉNOMÈNES DE PERCUSSION ET ASSEMBLAGE DES SONS

Le nom populaire de *coups frappés* donne une fausse impression de cette nombreuse classe de phénomènes. Différentes fois, pendant mes expériences, j'ai entendu des coups si délicats, qu'ils paraissaient être frappés avec la pointe d'une épingle, puis suivaient une cascade de sons aigus comme si une cohue s'élevait tout à coup, des détonations dans l'air, des bruits métalliques très aigus, des craquements comme ceux que produit une machine à frottements quand elle est en mouvements, des sons comme des grattements, des espèces de ricanements d'oiseaux moqueurs, etc., etc.

Ces sons, produits à l'aide de presque tous les médiums, et chacun possédant une particularité spéciale, sont plus variés chez M. Home ; mais pour la force et la précision, je n'ai jamais rencontré personne qui puisse être comparé à miss Kate Fox. C'est la jeune Américaine à qui l'on doit les premières manifestations du spiritisme, dont nous avons brièvement conté l'histoire.

Pendant plusieurs mois j'ai pu, en des occasions réitérées, constater les phénomènes obtenus par la médiumnité de cette dame, et j'ai toujours remarqué ces sons particuliers. Généralement, avec tous les médiums, il est nécessaire, pour une séance régulière, de s'asseoir avant qu'aucune manifestation se produise ; mais pour miss Fox, il est seulement nécessaire qu'elle place la main sur n'importe quel objet, pour que des sons éclatants soient entendus comme une triple détonation ; ils sont assez forts quelquefois pour être entendus de plusieurs points éloignés de l'endroit où ils ont eu lieu. J'ai entendu des sons produits de cette manière dans un arbre vivant, dans un morceau de verre, dans un fil de fer tendu, dans un tambourin, dans l'intérieur d'une voiture, dans le parquet d'un théâtre. Le contact même n'est pas toujours nécessaire pour la production de ces bruits. Je les ai entendus surtout des plafonds, des murs, etc., quand les mains et les pieds du médium étaient attachés, quand il était étendu et en catalepsie sur un canapé, quand il était assis sur une chaise sans faire aucun mouvement, quand il était dans une balançoire suspendue au plafond, etc., etc.

Enfin je les ai entendus dans un harmonium, je les ai sentis sortant de mon épaule, de ma main, etc. Je les ai perçus dans une feuille de papier tenue entre les doigts, par un bout de fil passé dans le coin de la feuille.

Avec la parfaite connaissance des nombreuses théories qui ont été faites particulièrement en Amérique pour expliquer ces sons, je les ai éprouvés, contrôlés, examinés jusqu'à ce qu'il n'y ait plus un doute possible sur leur identité, et jusqu'à ce qu'il soit impossible d'admettre l'intervention d'aucun artifice ou moyen mécanique.

Une question importante se présente ici, elle-même. *Ces sons et ces mouvements sont-ils gouvernés par une certaine intelligence?*

William Crookes répond : « J'ai remarqué, depuis le commencement de mes recherches, que la puissance qui produit ces sons n'est point certainement une force aveugle, mais qu'elle est associée ou plutôt gouvernée par l'intelligence ; ainsi les sons dont je viens de parler ont été répétés un certain nombre de fois déterminé ; ils sont devenus forts ou faibles, se sont produits dans différents endroits suivant les demandes qui leur ont été faites. Et au moyen de certains signes définis à l'avance, des questions, des réponses et des

Fig. 2. — Coups frappés, bruits et sons dans les corps.

messages ont été donnés avec plus ou moins d'exactitude.

L'intelligence gouvernant ces phénomènes est fréquemment en opposition avec les désirs des médiums, quand une détermination a été exprimée de faire quelque chose qui ne peut être considéré comme raisonnable. J'ai vu plusieurs messages donnés pour ne point faire ces choses. Cette intelligence prend quelquefois un caractère tel, qu'il est impossible de ne pas voir qu'elle ne pourrait émaner d'aucune des personnes présentes. »

Je prouverai à William Crookes par la voie expérimentale, lorsque je reproduirai ce genre de phénomènes, qu'il y a là une illusion dont tout le monde est complice sans s'en douter, pas même le médium, et que d'autres fois au contraire la fraude vient du médium, à qui il est impossible, à moins de circonstances particulières, de demander de détruire de ses propres mains la légende qui fait toute sa force auprès des masses, et d'avouer que les *esprits* ne sont pour rien dans les communications qui passent par son canal... Je ferai connaître, à cet égard, le sentiment intime de Daniel Home, ou plutôt les aveux auxquels j'ai fini par l'amener, sans que cela touchât en rien à sa bonne foi, qui était très grande, car il se croyait réellement le porte-parole d'une puissance supérieure. Les expériences que nous fîmes ensemble à ce sujet sont tellement convaincantes, qu'il ne restait plus de place pour le doute ; mais je dois dire que le contrôle était d'autant plus facile que je possède une dose de *force psychique* qui, sans être bien forte, suffit pour me permettre de reproduire les phénomènes ordinaires que l'on est convenu d'appeler *messages, communications*, etc.

Fig. 3. — Table balance, imitation des sons indiqués au commandement, rupture à volonté de l'équilibre des corps.

Avec de la patience et de la persévérance, tout le monde peut arriver, à de rares exceptions près, à obtenir par la table ce genre de communications, et c'est la première condition que devra réaliser le savant qui voudra étudier les phénomènes d'ordre spirite. La cause de succès la plus importante est de pouvoir soi-même contrôler son médium. Comment voulez-vous arriver à un résultat sérieux, si votre médium ne vous livre que la matérialité des faits, et vous cache non seulement ses propres impressions, mais encore ce qu'il sait mieux que tout autre sur les causes des phénomènes qu'il reproduit. Ce que je reproche à William Crookes, ce n'est pas le luxe de précautions dont il s'est entouré, c'est d'affirmer que les phénomènes ont souvent une direction intelligente et fréquemment en opposition avec les désirs du médium, sans avoir eu aucun moyen de contrôler ces prétendus désirs du médium, *contrecarrés par cette force intelligente qui ne se manifeste que par lui.*

En d'autres termes, supposons que le médium, avec une entière bonne foi, ait posé à haute voix la question suivante :

« Les esprits qui me soulèvent à un pied ou deux pieds du sol, peuvent-ils me transporter dans les nuages ? »

Et qu'instantanément, sans même s'en rendre compte, il ait fait à part lui la réflexion suivante : « C'est là une demande ridicule qui ne peut être exaucée. »

S'il arrive, comme cela est probable, mais supposons-le seulement, que le message reçu de la table ou par tout autre moyen de communication, soit la copie textuelle de cette dernière phrase : « C'est là une demande ridicule qui ne peut être exaucée », n'y aura-t-il pas contradiction apparente entre la demande faite par le médium et le message reçu, quoique demande et réponse émanent bien, l'une en parole et l'autre en pensée, du même médium ?

Je prierai donc l'illustre savant de me dire si, dans ce cas, la prétendue force *gouvernant ces phénomènes a été en opposition avec les désirs du médium.*

Qui donc nous répond que, dans les circonstances où il s'est trouvé, les choses ne se sont pas passées ainsi ! Dans tous les cas, William Crookes n'a eu aucun moyen de s'en assurer, aucun moyen de contrôler le lien secret qui existe entre les *désirs du médium* et le *message.* Sa réponse n'est donc pas scientifique.

TROISIÈME CLASSE

ALTÉRATION DU POIDS DES CORPS

L'illustre savant, pour vérifier le pouvoir de Daniel Home, dans cette branche spéciale de phénomènes, fit construire des appareils enregistreurs spéciaux, afin qu'aucun reproche de supercherie ne pût être adressé au médium. L'expérience eut lieu en présence de MM. William Huggins et Edmond-W. Cox, deux des savants les plus distingués de l'Angleterre.

Par la seule imposition des mains, la balance à res-

FIG. 4. — Annulation graduelle du poids des corps.

sort dont W. Huggins observait le curseur accusa à différentes reprises des augmentations de poids de *trois cents pour cent*.

A la suite de cette expérience, M. Ed.-W. Cox adressa à William Crookes une longue lettre, dont j'extrais le passage suivant :

« Russell-Square, 8 juin 1871.

« Cher monsieur,

« Etant présent dans un but de recherches aux expériences d'essai relatées dans votre article, j'apporte avec empressement mon témoignage en faveur de la parfaite exactitude de la description que vous en avez faite, et des précautions et du soin avec lesquels furent accomplies les différentes épreuves. Les résultats me paraissent établir d'une manière concluante ce fait important : qu'il y a une force qui procède du système nerveux, et qui est capable, dans la sphère de son influence, de donner aux corps solides du mouvement et du poids...

« Signé : Ed.-W. Cox. »

QUATRIÈME CLASSE

MOUVEMENTS DE SUBSTANCES LOURDES A UNE
CERTAINE DISTANCE DU MÉDIUM

Les phénomènes où des corps lourds, tels que des tables, des chaises, des canapés, ont été mus quand le médium n'y touchait pas, sont très nombreux; je mentionnerai brièvement quelques-uns des plus frappants : ma propre chaise a été entraînée à faire une espèce de cercle, mes pieds ne posaient pas sur le plancher; toutes les personnes présentes à cette séance ont vu avec moi une chaise venir d'un coin assez éloigné de l'appartement où nous étions, jusqu'à la table ; dans une autre circonstance, elle s'approcha jusqu'à l'endroit où nous étions, et, à ma demande, retourna lentement à sa place.

Pendant trois soirées successives, une petite table se remua lentement à travers la chambre, dans des conditions que j'avais arrangées à l'avance, afin de pouvoir répondre à toute objection.

Il serait trop long de citer tous les cas relatés par le savant ; ils se résument à peu près dans les exemples énumérés ci-dessus.

Fig. 5. — Neutralisation du poids des corps.

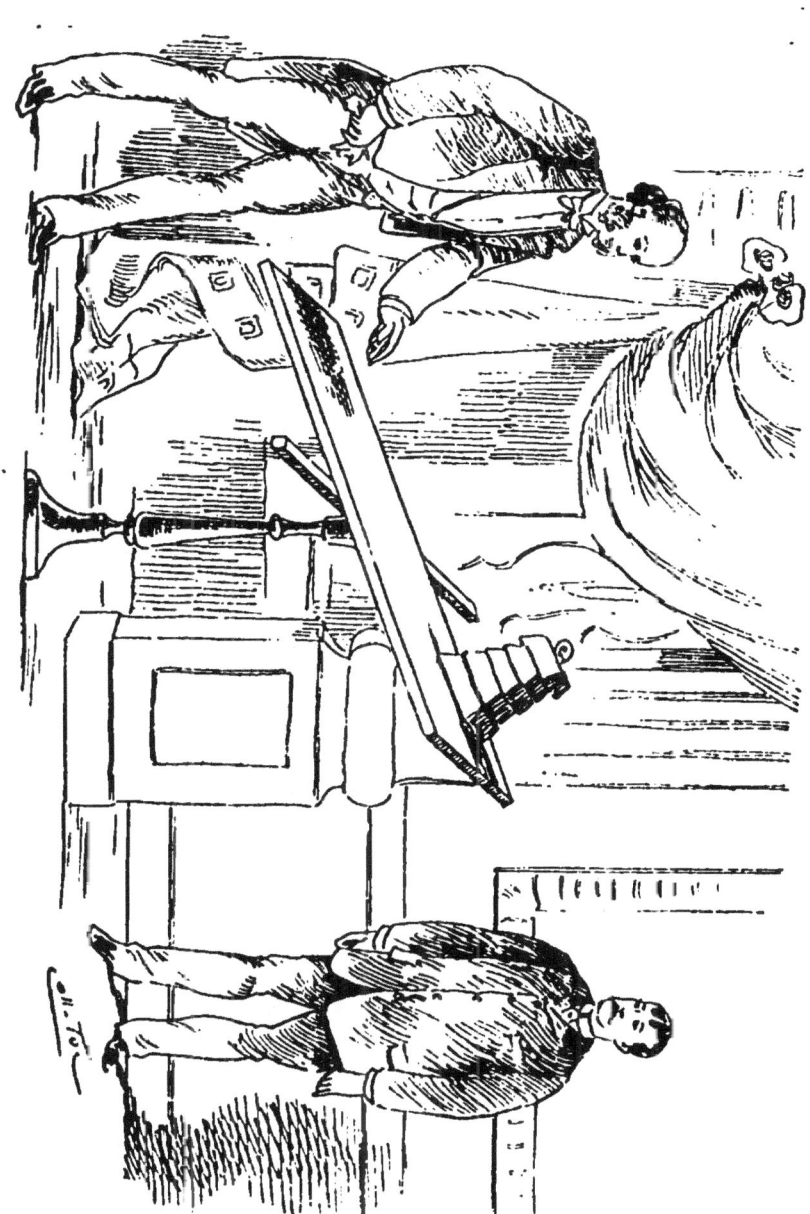

Fig. 6. — Annulation du poids des corps.

CINQUIÈME CLASSE

LES TABLES ET LES CHAISES ENLEVÉES DE TERRE SANS LE CONTACT D'AUCUNE PERSONNE

Dans cinq occasions séparées, une table de salle à manger très lourde s'éleva à un pied et demi du sol, dans des conditions qui rendaient toute supercherie impossible ; une autre fois une table très lourde s'éleva du sol en pleine lumière, pendant que les mains et les pieds de M. Home étaient tenus pour William Crookes.

Une autre fois encore la table s'éleva du sol en pleine lumière, non seulement sans que personne y ait touché, mais encore dans des conditions qui rendaient toute espèce de doute impossible.

SIXIÈME CLASSE

ENLÈVEMENT DE CORPS HUMAINS

Ces phénomènes ont eu lieu souvent dans l'obscurité en présence de William Crookes et dans des conditions offrant toutes garanties.

Le fait s'est reproduit un nombre de fois extraordinaire, en pleine lumière, ce qui est plus important. Je laisse la parole à William Crookes :

« Je vis une fois une chaise sur laquelle une dame était assise s'élever à plusieurs pouces au-dessus du

Fig. 7. — Élévation des corps inanimés sans contact de la main ni d'aucune force.

sol. Dans une autre occasion, pour éviter tout soupçon, cette dame s'agenouilla sur la chaise de façon que es quatre pieds soient complètement visibles ; alors

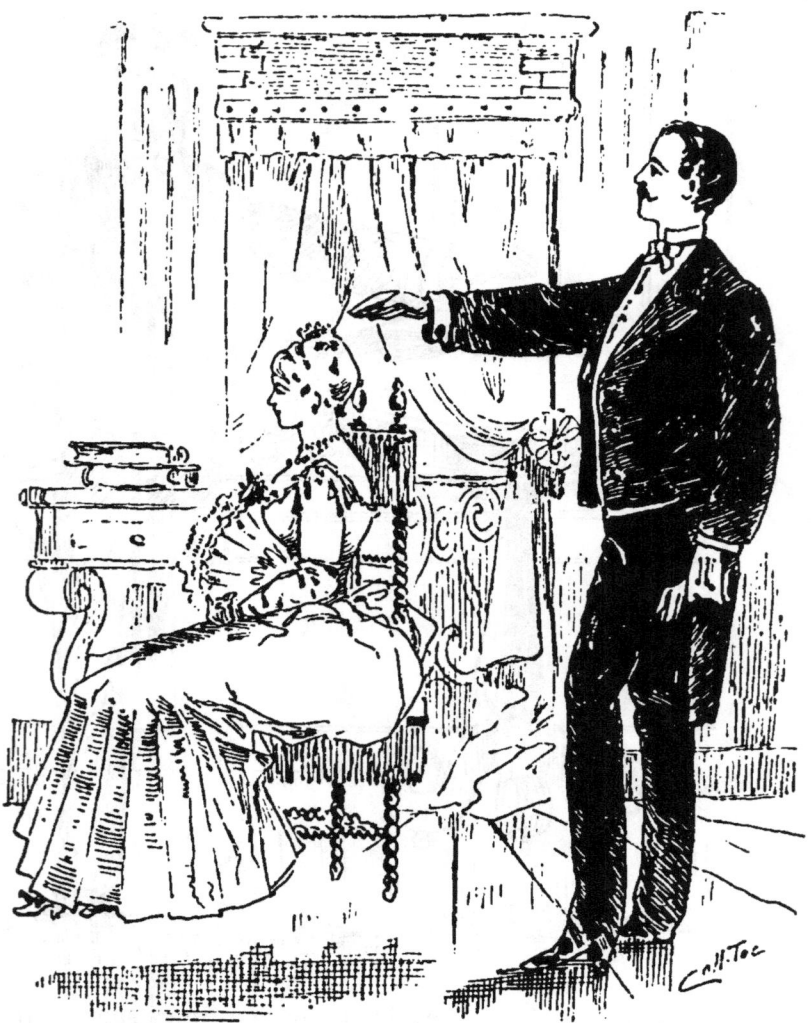

Fig. 8. — Élévation des corps animés sans contact.

cette chaise s'éleva à environ trois pouces, demeura suspendue à peu près pendant dix secondes, et redescendit lentement. Une autre fois, en plein jour, deux enfants s'élevèrent du sol avec leurs chaises sous les conditions les plus satisfaisantes pour moi, car j'étais agenouillé, regardant avec la plus grande attention les pieds de la chaise, et observant que personne n'y pût toucher. »

Les cas d'enlèvement les plus frappants qu'il m'ait été donné de voir, ont été ceux de M. Home. Dans trois circonstances je l'ai vu s'élever complètement du plancher de l'appartement :

1° Assis dans un fauteuil ;
2° Agenouillé sur sa chaise ;
3° Debout.

Il y a au moins cent cas d'enlèvement de M. Home, en présence d'une grande quantité de personnes. William Crookes cite comme témoins : le comte de Dunraven, lord Lindsay et le capitaine C. Wynne.

Et il ajoute : « Les témoignages accumulés établissant les enlèvements de M. Home sont innombrables, mais il serait bien à désirer que quelques personnes, dont le témoignage soit considéré comme concluant par le monde scientifique, — s'il existe une personne dont le témoignage en faveur de ces phénomènes puisse être écouté, — voulût sérieusement et patiemment examiner ces faits. »

Votre témoignage nous suffit, M. Crookes !

SEPTIÈME CLASSE

MOUVEMENT DE DIVERS CORPS DE PETIT VOLUME
SANS LE CONTACT D'AUCUNE PERSONNE

« Voici quelques faits, dit le savant, qui ont tous eu lieu dans des conditions qui rendaient toute supercherie impossible. »

Il serait vraiment insensé d'attribuer ces résultats à la ruse, car ce que je rapporte ne s'est pas accompli dans la maison du médium, mais dans ma propre maison, où toute espèce de préparation était impossible.

Un médium marchant dans ma salle à manger ne peut pas, pendant que les assistants et moi, assis à l'autre extrémité de la pièce, le surveillons avec la plus grande attention, faire jouer, à l'aide d'un moyen quelconque, un accordéon, que je tiens moi-même les touches renversées; ou faire flotter le même accordéon tout autour de la chambre, jouant tout le temps; il ne peut pas non plus lever les rideaux des fenêtres; élever les jalousies jusqu'à six pieds de haut; faire un nœud à un mouchoir et le placer dans un coin éloigné de l'appartement; frapper des notes sur un piano éloigné; faire flotter autour de l'appartement un porte-cartes; enlever une carafe et un verre de dessus la table; faire mouvoir un éventail et éventer toute la société; arrêter le mouvement d'une pendule enfermée dans une vitrine attachée à la muraille..., etc.

Et tout ces faits ont eu lieu, ainsi que le dit William

4.

Crookes, pendant que Daniel Home se promenait au

Fig. 9. — Jeu de l'accordéon dans une cage sans aucun contact avec les touches de l'instrument.

milieu de l'appartement, sans toucher à aucun de ces objets.

HUITIÈME CLASSE

APPARITIONS LUMINEUSES

William Crookes expose d'abord que ce genre de phénomène étant assez faible, l'obscurité était nécessaire.

Bien qu'une pareille situation prête à la supercherie, l'éminent chimiste a raison. Il faut se soumettre à cette nécessité, ou abandonner ce genre d'expériences : la flamme de l'alcool, par exemple, ne se voit pas à la pleine lumière, pas plus que l'éclat phosphoré qui précède l'inflammation de l'allumette. Dans la plupart des cas, les apparitions lumineuses dues à l'influence du médium ne pourraient être sensibles de jour. Il est certain que l'on peut prendre alors des précautions suffisantes pour être sûr du médium.

Tous ceux qui possèdent une force réellement capable de produire de tels phénomènes, s'y prêtent merveilleusement ; ainsi Home s'est toujours laissé attacher par moi, et non content de cela, je lui tenais les jambes à l'aide des deux miennes, en lui maintenant les mains de la même façon. Mais, ainsi que cela m'arrive chaque fois que le morceau est assez court pour ne pas exiger un extrait, je laisse William Crookes expliquer lui-même le résultat de ses expériences :

« J'ai vu, sous les conditions du plus scrupuleux contrôle, un corps lumineux solide, à peu près de la forme et de la grosseur d'un œuf de dinde, flotter sans bruit autour de l'appartement une fois plus haut que le plus haut des assistants, et redescendre doucement à terre ; le corps a été visible plus de dix minutes, et avant de s'évanouir il a frappé trois fois la table, rendant un son semblable à celui que produit un corps solide et très dur.

« Pendant ce temps le médium était couché sur une chaise longue, et il était réellement insensible.

« J'ai vu des points lumineux apparaître de place en place, et s'arrêter sur la tête de diverses personnes ; on a répondu à mes questions par la production d'un certain nombre de flammes que j'avais limitées, d'une lumière vive qui s'est produite juste en face de moi. J'ai vu des étincelles de lumière s'élever de la table au plafond, et retomber sur la table, en rendant un son métallique.

« J'ai obtenu une communication alphabétique, qui m'a été donnée au moyen de flammes se produisant dans l'air, en face de moi, flammes parmi lesquelles je promenais ma main.

« J'ai vu un nuage lumineux flottant au-dessus d'une pendule. Plusieurs fois un corps solide lumineux, paraissant être en cristal, fut apporté dans ma main par une main qui ne pouvait assurément appartenir à une personne présente. Avec la lumière, j'ai vu un nuage lumineux voltiger au-dessus d'un héliotrope placé au-dessus de la table, casser une branche de cet héliotrope, et la porter à une dame. J'ai vu plusieurs fois des nuages semblables, se condenser, prendre la forme d'une main, et porter de petits objets. »

Mais ceci appartient à la classe des phénomènes suivants.

NEUVIÈME CLASSE

APPARITION DE MAINS VISIBLES PAR ELLES-MÊMES OU VISIBLES A L'AIDE DE LA LUMIÈRE

La matière est trop grave pour que je ne cite pas textuellement.

Je ne parlerai que des cas où j'ai vu ces apparitions à la lumière.....

«... Une charmante petite main s'éleva d'une table de salle à manger et me donna une fleur ; cette main apparut et disparut trois fois, me donnant la facilité de me convaincre qu'elle était aussi réelle que la mienne. Cela eut lieu avec la lumière, dans ma propre chambre, pendant que je *tenais les pieds et les mains* du médium.

« Une autre fois une petite main et un petit bras, qui paraissaient appartenir à un enfant, apparurent jouant sur une dame qui était assise près de moi ; puis ensuite ils vinrent frapper mon bras et tirer mon habit à plusieurs reprises.

« Une autre fois, un doigt et un pouce furent aperçus effeuillant une fleur que M. Home portait à la boutonnière, et posant chaque pétale en face de plusieurs personnes qui étaient auprès de lui.

« Une main fut plusieurs fois vue par moi et d'autres personnes, jouant de l'accordéon. Pendant ce temps, les mains du médium étaient tenues par les personnes assises près de lui.

« Les mains et les doigts ne m'ont pas toujours paru solides et animés; quelquefois, vraiment, ils ressemblaient plutôt à une apparence nébuleuse, condensée en partie, de façon à prendre la forme d'une main.

« Ces phénomènes ne sont pas toujours également visibles pour toutes les personnes présentes. Par exemple, on voit une fleur ou un autre petit objet se mouvoir. Une personne présente verra un nuage lumineux voltiger au-dessus; une autre apercevra une main fluidique, pendant que les autres ne verront que le mouvement de la fleur.

« J'ai vu plus d'une fois, d'abord remuer un objet, puis une forme nuageuse apparaître, et enfin le nuage se condenser de façon à représenter une main parfaitement formée. Dans ce cas, la main était visible pour toutes les personnes présentes.

« Ce n'est pas toujours une simple forme, mais quelquefois l'apparition d'une main parfaitement animée et gracieuse; les doigts se meuvent, et la chair paraît être aussi humaine que celle de toutes les personnes présentes. Au poignet, au bras, cela devient nébuleux, et se confond dans une espèce de nuage lumineux.

« Parfois ces mains m'ont parues froides, comme de la glace, et mortes; d'autres fois chaudes et vivantes, serrant ma main, avec la pression chaleureuse d'un vieil ami.

« Une fois, affirme W. Crookes, j'ai retenu une de ces mains, résolu à ne point la laisser échapper. Cette main ne fit aucun effort pour se dégager, mais je sentis qu'elle se réduisait en vapeur et se dégageait de mon étreinte. »

Que n'avez-vous saisi ainsi, en refusant de lui rendre la liberté, la fameuse Katie King ! A votre appel tous les assistants fussent accourus avec des lampes, vous eussiez trouvé dans vos bras *miss* Cook, *la jeune et naïve médium*, et vous eussiez épargné à votre renommée scientifique, à votre âge, au respect que nous professons tous pour vous, l'ennui d'une mystification, qui est l'enfance de l'art pour les fabricants de fantômes de New-York qui travaillent pour l'exportation, mystification que je vous expliquerai dans tous ses détails, et qui crève les yeux dans le récit que vous en avez fait vous-même.

Ces explications, après lesquelles je ne me lasserai de vous le répéter, il ne restera plus rien de votre gracieuse apparition, seront plus logiquement à leur place au chapitre des *Fraudes médianimiques*, et surtout après le récit que vous faites vous-même de la vie de Katie King dans votre propre demeure, récit dont je ne voudrais pas priver le lecteur et que je suis du reste obligé de citer en entier, puisqu'en dehors des preuves et des arguments scientifiques que je lui opposerai, je me fais fort de démontrer qu'il se détruit par lui-même.

Il ne faut pas que le subterfuge odieux d'une habile aventurière continue à s'abriter dans les cinq mondes, derrière votre nom respecté.

Quant à la neuvième classe de phénomènes que je viens d'enregistrer, et qui ont été obtenus avec M. Home, quelque extraordinaires qu'ils puissent paraître, je dois déclarer qu'outre la très grande autorité que leur donne le témoignage de William Crookes, car ils eussent eu lieu en pleine lumière, ils sont encore certifiés par une foule de personnages des plus honorables, et qu'il n'y aurait plus moyen, selon l'expression du savant lui-même, « de croire à quoi que ce fût sur le rapport de ses semblables, si l'on devait rejeter de pareils témoignages. »

Quoi qu'il en soit de la réalité de ces phénomènes, je prie le lecteur de vouloir bien me faire crédit pour leur explication jusqu'au moment où j'aborderai le récit de mes expériences avec M. Douglas Home, expériences destinées à démontrer que les esprits ne sont pour rien dans ces étranges manifestations, d'une force à laquelle on pourrait appliquer la parole de Platon αὐτὸ ἑαυτῷ κινοῦν, c'est-à-dire qui puise sa propre puissance en elle-même.

DIXIÈME CLASSE

ÉCRITURE DIRECTE

Cette dénomination est employée pour désigner une écriture qui n'est produite par aucune personne présente.

Parmi les nombreux exemples cités par William

Crookes dans ses diverses publications, j'en relève de particulièrement curieux, que je laisse au savant le soin de nous exposer.

« La première de ces opérations eut lieu dans une séance obscure, mais le résultat n'en fut pas moins satisfaisant.

« J'étais assis auprès du médium, miss Kate Fox ; les seules personnes présentes étaient une femme et une dame de nos connaissances. Je tenais les deux mains du médium dans les miennes, pendant que ses deux pieds reposaient sur les miens. Le papier était sur la table devant nous et dans une de mes mains se trouvait un crayon.

« Une main lumineuse descendit de l'endroit le plus élevé de la chambre, et, après avoir plané quelques secondes au-dessus de moi, prit le crayon de ma main, écrivit rapidement sur une feuille de papier, rejeta le crayon et s'éleva au-dessus de nos têtes en s'évanouissant graduellement.

« Ma seconde expérience peut être considérée comme un échec. Un bon échec, quelquefois, enseigne davantage que l'expérience la plus satisfaisante. Cela eut lieu avec la lumière, dans ma propre chambre, avec M. Home et quelques amis seulement.

« Plusieurs circonstances nous avaient démontré que ce jour-là le fluide était très fort. J'exprimai le désir d'obtenir un message écrit, semblable à celui qu'un de mes voisins avait obtenu, c'est-à-dire en pleine lumière. Immédiatement après je reçus la communication alphabétique suivante : « Nous essayerons. »

« Quelques feuilles de papier et un crayon furent

alors placés sur la table. Quelques instants après, le crayon s'éleva sur sa pointe, et après s'être avancé sur le papier par des secousses hésitantes, il tomba, se releva et retomba encore. Un troisième essai n'obtint pas un meilleur résultat.

« Après ces trois tentatives infructueuses, une petite latte qui se trouvait sur la table glissa vers le crayon, et s'éleva à quelques pouces sur la table ; le crayon fit de même, et, s'accrochant ensemble, ils firent un effort pour écrire sur le papier. Après trois essais également sans résultat, la latte abandonna le crayon et retourna à sa place ; le crayon retomba sur le papier, et nous reçûmes cette communication : « Nous avons essayé de faire ce que vous nous demandez, mais c'est au-dessus de nos forces. »

ONZIÈME CLASSE

FANTOMES. — FORMES. — FIGURES

Ce sont les cas les plus rares. Les conditions requises pour ces apparitions sont si délicates, que la moindre des choses empêche cet ordre de manifestations. « Aussi, dit M. William Crookes, ne mentionnerai-je que deux cas : au déclin du jour, pendant une séance de M. Home chez moi, les rideaux d'une fenêtre située à peu près à huit pieds loin de M. Home s'agitèrent ; puis une forme d'homme d'abord obscure, ensuite un peu éclairée, puis enfin demi-transparente fut vue par tous les assistants, agitant les rideaux avec sa main. Pendant que nous regardions, cette forme s'évanouit et les rideaux cessèrent de se mouvoir.

« Le fait suivant est encore plus frappant : comme dans le premier cas, M. Home était le médium ; la forme d'un fantôme vint du coin de la chambre, prit un accordéon et glissa dans l'appartement en jouant de cet instrument ; toutes les personnes présentes virent cette forme pendant plusieurs minutes. Venant à s'approcher très près d'une dame qui était assise un peu plus loin que les autres assistants, le fantôme s'évanouit, après un petit cri de cette dame. Pendant ce temps, M. Home était aussi parfaitement visible que les autres personnes. »

DOUZIÈME CLASSE

DIFFÉRENTS CAS PROUVANT D'UNE INTERVENTION EXTÉRIEURE

William Crookes, ayant admis que les phénomènes d'ordre spirite, ou mieux psychique, émanent d'une source intelligente, se demande quelle est cette source, et se pose les trois questions suivantes :
— Est-ce l'intelligence du médium ?
— Est-ce celle d'une personne présente ?
— Est-ce une intelligence extérieure ?

Le savant, après avoir déclaré qu'en temps ordinaire l'intelligence du médium contribuait beaucoup au phé nomène, affirme qu'il est des cas où les phénomènes sont dirigés par une intelligence extérieure, sans la participation du médium.

J'ai prouvé plus haut que le savant n'avait pu contrôler scientifiquement ce genre de phénomène, qui le mettait entièrement sous la dépendance du médium, et que ce dernier du reste avait pu, par une simple pensée fugitive, et sans mauvaise foi, changer la nature des phénomènes.

Les exemples que cite de nouveau M. Crookes, en faisant une classe spéciale de ces phénomènes, ne sont pas plus concluants. Les voici cependant, tels qu'il les expose :

« En ma présence, plusieurs phénomènes ont eu lieu en même temps, quelques-uns n'étant pas connus du médium. J'ai vu miss Kate Fox écrivant automatiquement un message, pour une personne présente, pendant qu'une communication pour une autre personne lui était donnée au moyen de coups frappés, et parler en même temps à une troisième personne, sur un sujet complètement différent des deux autres. »

Je me demande en réalité ce que cela peut prouver. J'ai vu vingt fois Home répéter ce triple phénomène, parfois sans avoir conscience de ce qu'il faisait, lorsqu'il était en état d'auto-suggestion, d'autres fois, faisant simplement parade de son habileté.

Voyons encore un fait que M. Willam Crookes prétend plus frappant :

« Pendant une séance avec M. Home, une petite latte que j'ai déjà mentionnée traversa la table, vint à moi, en pleine lumière, et me donna un message au

moyen de petits coups frappés sur ma main. Je répétais l'alphabet, et la latte me frappait quand j'avais prononcé la lettre convenable. L'autre bout de la latte reposait sur la table à une certaine distance des mains de M. Home. Les coups étaient si précis, si clairs et la latte était si bien dirigée par une *puissance invisible* qui en conduisait les mouvements, que je dis :
« L'intelligence qui dirige les mouvements de cette latte, peut-elle changer le caractère de ces mouvements et me donner un message télégraphique par l'alphabet de Morse en continuant de frapper sur ma main ? »

« Je savais très bien que nulle des personnes présentes ne connaissait le code de Morse, moi-même je ne le connaissais qu'imparfaitement.

« Immédiatement après, le caractère des coups changea, et le message fut continué de la façon demandée. Les lettres me furent données si rapidement, que je pus à peine en saisir quelques mots par-ci par-là ; conséquemment je perdis le message, mais j'en compris assez pour me convaincre qu'il y avait là un bon opérateur de Morse. »

En une aussi grave matière, est-ce une preuve bien scientifique? M. Crookes oublie qu'il n'y a jamais communication sans l'assistance du médium, et qu'il suffit qu'une personne soit à la table, pour que le fluide s'empare de sa pensée, de son savoir. Or le savant se trouvait à la table, et il avoue qu'il connaissait, bien qu'imparfaitement, le système de Morse. Ne s'expose-t-il pas à se faire dire que ne connaissant ce système qu'*imparfaitement*, il n'a pu qu'*imparfaitement* contrôler la marche du phénomène?.. Ce serait donc de M. Crookes lui-même que serait émané le message. Dans tous les cas il n'y a pas là une de ces expériences décisives, qui tranchent définitivement une question.

Il me reste à apprendre à William Crookes que Daniel Home connaissait tous les systèmes télégraphiques en usage, ayant fait en Amérique des expériences des plus variées, au Central-telegraph-office. Si le savant n'a pas été averti de ce fait par Home, c'est que ce dernier, sans nulle intention de frauder, du moins c'est ainsi que je l'ai toujours jugé, mettait un certain amour-propre de médium à ne jamais diminuer dans votre esprit l'idée que vous pouviez vous faire vous-même de l'importance des phénomènes obtenus par son action.

Ceci du reste est sans importance. Je prouverai, au chapitre spécial à la question, qu'il n'y a pas d'intervention occulte, pas d'ingérence étrangère, pas d'action des esprits en un mot, dans les phénomènes attribués à la force psychique.

TREIZIÈME CLASSE

DIFFÉRENTS CAS D'UN CARACTÈRE COMPOSÉ

Parmi les nombreux faits qu'il a observés, William Crookes n'en retient que deux sous cette classification. Le premier eut lieu par l'influence médianémique de miss Kate Fox, et dans l'obscurité : une petite sonnette qui se trouvait dans la bibliothèque, toutes portes fermées à clef, fut transportée dans la salle à manger où se trouvait William Crookes avec le médium et une autre dame ; ladite sonnette, après s'être promenée dans toutes les parties de la chambre en carillonnant, vint se poser doucement sur la table près de la main du savant.

Quant au second fait, je lui laisse toute la fraîcheur de rédaction que lui a donnée William Crookes. Il a eu lieu en pleine lumière :

« Un dimanche soir, M. Home et quelques membres de ma famille étaient présents. Ma femme et moi nous avions passé la journée à la campagne, et nous en rapportions quelques fleurs que nous donnâmes à une servante pour les mettre dans l'eau. M. Home vint bientôt après, et nous allâmes immédiatement dans la salle à manger. Comme nous étions assis, la servante apporta les fleurs arrangées dans leur vase, et je les plaçai au milieu de la table, qui n'avait pas de nappe. C'était la première fois que M. Home voyait ces fleurs.

« Après avoir obtenu plusieurs manifestations, la conversation tomba sur un point qui nous semblait inexplicable : sur la présomption que la matière peut traverser un corps solide. Là-dessus le message suivant nous fut donné : « Il est impossible à la matière de passer au travers de la matière, mais nous montrerons ce que nous savons faire. » Nous attendîmes en silence, et bientôt une apparition lumineuse se montra planant sur le bouquet ; à la vue de tout le monde, un brin d'herbe de Chine long de $0^m,45$, qui faisait l'ornement du centre du bouquet, s'éleva doucement d'entre les autres fleurs, et descendit sur la table entre le vase et M. Home.

« L'herbe ne s'arrêta pas à la table, mais passa au travers ; nous l'examinâmes avec beaucoup d'attention jusqu'à ce qu'elle fût passée entièrement. Après la disparition de l'herbe, ma femme, qui était assise auprès de M. Home, vit une main qui, sortant de dessous la table et entre eux, tenait le brin d'herbe, dont elle frappa sur son épaule deux ou trois coups avec un bruit que chacun entendit, puis elle posa l'herbe sur le parquet et disparut. Deux personnes seulement virent cette main, mais toutes les autres aperçurent le mouvement de l'herbe. Pendant ce temps, les mains de M. Home étaient devant nos yeux, il les tenait parfaitement tranquilles, placées en face de lui, à une demi-mètre à peu près de l'endroit où l'herbe disparut.

« Le meuble était une très grande table de salle à manger sans battants, s'ouvrant avec une vis ; la jonction des deux côtés formait une petite fente dans le milieu ; l'herbe avait passé par cette fente que je trouvai, en la mesurant, large de 4 millimètres. La tige de l'herbe était trop grosse pour qu'il fût supposable qu'on la fît passer par cette fente sans la briser, et pourtant nous l'avions tous vue passer sans peine, lentement, et quand nous l'examinâmes, elle n'offrait pas la plus petite marque de pression ; elle était intacte. »

Me voici arrivé à la fin de ce que j'appellerai *la première partie de l'œuvre de William Crookes*, que nous avons toujours traité, sans rien sacrifier de la vérité, avec le respect qui est dû à sa haute personnalité scientifique.

Populaire depuis longtemps dans le monde de la science, William Crookes n'est sans doute pas aussi connu du public ordinaire; aussi allons-nous dire quelques mots du savant qui a osé consacrer quatre années de sa vie à l'étude des phénomènes dits *spirites*, et surtout leur donner la consécration de son autorité scientifique.

A l'âge où d'autres fréquentent encore l'Université, à vingt ans, il publiait des mémoires sur la lumière polarisée, qui attirèrent sur lui l'attention du monde savant, et, un des premiers, il étudiait les propriétés du spectre solaire et terrestre. D'importants travaux sur la mesure de l'intensité de la lumière, ainsi que l'invention d'instruments spéciaux, le photomètre de polarisation et le microscope spectral, contribuèrent à augmenter encore sa notoriété scientifique.

Tour à tour mathématicien, chimiste, astronome, il publia une série d'écrits sur la chimie qui font autorité, et son traité d'analyse chimique est aujourd'hui classique.

En astronomie, il se signala par ses études sur la photographie céleste et fut reçu membre de la société Royale de Londres, qui est l'Académie des sciences anglaises.

Ses travaux sur la photographie de la lune, furent récompensés par la société scientifique qui l'avait admis dans son sein, et il avait rendu de nombreux services à l'industrie, notamment par des procédés employés au traitement de l'or en Californie et en

Australie, lorsque la découverte d'un corps simple, le thallium, vint le classer définitivement au nombre des maîtres de la science.

Une nouvelle découverte enfin, qui immortalisera son nom, fut celle d'un quatrième état de la matière que nous ne connaissions que sous les trois états solide liquide, gazeux. Le quatrième état, découvert par Crookes, est de ramener la matière, c'est-à-dire tous les corps qui la composent, à l'unité. La matière serait une dans son essence, et les divers corps que nous connaissons ne seraient qu'une structure moléculaire particulière de cette matière...

Hé bien! c'est après un tel bagage scientifique, que Crookes n'a pas craint de se livrer à l'étude des phénomènes *spirites* dont nous venons de donner d'après lui la longue nomenclature, depuis le simple mouvement des corps sans contact, et les communications par coups frappés répondant aux lettres de l'alphabet, jusqu'aux condensations fluidiques affectant des formes différentes : apparition de mains, figures, fantômes et corps lumineux.

A part quelques dissentiments sur les causes, que je n'ai fait que signaler, me réservant de les discuter avec preuves à l'appui plus tard, je n'ai pas une objection à élever sur la matérialité des faits de cette première partie des travaux du savant. Toutes ses expériences ont eu lieu dans les meilleures conditions, et avec toutes les précautions que l'habitude des méthodes scientifiques devaient lui inspirer, et entourées des témoignages — ceux de ses collègues la plupart du temps — les plus sérieux et les plus concluants ; et si toute créance devait être refusée en cette circonstance, il faudrait rejeter le témoignage des hommes, dans toutes les circonstances où on est habitué de l'invoquer, car jamais faits n'en auront eu d'aussi honorables à leur appui.

Impossible de supposer l'hallucination. Ce pourrait être vrai pour un fait et une personne, mais non pour une série d'expériences durant quatre années, et un nombre aussi considérable de personnes qui y ont assisté.

La mauvaise foi serait une grossière injure dont la pensée ne doit même pas venir, quand il s'agit d'un William Crookes, l'honneur et la loyauté mêmes.

C'est en vain que l'on parcourt en tous sens le terrain des suppositions, il est impossible de rencontrer une hypothèse raisonnable que l'on puisse opposer aux expériences du savant.

Enfin, et pour conclure sur ce point, la plupart de ces phénomènes ont été reproduits, contrôlés, et généralement certifiés par deux des savants les plus illustres de Russie et d'Allemagne, le professeur Boutlerow, de l'Université de Saint-Pétersbourg, qui écrivit lui-même à William Crookes qu'il venait de faire des expériences semblables et avait obtenu les mêmes résultats, et l'astronome Bœllner, de l'Université de Leipzig.

Il est juste de dire que ces savants, à l'imitation de William Crookes, sont muets sur les *causes*, ils ne constatent et n'apppuient de leur autorité que les phénomènes, ce qui n'empêche pas les spirites de revendiquer comme leurs ces éminents professeurs, et de se servir de leurs noms pour augmenter le nombre de naïfs qui s'enrégimentent sous leur drapeau.

Nous verrons plus tard quel *empêchement dirimant* s'est constamment opposé à ce que ces maîtres de la science puissent aller au delà d'une simple constatation des phénomènes matériels, et remonter à la *cause génératrice* de ces phénomènes.

Je n'ai pas la prétention de mettre ma bien mince autorité en opposition à la leur, mais je puis dire d'ores et déjà, pour faire comprendre ma pensée, qu'il leur a manqué d'être *médiums eux-mêmes* en même temps que savants *expérimentateurs*, ce qui fait que, tout en contrôlant la réalité et la matérialité des phénomènes, ils n'ont pu en contrôler la *cause productrice* que le médium peut seul saisir et expliquer, lorsqu'il est apte à faire sur lui-même des expériences de contrôle et de comparaison.

Voilà la seule cause de leur insuccès : ils n'étaient pas médiums ! ils n'avaient pas commencé par développer en eux la force psychique que tout homme possède plus ou moins à l'état latent, car les sujets où elle se trouve naturellement avec toute sa puissance sont rares ; généralement ces médiums sont des êtres névrosés au plus haut degré, incapables de faire des expériences scientifiques sur eux-mêmes, et pour qui la théorie des *esprits* est trop commode, en même temps qu'elle augmente leur prestige auprès des masses, pour qu'ils se donnent la peine de la détruire ; il y faut un homme habitué à la science et aux bonnes méthodes, et possédant d'un autre côté une force psychique suffisante, pour lui permettre de produire lui-même les expériences qu'il veut contrôler.

Ce point important indiqué, je poursuis ma revue historique des progrès du spiritisme en Angleterre et en Europe, renvoyant au chapitre de mes propres expériences un plus complet développement de la question que je viens d'effleurer. ...

V

J'ai dit au début du précédent paragraphe, sur le mouvement spirite en Angleterre, que des deux parts, adeptes et adversaires de la nouvelle doctrine avaient d'un commun accord fait trêve à leurs attaques, en apprenant qu'un savant de la valeur de William Crookes allait se livrer à l'étude des phénomènes étranges qui bouleversaient tous les esprits.

Chacun avait naturellement la pensée que les conclusions du savant abonderaient dans son sens ; mais lorsque parurent successivement les articles, brochures.... et enfin le volume où les expériences étaient relatées jour par jour avec le résultat obtenu et les déclarations nettes et concordantes de leur auteur, la lutte recommença de plus belle dans les deux camps, entre les spirites, qui exultaient, et leurs adversaires, qui continuaient à n'admettre pas plus la réalité des phénomènes que l'existence des esprits.

Cependant William Crookes n'avait rien affirmé sur la cause productrice de ses expériences, et, dans ses communications à la presse, il ne prononçait jamais le mot d'*esprits*, même à titre d'hypothèse. Mais cela ne faisait pas l'affaire de tous ces faux *médiums* qui se considèrent comme les grands prêtres de la religion nouvelle, et c'est alors que fut montée, j'en ai la conviction, l'audacieuse supercherie qui devait compromettre jusqu'à un certain point l'autorité du savant, et, dans tous les cas, fournir aux habiles du spiritisme l'occasion d'une des plus colossales exploitations qu'on ait encore vue en pareille matière. Je veux parler du fantôme Katie King, qui, pendant trois ans, a vécu avec Mlle Cook, son médium jeune fille de quinze à seize ans, dans l'intimité de la famille de William Crookes.

L'honnête savant y a été si bien pris, qu'il a photographié dans toutes les situations son fantôme familier qu'il avait fini par aimer de la tendresse d'un père, pendant que tous les barnums anglo-américains inondaient le monde par millions des reproductions photographiques du grossier fantôme, avec la mention obligée : « photographiée par le savant William Crookes, dans la séance du.., etc. »

Plusieurs fortunes se sont faites à New-York, avec les produits de cette monstrueuse mystification... Il est inutile de dire que les mains de William Crookes sont restées absolument pures de ce tripotage industriel... C'est déjà assez que le loyal savant ait été la victime de cette audacieuse plaisanterie.

Je vais mettre les pièces du procès sous les yeux du lecteur. Il verra que la très grande honnêteté du savant dans ses récits pourrait au besoin, ainsi que je l'ai déjà dit, suffire à elle seule pour détruire toute cette fantasmagorie ; mais comme cela ne suffirait point pour arracher leur idole aux spirites convaincus, je me propose de déshabiller ensuite pièce à pièce le fantôme, en indiquant tous les moyens qui ont servi à accomplir cette supercherie. Il suffisait de trouver, pour les mettre en œuvre, une jeune fille, presque un enfant, intelligente, jouant adorablement l'innocence et la naïveté, et l'on sait si la plupart des fillettes entre quatorze et seize ans sont merveilleusement douées, quand elles sont fines et intelligentes, pour bien jouer ce rôle... Mlle Cook, à part quelques oublis qui nous serviront, y a été parfaite, et l'officine de New-York, où la chose a été conçue et préparée, a dû être contente du choix de son délégué.

La première rencontre du savant et du jeune médium eut lieu dans une maison tierce. On avait eu soin depuis deux mois de faire beaucoup de bruit autour de Mlle Cook et de son démon familier, et William Crookes avait naturellement fini par demander à les voir. Mais laissons parler le savant... La traduction des articles suivants, publiés dans tous les journaux spirites de l'Angleterre et de l'Amérique, n'est pas de moi, elle a été donnée dans différentes revues et publications françaises, et j'ai pu, en la comparant au texte anglais, me convaincre de sa parfaite exactitude .

« Cette première séance, dit William Crookes, eut lieu dans la maison de M. Luxmore, et la pièce où devait se développer la manifestation était un arrière-salon *séparé par un rideau* de la chambre de devant, dans laquelle se trouvait l'assistance.

« La formalité ordinaire d'inspecter la chambre et d'examiner les fermetures ayant été effectuée, M¹¹ᵉ Cook pénétra dans le cabinet.

« Au bout de peu de temps la forme de Katie — le fantôme — apparut à côté du rideau, mais elle se retira bientôt, en disant *que son médium n'était pas bien et ne pouvait pas être mis dans un sommeil suffisamment profond, pour qu'il fût sans danger pour elle de s'en éloigner*.

« J'étais placé à quelques pieds du rideau derrière lequel M¹¹ᵉ Cook était assise, le touchant presque, et je pouvais entendre fréquemment ses plaintes et ses sanglots comme si elle souffrait. Ce malaise continua par intervalles presque pendant toute la durée de la séance, et une fois, comme la forme de Katie était devant moi dans la chambre, j'entendis distinctement le son d'un sanglot plaintif, identique à ceux que M¹¹ᵉ Cook avait fait entendre par intervalles tout le temps de la séance, et qui venait de derrière le rideau où elle devait être assise.

« J'avoue que la figure était frappante d'apparence de vie et de réalité, et autant que je pouvais voir à la lumière un peu indécise, ses traits ressemblaient à ceux de M¹¹ᵉ Cook, mais cependant la preuve positive donnée par un de mes sens que le soupir venait de M¹¹ᵉ Cook dans le cabinet, tandis que la figure était au dehors, cette preuve, dis-je, est trop forte pour être renversée par une simple supposition du contraire, même bien soutenue.

« Vos lecteurs, messieurs, me connaissent — cette lettre était adressée à un journal — et voudront bien croire, je l'espère, que je n'adopterai pas précipitamment une opinion, ni que je ne leur demanderai pas d'être d'accord avec moi, d'après une preuve insuffisante. C'est peut-être trop espérer que de penser que le petit incident que j'ai mentionné, aura pour eux le même poids que celui qu'il a eu pour moi. Mais je leur demanderai ceci : que ceux qui inclinent à juger durement Mlle Cook suspendent leur jugement jusqu'à ce que j'apporte *une preuve certaine* qui, je le crois, sera suffisante pour résoudre la question.

« En ce moment, Mlle Cook se consacre exclusivement à une série de séances privées auxquelles n'assistent qu'un ou deux de mes amis et moi. Ces séances se prolongeront probablement pendant quelques mois — elles ont duré trois ans — et j'ai la promesse que toute preuve que je demanderai me sera donnée. Ces séances n'ont *pas eu lieu depuis quelques semaines*, mais il y en a eu assez pour me convaincre pleinement de la sincérité et de l'honnêteté parfaites de Mlle Cook et pour me donner tout lieu de croire que les promesses *que Katie m'a faites* si librement seront tenues.

« Maintenant tout ce que je demande, c'est que vos lecteurs ne présument pas à la hâte que tout ce qui, à première vue, paraît douteux, implique nécessairement déception, et qu'ils veuillent bien suspendre leur jugement jusqu'à ce que je leur parle de nouveau de ces phénomènes.

« Signé : William Crookes. »

Telle est la façon dont on s'y est pris pour présenter à William Crookes le jeune médium miss Cook et son esprit familier.

Avant d'examiner cette première communication du savant à ses lecteurs habituels, je sens le besoin d'ouvrir une parenthèse de quelques lignes.

Je n'ai jusqu'à présent parlé que des phénomènes sur lesquels le spiritisme prétend se baser, en suivant le développement historique de cette croyance dans les deux mondes. Il me paraît utile, avant d'examiner la valeur scientifique de la première lettre de William Crookes, de résumer en quelques pages rapides la théorie du spiritisme, sans laquelle quelques-unes des explications que cette lettre entraînera pourraient n'être pas très bien comprises de tous.

Sans doute ceci n'apprendra rien aux personnes qui sont au courant du mouvement spirite, mais pour celles qui ne se sont jamais occupées de la question, il est nécessaire qu'aucun point de cet ouvrage ne reste obscur pour elles.

DEUXIÈME PARTIE

LA THÉORIE SPIRITE

Comme toutes les croyances nouvelles, le spiritisme n'a pas tardé à avoir des schismes ; ainsi mes compatriotes n'ont pas admis la réincarnation des âmes sur la terre, et ceci à cause du préjugé de couleur, aucun Américain ne voulant s'exposer à revenir accomplir une nouvelle vie terrestre, dans le corps d'un Nègre ou d'un Peau-Rouge. Le spiritisme américain est du reste encombré d'une foule de choses plus ou moins singulières, et se prêtant même à la réclame industrielle, qui sont plutôt du ressort de la plaisanterie que de la critique. Nous ne nous en occuperons pas ici.

Voici, le plus brièvement possible, la quintessence de la théorie spirite, ou spiritualiste.

Le monde est peuplé d'esprits, qui ne sont autres que les âmes des êtres humains ayant vécu. Une fois mort, c'est-à-dire désincarné, l'esprit, qui est immatériel, s'enveloppe d'une substance vaporeuse, puisée dans le fluide universel, et appelée *perisprit ;* et en cet état il est invisible pour les humains, mais non pour ses semblables, avec lesquels il vit et entretient des relations constantes, ni plus ni moins que les créatures mortelles entre elles. La vue des esprits est telle, qu'il n'existe pour eux ni obscurité ni obstacles matériels. Ils voient aussi bien à travers les corps les plus opaques, que dans l'atmosphère la plus pure; ils peuvent voir tout à la fois ce qui se passe sur les deux hémisphères de notre globe, et se transportent d'un bout à l'autre de notre planète, et à travers les autres mondes, avec la vitesse de la pensée.

Le monde des esprits est une image agrandie du nôtre, ou plutôt le nôtre n'en est qu'une grossière réduction. Il y a des esprits bons et des esprits mauvais, de supérieurs et d'inférieurs ; mais tous doivent tendre à la perfection infinie qu'ils finiront par atteindre. Ils aident les hommes à s'élever à la perfection relative, qui existe sur la terre. Ceci s'entend des bons esprits ; les mauvais au contraire les contrecarrent sans cesse dans leur besogne ; c'est à l'homme à distinguer les *bons* par les communications qu'il reçoit, et à repousser les mauvais.

Les esprits se communiquent à nous par un fluide spécial que possèdent tous les hommes, mais qui n'est concentré en quantité suffisante pour leur permettre d'agir, que chez certains êtres humains, appelés *médiums,* c'est-à-dire intermédiaires. De là tous les phénomènes visibles que les esprits accomplissent pour constater leur présence et leur puissance, au moyen de ce fluide, car il n'y a pour eux ni étendue, ni poids, ni opacité, ni résistance de la matière. Bien plus, en empruntant à leur *médium* les forces nécessaires, ils peuvent se *matérialiser* et paraître aux yeux des humains dans la forme qui leur plaît, mais toujours la forme humaine, avec liberté de choisir leur sexe. C'est le cas de Katie King.

Ces esprits se divisent en trois catégories :

1° Ceux qui ont atteint le sommet de l'échelle de la perfection ;

2° Ceux qui ne sont encore qu'au milieu, mais qui déjà n'ont d'autre ambition que le bien et une bonne direction à donner aux êtres humains qu'ils protègent ;

3° Ceux enfin qui, restés au bas de ladite échelle, sont ignorants, mauvais, corrompus et ne se plaisent qu'à jouer des tours à notre pauvre humanité.

Bien heureux les hommes qui ont associé à leur vie quelque esprit de la première catégorie ; ils s'élèvent sans cesse vers la perfection ; ce sont les hommes de génie.

Heureux encore dans un degré moindre ceux qui ne communiquent qu'avec ceux de la seconde classe ; ils sont assurés de rester dans le droit chemin et de faire partie de cette classe d'esprits après leur mort.

Quant aux misérables qui ne se plaisent qu'avec les esprits du dernier degré, ce sont les vagabonds, les criminels, les déclassés de la société ; c'est le cas de se rappeler le proverbe : « Dis-moi qui tu fréquentes... »

Ce serait peut-être une innovation bonne à conseiller à MM. les procureurs de la République, que de joindre au casier judiciaire des malfaiteurs le nom du ou des esprits que le condamné a habituellement fréquentés. Il suffirait d'interroger un *médium* qui se ferait un plaisir d'évoquer un esprit supérieur qui donnerait à cet égard tous les renseignements désirables. Il en résulterait au bout de quelque temps une statistique complète des esprits dont la spécialité est de pousser au vol, à l'assassinat, à la débauche, etc., et on les ferait chasser de la société par de puissants *médiums*, ce qui finirait par extirper le mal sinon de la terre, du moins de la nation qui aurait pris cet excellent parti.

Qu'on ne pense pas que j'exagère en donnant une pareille solution à la question sociale. J'ai sous les yeux un mémoire qu'un des spirites les plus convaincus de Paris se propose d'adresser incessamment aux chambres, et dont il a bien voulu me remettre une copie, afin d'y faire les emprunts que je voudrais pour mon ouvrage, et c'est là que j'ai puisé cette idée *si pratique*.

Les spirites français croient, ainsi que je l'ai dit, à la *réincarnation*, c'est-à-dire à une série de nouvelles existences sur la terre destinées à n'admettre dans le monde des esprits que des âmes qui ont eu le loisir de se purifier sur la terre ; cela fait qu'elles sont sans excuse si elles persistent dans leurs instincts pervers ; elles passent alors dans la troisième catégorie, où le progrès vers la perfection est d'une lenteur désespérante.

Dernièrement je rencontrai le docteur H..., président d'un cercle spirite, qui paraissait très inquiet, tout en hâtant sa marche à travers l'avenue de l'Observatoire.

Et moi de lui demander :

— Où courez-vous donc si préoccupé, docteur ?

— Ce pauvre Louis XIV va bien mal, me dit-il en secouant la tête... phtisie galopante... excès de travail... pauvre diable ! expie-t-il ses grandeurs de Versailles !... charbonnier à Montrouge, sept enfants sur les bras... il faut espérer que cette réincarnation sera la dernière...

Et il me quitta en courant.

Le docteur H... est un médium écrivain automatique. Chaque soir il se met à sa table un crayon à la main, ferme les yeux ; son esprit familier dirige le crayon et lui communique par écrit des renseignements sur les existences rétrospectives de ses clients... Depuis quelque temps il soignait Louis XIV, qui en était à sa cinquième réincarnation.

Qu'on ne croie pas que je mêle la plaisanterie à des sujets que je me suis promis de traiter sérieusement ; les spirites qui croient à la réincarnation vous en raconteraient bien d'autres. Je connais un ancien notaire, homme de savoir et d'esprit, aujourd'hui chef du contentieux d'une des plus grandes administrations de Paris, qui depuis dix ans emploie tous ses loisirs à écrire une histoire universelle, sous la dictée d'un *esprit*, bien entendu, où il suit toutes les réincarnations jusqu'à nos jours, des grands hommes qui ont marqué à un titre quelconque dans l'humanité... Mais ceci nous entraînerait fort loin de notre sujet, et j'ai promis d'être bref.

Les esprits ont un savoir d'autant plus considérable, qu'ils approchent davantage de la perfection. Ils connaissent le passé et voient l'avenir, mais il ne leur est pas permis de révéler tout ce qu'ils savent.

L'âme de l'homme étant un esprit incarné, il peut arriver, sous l'empire de certaines circonstances, que l'esprit se désincarne, et abandonne momentanément son corps, pour aller accomplir quelque mission, quitte à venir rapidement réoccuper sa dépouille mortelle, qui pendant cette absence est restée dans une sorte de catalepsie. Je connais un colonel du génie qui, toutes les nuits, se désincarne pour aller construire des ponts et autres travaux d'art dans Jupiter, où il est appelé par un de ses anciens camarades, mort général, et qui a obtenu une situation prépondérante là-bas... Quand 11 heures sonnent, il n'y a pas de réunion de famille ou d'amis qui tienne, le colonel se lève, serre la main à tout le monde, et s'en va se coucher... Cinq minutes après il est parti pour Jupiter. Il faut être exact, car il paraît que le général est encore plus ferré sur la discipline dans cette superbe planète que dans notre monde minuscule... Faut-il rire ou s'attrister ?

Toujours est-il qu'il y a toute une génération d'enfants en Amérique et en Angleterre (en France le mal est moindre) qui se comptent par millions, qui ont pour pères de pareils imbéciles et sont élevés par eux dans de pareilles insanités !

Mais il est temps de revenir à la lettre de William Crookes et à l'étude des circonstances dans lesquelles s'est produite la première apparition du fantôme de miss Crook.

Je ne sais si William Crookes s'en est aperçu, mais

le sentiment que l'on conserve de cette première séance, d'après son propre récit, est réellement déplorable.

Quelque favorablement disposé que l'on soit, on se sent entouré d'une atmosphère de fraude tellement épaisse qu'il faut avoir un bandeau bien lourd sur les yeux pour ne rien voir.

Lorsqu'il s'agit d'une chose aussi extraordinaire qu'une apparition..., d'une chose aussi manifestement contraire à toutes les lois naturelles que nous connaissons ; lorsqu'on veut que nous rompions avec les données les plus élémentaires de la raison et du bon sens, nous avons bien le droit de prendre nos précautions et d'exiger des preuves tellement irréfutables, qu'il ne puisse exister aucune place pour le doute.

En résumé, quel est le phénomène que l'on veut nous faire admettre ? On soutient qu'un esprit peut s'emparer d'une quantité de fluide et de matière, aux dépens de son *médium*, suffisante pour se faire un corps sensible à la vue et au toucher, et qu'à partir de ce moment, ledit esprit vit, parle, agit, se meut, comme s'il avait recouvré son existence terrestre, pendant que son médium, complètement insensible, étendu sur un canapé, dans un fauteuil, ou sur le tapis de la chambre, dort d'un sommeil qu'on a appelé *médianimique*, pour caractériser cet état particulier.

Telle est la prétention de tous les *médiums à matérialisation !*

Maintenant, comment s'exécute cette... — soyons polis — cette chose merveilleuse. Deux systèmes sont en présence. Dans le premier, les assistants sont réunis dans une pièce entièrement obscure, séparés par un rideau d'une seconde pièce dans laquelle se place le médium. Au bout de quelques instants, le rideau se soulève, et un fantôme paraît, s'éclairant vaguement lui-même à l'aide de sa lampe — la lampe des esprits — qui répand une si faible lueur, qu'on ne peut distinguer l'apparition que comme une forme vague et nébuleuse.

Dans le second système, même disposition des lieux; seulement, au lieu que ce soit l'esprit qui s'éclaire lui-même, on a pris soin d'installer quelque part dans la salle où se trouve le public une sorte de luminaire, qui ne donne en somme pas plus de clarté que la lampe des esprits.

Dans les deux cas, le fantôme, *selon son degré de confiance dans la force de son médium,* se contente de se promener devant son rideau, prêt à y rentrer au premier appel de ce dernier, ou bien, si la force fluidique du médium est très puissante, se hasarde à abandonner le rideau protecteur, et à venir même se promener au milieu des assistants.

On remarquera que pour le moment, j'expose simplement le fait avec l'explication qu'en donnent les spirites, car les incrédules prétendent que le fantôme ne se tient près du rideau, que pour s'y réfugier à la moindre algarade. Il peut y avoir dans la salle des gens qui n'aiment pas à ce qu'on se moque d'eux, bien que le public soit en général trié avec soin, et que la première des conditions qu'on lui impose soit de s'abstenir de toucher au fantôme, aussi bien que de donner la moindre marque d'approbation ou de désapprobation. Les esprits sont très quinteux, très susceptibles, et il ne faut rien faire qui puisse les contrarier; les mêmes incrédules prétendent encore que les prétendues apparitions ne se hasardent dans la salle que lorsqu'ils sont à peu près sûrs d'une majorité imposante de spirites convaincus.

Pour le moment je reste neutre, et ne fais, je le répète, que raconter sans commentaires ce qui se passe généralement dans toutes les séances de *matérialisation*.

Après quelques tours devant le rideau ou dans la salle, l'esprit disparaît, la séance est finie. On a bien vu une apparition, mais le médium est resté derrière le rideau; à aucun moment de la séance, on ne les a vus tous deux ensemble. Il serait enfantin de demander si cette expérience a la prétention d'être scientifique ! Tout cela se passe derrière un rideau, et, avec la meilleure volonté du monde, tout ce que l'on peut faire, c'est de ne pas rire. Quant à croire, c'est tout différent.

C'est exactement comme si un chimiste qui prétendrait avoir trouvé le moyen de faire de l'or, opérait toutes ses manipulations derrière une toile, puis venait tout à coup vous montrer un lingot du précieux métal en vous disant :

— Voilà ce que je sais faire.

Cela n'est pas sérieux, et puisque messieurs les spirites prétendent n'avoir rien à craindre des investigations de la science, il faut qu'ils nous donnent autre chose que ces enfantines séances, où nous sommes obligés de croire sur parole que le *médium* est bien endormi derrière la toile, pendant que l'esprit matérialisé se promène à travers la salle.

— Pourquoi, diront les spirites, ne parlez-vous point des cas ou l'on voit en même temps l'*esprit* et le *médium* ?

— A chaque chose son heure, répondrai-je. N'oublions point que je ne suis pas au chapitre des fraudes des médiums, et que je me suis borné à raconter une des séances habituelles de ces messieurs, pour demander à l'illustre William Crookes en quoi la première séance de miss Cook diffère de celle que je viens de narrer.

Miss Cook passe derrière le rideau, et, un instant après, apparaît le fantôme, déjà baptisé Katie King, qui nous annonce que son médium n'est pas en *force* ce soir-là et qu'il ne peut le quitter, et de fait le fantôme disparaît, mais pas assez vite cependant pour que William Crookes lui-même ne remarque à la lumière *un peu indécise* que Katie King ressemble à Mlle Cook.

Cet aveu démontre la loyauté du savant, dont nous n'avons du reste jamais douté, mais il démolit, du même coup, celle du *médium* et toute cette comédie, fort mal jouée ce soir-là par la jeune miss Cook, à peine âgée de quinze ans, et que la présence de l'homme considérable pour qui cette séance était donnée a dû influencer outre mesure.

Elle s'en est tirée par des plaintes et des sanglots poussés lorsque le fantôme eut disparu derrière la tenture.

Ainsi, de même qu'à toutes les séances vulgaires, on

n'a pu voir ensemble Katie King et miss Cook, le fantôme et le médium ; de plus William Crookes a remarqué la ressemblance de l'esprit qui est apparu pendant quelques instants fugitifs, avec Mlle Cook.

Que reste-t-il en vérité de cette étrange mystification?

Ah ! voilà ! le savant, pendant que Katie King, l'esprit matérialisé, se trouvait devant le rideau, a entendu un sanglot plaintif, semblable à ceux qui étaient poussés derrière la toile par le médium, et cela suffit pour détruire le témoignage de ses yeux, témoignage écrasant, car il constate la ressemblance du fantôme et du médium, et prouve ainsi que les deux ne font qu'un.

Eh quoi ! c'est l'inventeur du thallium, l'homme qui nous a révélé un quatrième état de la matière, qui raisonne ainsi ?

On ne peut lui montrer ensemble le médium et le fantôme, seule preuve que l'on pourrait accepter, et encore, après minutieuse vérification, il remarque lui-même la similitude de traits des deux personnages, et il suffit d'un sanglot qu'il croit entendre derrière la toile pour renverser tout cela et asseoir sa conviction ?... Je dis crois entendre, car le témoignage des oreilles est souvent trompeur. Il arrive très souvent que l'on va chercher à droite un bruit qui se produit à gauche, tandis que les yeux voient toujours ce qui est, à moins d'hallucination.

Mais je vais détruire d'un mot, même ce léger semblant de preuve. Il n'est pas un médium qui, pour produire ses effets à distance, *n'ait fait des études très approfondies* de *ventriloquie;* il n'y a pas de médium sans cela, même ceux qui sont doués de la plus grande force psychique. Ils ne sont pas disposés tous les jours ; il est des moments où ils ne peuvent produire leurs phénomènes ordinaires, et vous voyez d'ici leur situation, si une de ces incapacités vient à s'emparer d'eux un jour où il y a salle comble et salle payante... Alors ils s'en tirent en faisant danser la table et parler l'esprit.

Une autre nécessité oblige encore le *médium* à être passé maître ès ventriloquie. Comme je prouverai (et scientifiquement, non à l'aide d'à peu près ou de simple affirmation, mais par des faits) comme je prouverai que le médium à matérialisation de fantôme complet, parlant, agissant, marchant, est la plus grande et plus habile mystification de ce siècle, que personne au monde — les gens sensés s'étonneront même que je le discute — n'a le pouvoir de produire de toute pièce un être vivant, il s'en suit que la ventriloquie est un art absolument nécessaire dans le bagage de tromperies du médium.

Donc en admettant qu'il y a eu sanglot, le fantôme qui ressemblait à miss Cook, c'est-à-dire, pour être dans le vrai, miss Cook elle-même, a parfaitement pu, tout en étant devant le rideau, donner l'illusion d'une plainte poussée derrière cet appareil.

En tout état de cause il est incompréhensible qu'un savant, un chimiste habitué aux méthodes scientifiques, admette une chose aussi contraire à toutes les données reçues que la production matérielle d'un être vivant par un autre, alors que cette miraculeuse fabrication s'opère derrière la toile...

Et non seulement il admet, il croit, mais il se porte

garant... Lui qui n'a pas plus vu que les autres assistants *le comment* du miracle, il est convaincu de l'honnêteté et de la sincérité de M{}^{lle} Cook.

Etrange aberration d'une des plus belles intelligences de ce siècle ! et comme j'avais raison de dire au début de ces études combien il était dangereux de toucher aux choses du spiritisme !

On peut être un très grand savant et avoir dans le cerveau des lobes frappés héréditairement d'une invincible crédulité.

J'ai exprimé cette pensée, que l'on pourrait trouver, que j'attachais trop d'importance à discuter des choses aussi manifestement contraires au bon sens.

C'est que ces choses font en ce moment de terribles ravages en Amérique, en Angleterre, en Russie ; elles ne font que commencer à prendre racine en France, et Paris compte déjà près de cent mille spirites... Où irons-nous si on ne coupe le mal sur pied ? Or il faut savoir que les derniers travaux de William Crookes, bénéficiant malheureusement de l'autorité du savant, ont déjà conquis à la nouvelle croyance plus d'un million d'adeptes en Angleterre et en Amérique. Quant à la France, vous ne pouvez pas rencontrer un néo-spirite que vous avez connu la veille homme de sens et d'esprit sans qu'il réponde à votre interrogation étonnée :

— Avez-vous lu Crookes, un des savants les plus illustres de l'Angleterre ? Lisez Crookes, mon cher... et vous croirez.

C'est à peu près comme si on disait en France dans une situation identique :

— Avez-vous lu Pasteur?..

Hé bien, croyez-vous que si les exploiteurs du spiritisme et les médiums pouvaient, en France, couvrir leurs spectres, fantômes et matérialisations, de l'autorité de ce grand nom, croyez-vous que les adeptes viendraient en foule à la nouvelle église?

Le nom de Crookes n'est pas aussi populaire en France que celui de Pasteur, mais les habiles s'en servent pour attirer à eux les classes éclairées, la bourgeoisie, et, chose étonnante, c'est surtout là que dans ce pays se recrutent les adeptes du spiritisme. Beaucoup d'officiers, d'ingénieurs, d'hommes de science, attirés par l'exemple du savant anglais, ont mis le doigt dans l'engrenage et ont fini par y laisser leur cerveau, et le mal augmente tous les jours. Il faut donc à toute force, tout en respectant le grand mathématicien, l'astronome distingué, le chimiste de génie, le Crookes, homme de science en un mot, détruire le Crookes photographe de spectres, de fantômes, de matérialisations...

La question est vidée, pour la première apparition de Katie King, en présence du savant. Crookes lui-même a senti combien étaient faibles les preuves qu'il en donnait au public, puisqu'il a fini par prier qu'on attendit, pour résoudre la question, une preuve plus certaine qu'il se faisait fort d'apporter.

Voyons donc cette preuve, et n'oublions pas que ce qui est en jeu, c'est, ou la faculté pour l'homme de reproduire un de ses semblables à l'aide d'une partie de lui-même, ou la faculté pour les esprits qui peuplent les mondes de prendre corps, de se matérialiser en empruntant à un médium les matériaux nécessaires à cette transformation. Je dois faire cette double distinction, car Crookes ne s'est pas encore prononcé sur l'un ou l'autre de ces cas, tout en admettant le fait de la création d'un *être distinct du médium* comme absolument et *définitivement* démontré !

Inutile de dire, si le fait était possible, que jamais révélation plus extraordinaire n'aurait encore été faite au monde...

Quelle révolution dans la science, les idées et les mœurs de notre vieille terre, si nous n'étions pas en présence d'une pure mystification ! Il est d'autant plus urgent de le prouver, que quelques hommes d'une véritable science commencent à dire en France : « Il faut qu'il y ait quelque chose là, pour qu'un homme aussi considérable que Crookes l'affirme énergiquement depuis de longues années... »

Voici la preuve promise par Crookes suivie du récit *émouvant* de la dernière apparition de Katie King, dans la maison du savant, après trois années de fréquentation assidue. C'est le savant lui-même qui écrit :

« *Mornington Road*, London, 3 février 1874.

« Dans une lettre que j'ai écrite à ce journal au commencement de février dernier (l'année précédente), je parlais des phénomènes de *formes d'esprits* qui s'étaient manifestés par la *médiumnité* de Mlle Cook, et je disais : « Que ceux qui inclinent à juger durement Mlle Cook suspendent leur jugement jusqu'à ce que j'apporte une preuve certaine qui, je le crois, sera suffisante pour résoudre la question.

« En ce moment Mlle Cook se consacre exclusivement à une série de séances privées, auxquelles n'assistent qu'un ou deux de mes amis et moi... J'en ai vu assez pour me convaincre pleinement de la sincérité et de l'honnêteté parfaite de Mlle Cook, et pour me donner tout lieu de croire que *les promesses que Katie* m'a faites si librement seront tenues. »

Quelle pauvre chose que le cerveau humain quand une fois il est pris ! C'est précisément l'existence de cette Katie, de ce spectre matérialisé qu'il faut nous démontrer, et le savant se sert de son fantôme comme s'il avait fait cette preuve... Il parle des promesses de Katie, comme s'il avait victorieusement réduit au silence les adversaires de cette apparition... Mais laissons le savant continuer sa narration.

« Dans cette lettre, je décrivais un incident qui, selon moi, était propre à me convaincre que *Katie et Mlle Cook, étaient deux êtres matériels distincts.*

« Lorsque Katie était hors du cabinet, debout devant moi, j'entendis un son plaintif venant de Mlle Cook qui était dans le cabinet. Je suis heureux de dire que j'ai enfin obtenu *la preuve absolue*, dont je parlais dans la lettre sus-mentionnée.

« Pour le moment, je ne parlerai pas de la plupart des preuves *que Katie m'a données* dans les nombreuses occasions où Mlle Cook m'a favorisé de séances chez moi, et je n'en décrirai qu'une ou deux qui ont eu lieu récemment. Depuis quelque temps, j'expérimentais avec une lampe à phosphore, consistant en une bouteille de 6 à 8 onces, qui contenait un peu d'huile phosphorique, et qui était solidement bouchée. J'avais des raisons de croire qu'à la lumière de cette lampe, quelques-uns des mystérieux phénomènes du cabinet pourraient se rendre visibles et Katie espérait, elle aussi, obtenir le même résultat.

« Le 12 mars, pendant une séance chez moi, et après que Katie eut marché au milieu de nous, qu'elle nous eut parlé pendant quelque temps, elle se retira derrière le rideau (!!!) qui séparait mon laboratoire, où l'assistance était assise, de ma bibliothèque, qui temporairement faisait office de cabinet. Au bout d'un moment, elle revint au rideau, et m'appela à elle en disant : « Entrez dans la chambre et soulevez la tête de mon médium, elle a glissé à terre. » Katie était alors debout devant moi, vêtue de sa robe blanche habituelle et coiffée de son turban (oh ! ce *turban !* mais j'ai promis de me taire). Immédiatement je me dirigeai vers la bibliothèque pour relever Mlle Crook, et Katie fit quelques pas de côté pour me laisser passer. En effet Mlle Cook avait glissé en partie de dessus le canapé, et sa tête penchait dans une situation très pénible ; je la remis sur le canapé, et en faisant cela j'eus, malgré *l'obscurité*, la vive satisfaction de constater que Mlle Cook n'était pas revêtue du costume de Katie, mais qu'elle portait son vêtement ordinaire de velours noir, et se trouvait dans une profonde léthargie. Il ne s'était pas écoulé plus de trois secondes entre le moment où je vis Katie en *robe blanche* devant moi et celui où je relevai Mlle Cook sur le canapé en la tirant de la position où elle se trouvait.

En retournant à mon poste d'observation Katie apparut de nouveau, et dit qu'elle pensait qu'elle pourrait se montrer à moi en même temps que son médium. Le gaz fut baissé (!!!) et elle me demanda ma lampe à phosphore. Après s'être montrée à sa lueur pendant quelques secondes, elle me la remit dans les mains en disant : « Maintenant entrez, et venez voir mon médium. » Je la suivis de près dans ma bibliothèque, et à la lueur de ma lampe, je vis Mlle Cook reposant sur un sopha, exactement comme je l'y avais laissée. Je regardai autour de moi pour voir Katie, mais elle avait disparu ; je l'appelai, mais je n'eus pas de réponse, je repris ma place (hors de la bibliothèque où était Mlle Cook), et Katie réapparut bientôt, et me dit que tout le temps elle avait été debout auprès de Mlle Cook... »

Pour le coup la chose est trop forte et je ne puis attendre la fin pour répondre. Comment, c'est ainsi que M. Crookes prétend nous faire croire qu'il a vu l'esprit et le médium ensemble, alors que, d'après son propre récit, c'est le contraire qui a eu lieu. Chaque fois qu'il voit Katie, c'est dans le laboratoire où Mlle Cook n'est pas, et chaque fois qu'il voit Mlle Cook, c'est dans la bibliothèque où Katie n'est pas. Seulement Katie lui a affirmé qu'elle y était, alors que William Crookes avoue ne l'avoir pas vue, et l'avoir appelée sans en recevoir de réponse. Quelle étrange aberration ! Si c'est là ce que M. Crookes appelle des *preuves absolues !!!* Et puis pourquoi toutes ces hésitations ? Lorsque Katie a dit au savant d'aller relever son *médium*, pourquoi n'est-elle pas restée près de lui ? C'était le cas ou jamais de se montrer à côté de Mlle Cook ; non, c'est toujours la même comédie, le *médium* est toujours là où n'est pas le fantôme, et le fantôme là où n'est pas le *médium*. Il faut aussi que le lecteur sache que la fameuse lampe phosphorée n'éclaire guère que dans un rayon de huit à dix centimètres, et encore est-ce éclairer, que de jeter une lueur phosphorescente (comme les allumettes que l'on frotte de nuit contre un mur) sur les objets que l'on est presque obligé de toucher avec la lampe pour les voir, alors que tout dans la chambre reste dans la plus profonde obscurité? Tout cela est pitoyable, et même attristant pour la haute personnalité qui se commet avec de pareils charlatans. J'avais pris le parti de la patience, mais je crois qu'il est préférable de répondre à chaque paragraphe spécial. Les explications de la fin n'en seront que plus brèves et plus claires. Je reprends la citation :

« ... Je repris ma place, et Katie réapparut bientôt, et me dit que tout le temps elle avait été debout auprès de Mlle Cook. Elle me demanda alors si elle ne pourrait pas elle-même essayer une expérience, et prenant de mes mains la lampe à phosphore, elle *passa derrière le rideau, me priant de ne pas regarder dans le cabinet pour le moment !* » — De plus en plus fort, n'est-ce pas et, le savant se conforme naïvement à toutes ses exigences! — « Au bout de quelques minutes elle me rendit la lampe en me disant qu'elle n'avait pu réussir, qu'elle avait épuisé tout le fluide du médium, mais qu'elle essayerait de nouveau une autre fois... » — Le fantôme expédié sans doute de New-York n'était pas prêt, ou la jeune Cook ne savait pas encore en jouer suffisamment

« Mon fils aîné, un garçon de quatorze ans, qui était assis en face de moi dans une position telle qu'il pouvait voir derrière le rideau, me dit qu'il avait vu distinctement la lampe à phosphore paraissant flotter dans l'espace au-dessus de Mlle Cook et l'éclairant pendant qu'elle était étendue sans mouvement sur le sopha, mais qu'il n'avait pu voir personne tenir la lampe. »

Parbleu ! c'est la règle, quand on voit le médium, on ne voit pas le fantôme, et *vice versa*. Mlle Cook, qui soupçonnait bien que là où il y a des enfants il faut prévenir une indiscrétion, s'en est donnée à cœur joie de promener sa lampe au-dessus d'elle, en restant couchée sur son sopha, mais Katie avait disparu... M. Crookes a dit vrai ; il nous donne bien des *preuves absolues*,..... mais c'est de la duplicité de son jeune médium.

Voici une seconde séance. C'est toujours le savant qui parle :

« Je passe maintenant à la séance tenue hier soir à Hackney. Jamais Katie n'est apparue avec une aussi grande perfection ; pendant près de deux heures elle s'est promenée dans la chambre en causant familièrement avec ceux qui étaient présents. Plusieurs fois elle me prit le bras en marchant, et l'impression ressentie par mon esprit que c'était une femme vivante qui se trouvait à mon côté et non pas un visiteur de l'autre monde, cette impression, dis-je, fut si forte, que la tentation de répéter une récente et curieuse expérience devint presque irrésistible.

« Pensant donc que si je n'avais pas un esprit près de moi, il y avait au moins une dame, je lui demandai la permission de la prendre dans mes bras, afin de me permettre de vérifier les intéressantes observations qu'un expérimentateur hardi avait récemment fait connaître d'une manière tant soit peu prolixe. Cette permission me fut gracieusement donnée, et en conséquence j'en usai convenablement comme tout homme bien élevé l'eût fait dans ces circonstances. M. Volckman sera charmé de savoir que je puis corroborer son assertion que le « fantôme », qui du reste ne fit aucune résistance, était un être aussi matériel que Mlle Cook elle-même. Mais la suite montrera combien un expérimentateur a tort, quelque soignées que ses observations puissent être, de se hasarder à formuler une importante conclusion quand les preuves ne sont pas en quantité suffisante. »

Voilà un scepticisme qui prend bien tard le narrateur; nous verrons à quoi il s'applique :

« Katie dit alors que cette fois elle se croyait capable de se montrer en même temps que Mlle Cook. Je baissai le gaz, et ensuite, avec ma lampe à phosphore, je pénétrai dans la chambre qui servait de cabinet. Mais préalablement j'avais prié un de mes amis, qui est habile sténographe, de noter toute observation que je pourrais faire pendant que je serais dans ce cabinet, car je connais l'importance qui s'attache aux premières impressions et je ne voulais pas me confier à ma mémoire plus qu'il n'était nécessaire. Ces notes sont en ce moment devant moi.

« J'entrai dans la chambre avec précaution. Il y faisait noir, et ce fut à tâtons que je cherchai Mlle Cook. Je la trouvai accroupie sur le plancher.

« M'agenouillant, je laissai entrer l'air dans ma lampe, et, à sa lueur, je vis cette jeune dame vêtue de velours noir comme elle l'était au début de la séance et ayant toute l'apparence d'une complète insensibilité. Elle ne bougea pas lorsque je pris sa main et tins la lampe tout à fait près de son visage ; mais elle continua à respirer paisiblement.

« Élevant la lampe, je regardai autour de moi, et je vis Katie qui se tenait debout tout près de Mlle Cook et derrière elle. Elle était vêtue d'une draperie blanche et flottante comme nous l'avions déjà vue pendant la séance. Tenant une des mains de Mlle Cook dans la mienne, je m'agenouillai encore, j'élevai et j'abaissai la lampe tant pour éclairer la figure entière de Katie que pour pleinement me convaincre que je voyais réellement la vraie Katie que j'avais pressée dans mes bras quelques instants auparavant et non le fantôme d'un cerveau malade. *Elle ne parla pas*, mais elle remua la tête en signe de reconnaissance. Par trois fois différentes j'examinai soigneusement Mlle Cook accroupie devant moi pour m'assurer que la main que je tenais était bien celle d'une femme vivante, et à trois reprises différentes je tournai ma lampe vers Katie pour l'examiner avec une attention soutenue jusqu'à ce que je n'eusse plus le moindre doute qu'elle était bien là devant moi. A la fin Mlle Cook fit un léger mouvement et aussitôt Katie me fit signe de m'en aller. Je me retirai dans une autre partie du cabinet et cessai alors de voir Katie. »

Comment, une femme en chair et en os que vous avez pressée dans vos bras s'évanouit en quelques secondes ! le temps de vous retirer dans une autre partie du cabinet, et il n'y a plus personne, que Mlle Cook ! à qui ferez-vous croire cela ? Ainsi de la chair, des muscles, des nerfs, du sang, tout ce qui constitue le corps humain, va s'agréger et se désagréger avec la vitesse de la pensée ?... Passez, muscade. Il n'y a plus personne ! Et puis ce fantôme qui vous prend le bras, vous parle familièrement, se laisse presser sur votre poitrine, perd subitement la parole *derrière* son médium, il ne parle plus que par signes ; tout cela est plus qu'étrange ! C'est de la fraude fort habilement jouée, mais elle ne peut convaincre que les croyants déjà convaincus... La jeune Cook a habilement manœuvré son fantôme pendant une demi-minute, prenant tantôt sa place, tantôt lui donnant la sienne, dans une obscurité circonscrite, favorable à cette mise en scène, et voilà la vérité. Elle n'y est plus revenue du reste, car le tour est des plus dangereux ; je le dévoilerai au chapitre des fraudes, et si elle l'eût par hasard manqué, elle n'eût récolté que la honte et le scandale. Les médiums hommes deviennent cependant habiles à donner l'illusion.

« Avant de terminer cet article, je désire faire connaître quelques-unes des différences que j'ai observées entre Mlle Cook et Katie. La taille de Katie est variable ; chez moi, je l'ai vue plus grande de six pouces que Mlle Cook. Hier soir, ayant les pieds nus, elle avait quatre pouces et demi de plus que Mlle Cook. » — Ce fantôme caoutchouc est vraiment ravissant ! — Hier soir Katie avait le cou découvert, la peau était parfaitement douce au toucher et à la vue, tandis que miss

Cook a au cou une cicatrice qui, dans des circonstances semblables, se voit distinctement et est rude au toucher. Les oreilles de Katie ne sont pas percées tandis que Mlle Cook porte ordinairement des boucles d'oreilles. Le teint de Katie est très blanc, tandis que celui de Mlle Cook est très brun. Les doigts de Katie sont plus longs que ceux de Mlle Cook, et son visage est aussi plus grand. Dans les façons de parler, il y a aussi des différences marquées.

« La santé de Mlle Cook n'est pas assez bonne pour lui permettre de donner avant quelques semaines d'autres séances expérimentales comme celle-ci, et nous l'avons en conséquence fortement engagée à prendre un repos complet avant de recommencer la campagne d'expériences dont, à cause d'elle, j'ai donné un aperçu, et dans un temps prochain, j'espère que je pourrai en faire connaître les résultats. »

« Signé : William CROOKES. »

Ainsi, voilà tout ce que le savant chimiste anglais avait à nous offrir en fait de preuves scientifiques pour démontrer que les esprits ont la faculté de se matérialiser, aux dépens de leur médium, qui pendant cette privation d'une partie de son être est censé dormir d'un sommeil léthargique, ou que les médiums ont au contraire la faculté de faire directement ces matérialisations en évoquant eux-mêmes tel ou tel esprit.

J'ai bien voulu discuter sérieusement ces singulières pratiques, accomplies dans l'obscurité derrière un rideau, sans autre lumière que de pâles lueurs phosphorescentes ; tout cela est plutôt du domaine de la sorcellerie que du ressort de la science ; car lorsqu'on nous parle de preuves scientifiques, c'est la pleine lumière avec contrôle, examens, observations réitérées des faits, dans des conditions qui ne prêtent ni au charlatanisme ni au mensonge, que l'on s'attend à trouver, et non des machinations occultes qui ne sont plus de notre âge, mises au service d'idées et de croyances qui ne sont plus de notre temps. Avant d'achever de faire connaître toute notre pensée, il nous reste à donner au lecteur l'épisode des photographies et de la dernière apparition de Katie King, qui plus que tout autre montrera les dangers de tomber dans de telles pratiques, même pour les cerveaux les mieux équilibrés. C'est ainsi que W. Crookes en est arrivé à un tel état de crédulité, qu'il ne voit même pas qu'il jette à pleines mains dans son récit les preuves de la mystification dont il est la victime. Comme de juste, je continue à lui laisser la parole.

Photographies de Katie King obtenues à la lumière électrique.
Sa dernière apparition.

« Ayant pris une part active aux dernières séances de Mlle Cook et ayant très bien réussi à prendre de nombreuses photographies de Katie King à l'aide de la lumière électrique, j'ai pensé que la publication de quelques détails serait intéressante pour les spiritualistes.

« Durant la semaine qui a précédé le départ de Katie

— il s'agit du fantôme et non de son médium — elle a donné des séances chez moi presque tous les soirs, afin de me permettre de la photographier à la lumière artificielle. Cinq appareils complets de photographie furent donc préparés à cet effet. Ils consistaient en cinq chambres noires, une de la grandeur de la plaque entière, une de demi-plaque, une de quart, et de deux chambres stéréoscopiques binoculaires, qui devaient toutes être dirigées sur Katie en même temps, chaque fois qu'elle poserait pour obtenir son portrait.

« Cinq bains sensibilisateurs et fixateurs furent employés, et nombre de glaces furent nettoyées à l'avance prêtes à servir, afin qu'il n'y eût ni hésitation ni retard pendant les opérations photographiques, que j'exécutai moi-même assisté d'un aide.

« Ma bibliothèque servit de cabinet noir : elle avait une porte à deux battants qui s'ouvrait sur le laboratoire ; un de ces battants fut enlevé de ses gonds et un rideau fut suspendu à sa place pour permettre à Katie d'entrer et de sortir facilement. Ceux de nos amis qui étaient présents étaient assis dans le laboratoire en face du rideau, et les chambres noires étaient placées un peu derrière eux, prêtes à photographier Katie quand elle sortirait, et à prendre également l'intérieur du cabinet chaque fois que le rideau serait soulevé dans ce but. Chaque soir il y avait trois ou quatre expositions de glaces dans les cinq chambres noires, ce qui donnait au moins quinze épreuves par séances. Quelques-unes se gâtèrent au développement, d'autres en réglant la lumière.

« Malgré tout, j'ai quarante-quatre négatifs, quelques-uns médiocres, quelques-uns ni bons ni mauvais, d'autres excellents.

« Katie donna pour instruction à tous les assistants de rester assis et d'observer cette condition—naturellement ???— ; seul je ne fus pas compris dans cette mesure, car depuis quelque temps elle m'avait donné la permission de faire tout ce que je voudrais, de la toucher, d'entrer dans le cabinet, et d'en sortir chaque fois qu'il me plairait. » — Je le pense bien, William Crookes s'était soumis à toutes les exigences du prétendu esprit, et de plus le cabinet où se tenait Mlle Cook était toujours, selon la coutume, dans l'obscurité la plus profonde.

« Je l'ai souvent suivie dans le cabinet et je l'ai vue quelquefois, elle et son médium, en même temps; mais plus généralement je ne trouvais que le médium en léthargie et reposant sur le parquet; Katie et son costume blanc avaient instantanément disparu. »—La mystification se continue-t-elle d'une façon assez complète? Quoi, c'est un des premiers chimistes du monde qui croit qu'un être vivant qu'il a pressé dans ses bras, qu'il a senti être une femme matérielle et non un spectre, peut s'évanouir comme de la fumée en une seconde et réapparaître ensuite dans le même laps de temps...? C'est à désespérer du cerveau humain si un homme de science peut être amené là sans qu'il s'en doute!

« Durant ces six derniers mois, Mlle Cook a fait chez moi de nombreuses visites, elle y est demeurée quelquefois une semaine entière. Elle n'apportait avec elle qu'un petit sac de nuit ne fermant pas à la clef. Pendant le jour, elle était constamment en compagnie de Mme Crookes, de moi-même, ou de quelque autre membre de la famille, et ne dormant pas seule, il y a eu manque absolu d'occasion de rien préparer, même d'un caractère moins achevé, qui fût apte à jouer le rôle de Katie King. » —M. Crookes ignore qu'il lui faut peu de chose, et que tout le bagage nécessaire pour jouer Katie King peut être dissimulé dans une petite poche de doublure large comme la main. Il y a des médiums qui portent tout leur costume de fantôme dans un porte-cigares. C'est du reste toujours la même chose : un manteau blanc d'une étoffe si fine fabriquée exprès dans les officines de médiums de New-York qui tient tout entier dans la main fermée, et un turban de même couleur et de même facture (voir au chapitre des fraudes). Dans les nombreuses séances où je me suis trouvé, je n'ai pas vu un fantôme qui ne fût couvert de ce costume qu'un long exercice fait enlever et remettre par le médium en moins de deux secondes. M. Crookes peut se tranquilliser, Miss Cook n'avait besoin de rien pour dissimuler son léger costume.

« J'ai préparé et disposé moi-même, continue le savant, ma bibliothèque ainsi que le cabinet noir ; et d'habitude, après que Mlle Cook avait dîné et causé avec nous, elle se dirigeait droit au cabinet, et à sa demande je fermais à clef la seconde porte gardant la clef sur moi pendant toute la séance. Alors on baissait le gaz et on laissait Mlle Cook dans *l'obscurité.*

« En entrant dans le cabinet, Mlle Cook s'étendait sur

le plancher, sa tête sur un coussin, et bientôt elle était en léthargie.

« Pendant les séances photographiques, Katie enveloppait la tête de son médium avec un châle, pour empêcher que la lumière ne tombât sur son visage. » — C'est-à-dire pour empêcher qu'on ne parvînt à dépister la ruse et à s'apercevoir que la prétendue Mlle Cook, étendue sur le sol, n'était qu'un mannequin soie et caoutchouc gonflé à la minute et recouvert de la double jupe de velours de Mlle Cook ainsi que du châle pendant tout le temps que Mlle Cook jouait le rôle de Katie. La tête eût fait reconnaître la supercherie si on l'eût par hasard aperçue, de là le soin que le médium apportait à la cacher ; sans cela qu'on réponde si l'on peut à cette objection : « Pourquoi n'avoir pas photographié en même temps le médium et le fantôme, Mlle Crook et Katie King, alors que cela levait toute difficulté et confondait séance tenante les incrédules ? Jamais plus belle occasion de confondre la critique ne s'est présentée à M. Crookes et à Mlle Cook, sa protégée.

Un procès-verbal signé par toutes les personnes présentes prouvait qu'il n'était entré qu'une personne dans le cabinet noir. Dès que Katie King était matérialisée, on soulevait un coin du rideau ; un jet de lumière électrique inondait le cabinet, comme cela avait lieu en effet, les cinq objectifs marchaient en même temps, et au bain révélateur on trouvait deux personnes sur la même plaque : Mlle Cook, couchée sur un tapis, et Katie King, debout devant elle, alors qu'il était constant qu'une seule personne était entrée dans le cabinet du médium. Alors il n'y avait plus rien à dire, la preuve était facile, à condition cependant qu'on vît le visage de Mlle Cook, car il est facile de photographier un mannequin, ainsi du reste que cela a été fait, Katie cachant précisément le visage de son prétendu médium couché à ses pieds.

Certes, dans le cas que je suppose on n'eût pu accuser de complicité ni la très honorable famille du savant, ni les amis qui assistaient à l'expérience.

Voilà un argument que je crois irréfutable, et si on n'a pas fait ce que je viens d'indiquer, c'est que la plaque eût révélé le subterfuge. Autre chose est un mannequin destiné à être entrevu à la vague lueur d'une lampe phosphorée, rapidement même à la lumière électrique, et le même mannequin reproduit sans visage sur la plaque photographique, car le seul fait de l'absence de la figure suffit pour démontrer que ledit mannequin était destiné à jouer le rôle de Mlle Cook en léthargie, pendant que Mlle Cook jouait le rôle de Katie.

« Fréquemment j'ai soulevé un côté du rideau lorsque Katie était debout tout auprès, et alors il n'était pas rare que les sept ou huit personnes qui étaient dans le laboratoire pussent voir en même temps Mlle Crook et Katie sous le plein éclat de la lumière électrique. Nous ne pouvions pas alors voir le visage du médium, à cause du châle, mais nous apercevions ses mains et ses pieds ; nous la voyions remuer péniblement sous l'influence de cette lumière intense, et, par moments, nous entendions ses plaintes. » — Oui, mais Katie était debout près d'elle, et le moindre mouvement du pied faisait tressaillir le mannequin gonflé, dont la tête était soigneusement cachée ; quant aux soupirs, Katie Cook, et non Katie King, était également là pour les pousser.

« J'ai une épreuve de Katie et de son médium photographiés ensemble, mais Katie *est placée devant la tête* de Mlle Cook. »

— C'est toujours la même chose, et rien ne prouve mieux la fraude que cette persistance à ne jamais nous montrer les deux visages ensemble, alors que ce serait la preuve la plus convaincante que l'on pût donner, surtout sur un terrain aussi important, et quand il s'agit de faire croire à une aussi grosse chose qu'un dédoublement matériel produisant deux êtres animés avec un seul. Mais en voilà assez sur ce sujet. Je me fais l'effet d'un homme qui s'efforcerait d'enfoncer une porte ouverte. Qui peut croire en effet à de pareilles billevesées ?... Oui, mais derrière cette porte ouverte, se tiennent plusieurs millions de spirites, prêts à conquérir le monde à leurs croyances, et chacun doit se dévouer pour leur arracher un lambeau de leur drapeau.

Je laisserai sans autre observation s'achever ce curieux morceau, je ne pourrais désormais que me répéter :

« Pendant que je prenais une part active à ces séances, la confiance que Katie avait en moi s'accroissait graduellement, au point qu'elle ne voulait plus donner de séance, à moins que je ne me chargeasse des dispositions à prendre, disant qu'elle voulait toujours m'avoir près d'elle et près du cabinet.

« Dès que cette conférence fut établie, et quand elle eut la satisfaction d'être sûre que je tiendrais les promesses que je pourrais lui faire, les phénomènes augmentèrent beaucoup en puissance, et des preuves me furent données, qu'il m'eût été impossible d'obtenir si je m'étais approché du sujet d'une manière différente.

« Elle m'interrogeait souvent au sujet des personnes présentes, et sur la manière dont elles seraient placées, car dans les derniers temps, *elle était devenue très nerveuse, à la suite de certaines suggestions malavisées qui conseillaient d'employer la force pour aider à des modes de recherches plus scientifiques!*

« Une des photographies les plus intéressantes est celle où je suis debout à côté de Katie ; elle a son pied nu sur un point particulier du plancher. J'habillai ensuite Mlle Cook comme Katie ; elle et moi nous nous plaçâmes dans la même position et nous fûmes photographiés par les mêmes objectifs placés absolument comme dans l'autre expérience, et éclairés par la même lumière. Lorsque ces deux clichés sont placés l'un sur l'autre, les deux photographies de moi coïncident parfaitement quant à la taille... mais Katie est plus grande d'une demi-tête que Mlle Cook, et auprès d'elle, elle semble une grosse femme. Dans beaucoup d'épreuves, la longueur de son visage et la grosseur de son corps diffèrent essentiellement de son médium, et les photographies font voir plusieurs autres points de dissemblance.

« Mais la photographie est aussi impuissante à dépeindre la beauté parfaite du visage de Katie que les mots le sont eux-mêmes à décrire le charme de ses manières. La photographie peut, il est vrai, donner un dessin de sa pose ; mais comment pourrait-elle reproduire la pureté brillante de son teint, ou l'expression sans cesse changeante de ses traits si mobiles, tantôt voilés de tristesse lorsqu'elle racontait quelque événement de sa vie passée, tantôt souriant avec toute l'innocence d'une jeune fille lorsqu'elle avait réuni nos enfants autour d'elle et qu'elle les amusait en leur racontant des épisodes de ses aventures dans l'Inde ?

« J'ai si bien vu Katie à la lumière électrique qu'il m'est possible d'ajouter quelques traits aux différences que, dans un précédent article, j'ai établies entre elle et son médium.

« J'ai la certitude la plus absolue que Katie et Mlle Cook sont deux individualités distinctes, du moins en ce qui concerne leurs corps. Plusieurs petites marques qui se trouvent sur le visage de Mlle Cook font défaut sur celui de Katie. La chevelure de Mlle Cook est d'un brun si foncé qu'elle paraît presque noire ; une boucle de celle de Katie qui est là sous mes yeux, et qu'elle m'avait permis de couper au milieu de ses tresses luxuriantes, après l'avoir suivie de mes propres doigts jusques sur le haut de sa tête et m'être assuré qu'elle y avait bien poussé, est d'un riche châtain doré.

« Un soir je comptais les pulsations de Katie : son pouls battait régulièrement 75, tandis que celui de Mlle Cook atteignait 90, son chiffre habituel. En appuyant mon oreille sur la poitrine de Katie, je pouvais entendre son cœur battre à l'intérieur, et ses pulsations étaient encore plus régulières que celles du cœur de Mlle Cook, lorsque après la séance elle me permettait la même expérience. Éprouvés de la même manière, les poumons de Katie se montrèrent plus sains que ceux de son médium. Car au moment où je fis mon expérience, Mlle Cook suivait un traitement médical pour un gros rhume.

« Vos lecteurs trouveront sans doute intéressant qu'à vos récits et à ceux de mistress Ross-Church, au sujet de la dernière apparition de Katie, viennent s'ajouter les miens, du moins ceux que je puis publier. Lorsque le moment de nous dire adieu fut arrivé pour Katie, je lui demandai la faveur d'être le dernier à la voir. En conséquence, quand elle eut appelé à elle chaque personne de la société et qu'elle leur eut dit quelques mots en particulier, elle donna des instructions générales pour notre direction future et la protection à donner à Mlle Cook. De ces instructions qui furent sténographiées, je cite la suivante : « M. Crookes a très bien agi constamment, et c'est avec la plus grande confiance que je laisse Florence — miss Cook — entre ses mains, parfaitement certain, je le sais, qu'il ne trompera pas la foi que j'ai en lui. Dans toutes les circonstances imprévues, il pourra faire mieux que moi-même, car il a plus de force. »

« Ayant terminé ses instructions, Katie m'engagea à entrer dans le cabinet avec elle, et me permit d'y demeurer jusqu'à la fin.

« Après avoir fermé le rideau — le cabinet se trouvait alors dans une obscurité complète — elle causa avec moi pendant quelque temps, puis elle traversa la chambre pour aller à Mlle Cook, qui gisait évanouie sur le plancher. Se penchant vers elle, Katie la toucha et lui dit :

— « Éveillez-vous, Florence, éveillez-vous, il faut que je vous quitte maintenant.

« Mlle Cook s'éveilla tout en larmes, elle supplia Katie de rester quelque temps.

— « Ma chère, je ne le puis pas, ma mission est accomplie, que Dieu vous bénisse, repondit Katie.

« Et elle continua à parler à Mlle Cook. Pendant quelques minutes elles causèrent ensemble, jusqu'à ce qu'enfin les larmes de Mlle Cook l'empêchèrent de parler. »

Voyons ! qui trompe-t-on ici ? N'est-il pas de croyance commune chez les spirites, que l'esprit matérialisé ne peut rester en cet état et conserver sa forme, que pendant le temps que son médium reste en catalepsie ? On prétend même que les plus grands malheurs pourraient résulter d'un brusque réveil du médium qui obligerait l'esprit à se *désincarner* avec la même rapidité... Katie elle-même, lors de la première séance, n'a-t-elle pas déclaré qu'elle ne pouvait sans danger s'éloigner de son médium, parce qu'il manquait de forces ce soir-là ? Or, si le médium et l'esprit ne peuvent s'éveiller, et agir en commun, à plus forte raison ne peuvent-ils parler ensemble. En vérité l'excès de crédulité du savant dépasse encore l'excès d'audace du médium.

« Suivant les instructions de Katie, je m'élançai pour soutenir Mlle Cook, qui allait tomber sur le plancher et qui sanglotait convulsivement. Je regardai autour de moi, mais Katie et sa robe blanche avaient disparu. Dès que Mlle Cook fut assez calmée, on apporta une *lumière* et je la conduisis hors du cabinet.

« Les séances presque journalières dont Mlle Cook m'a favorisé dernièrement, ont beaucoup éprouvé ses forces, et je désire faire connaître le plus possible les obligations que je lui dois pour son empressement à m'assister dans mes expériences. Quelque épreuve que j'ai proposée, elle a accepté de s'y soumettre avec la plus grande bonne volonté ; sa parole est franche et va droit au but, et je n'ai jamais rien vu qui pût en rien ressembler à la plus légère apparence du désir de tromper. Vraiment je ne crois pas qu'elle pût mener une fraude à bonne fin, si elle venait à l'essayer ; et si elle le tentait, elle serait très promptement découverte. » — Comment ? puisque tout le monde s'est soumis à ses exigences, que ses moindres désirs étaient respectés des uns et des autres à l'égard d'oracles célestes ; c'est-à-dire qu'elle a reçu de tous un tel aide, que ses tours d'escamotage se sont accomplis sans la moindre difficulté. — « Une telle manière de faire est tout à fait étrangère à sa nature, et quant à imaginer, qu'une innocente écolière de quinze ans ait été capable de concevoir et de mener pendant trois ans, avec un plein succès, une aussi gigantesque imposture que celle-ci, et que, pendant ce temps, elle se soit soumise à toutes les conditions qu'on a exigées d'elle, qu'elle ait supporté les recherches les plus minutieuses, qu'elle ait voulu être inspectée à n'importe quel moment, soit avant, soit après les séances ; qu'elle ait obtenu encore plus de succès dans ma propre maison que chez ses parents, sachant qu'elle y venait expressément pour se soumettre *à de rigoureux essais scientifiques;* quant à imaginer, dis-je, que la Katie King des trois dernières années est le résultat d'une imposture, cela fait plus de violence à la raison et au bon sens que de croire qu'elle est ce qu'elle affirme elle-même.

« Il ne serait pas convenable à moi, de clore cet article sans remercier également M. et Mme Cook pour les grandes facilités qu'ils m'ont données de poursuivre mes expériences.

« Mes remerciements et ceux de tous les spiritualistes sont dus aussi à M. Charles Blackburn pour sa générosité, qui a permis à Mlle Cook de consacrer tout son temps au développement de ces manifestations et en dernier lieu à leur examen scientifique.

« Signé : William Crookes. »

Si les lecteurs du journal auquel s'est adressé William Crookes, le *Quaterly-Revew*, appartiennent à la croyance spirite ou spiritualiste, il n'avait certes pas besoin de se donner autant de peine pour les convaincre. Ses articles étaient attendus comme la manne au désert par les Israélites, avant qu'ils se fussent dégoûtés de cette nourriture hygiénique et céleste — les sceptiques se sont amusés à ses dépens. — Quant aux hommes de science — je ne dis point les savants, mais simplement les esprits qui sont accoutumés aux bonnes méthodes, et ont besoin d'arguments et de preuves scientifiques pour être convaincus — quant aux hommes de science, dis-je, je regrette de lui dire qu'il ne peut les avoir avec lui. Une dernière fois, et en un résumé rapide, quelle est l'hypothèse que le savant nous présente et quelles sont les preuves qu'il nous donne pour la faire passer dans le domaine des faits acceptés ?

L'hypothèse est bien la chose la plus difficile à admettre que l'on puisse offrir à l'intelligence humaine.

Est-ce un principe que l'on puisse formuler ainsi : « Les âmes des morts peuvent revenir pendant quelques instants jouir de la vie terrestre, sous un corps matérialisé, en empruntant à des êtres vivants, hommes ou femmes qu'on appelle médiums, les fluides et les matériaux nécessaires à cette passagère transformation ? »

Les spirites le prétendent !

Est-ce au contraire à titre exceptionnel, que certaines âmes peuvent revenir pour accomplir une mission sur la terre, en employant les mêmes moyens de *matérialisation* ?

Certains auteurs l'ont soutenu.

William Crookes évite avec soin de se prononcer, cependant il n'est pas douteux qu'il n'admette l'existence des esprits, et la possibilité pour eux de se matérialiser, puisque c'est ce qu'il a voulu nous prouver dans le roman spirite de Katie King. Il a donc fait œuvre de spiritisme, et les adeptes de cette croyance l'entendent ainsi ; mais nous n'avons pas le droit de demander compte au savant de ses pensées intimes ; la seule chose qui nous appartienne c'est le fait, et les preuves dont il l'a étayé.

Je n'ai pas l'intention de rentrer dans la discussion de détails, dont j'ai fait apercevoir toute l'inanité. Je dirai seulement que William Crookes ne nous a donné que des appréciations personnelles, et pas une seule preuve réellement scientifique de l'existence de son fantôme. Certes il ne serait pas devenu une autorité en chimie, s'il eût fait ses expériences derrière la toile, et en manipulant, par exemple comme en l'espèce, deux corps qu'il ne pourrait jamais montrer ensemble.

Ses articles abondent en naïvetés qui font sourire et qui prouvent de la part du savant une âme bonne, loyale et confiante séduite par les grâces d'un enfant ; William Crookes nous parle sans cesse de preuves qu'on n'a jamais refusé de lui donner, mais il oublie de nous en faire part, et n'agit, chose absolument charmante de naïveté, que lorsque l'esprit Katie King le lui ordonne ou le lui permet. Venez, sortez, éteignez le gaz, c'est-à-dire ma petite comédie est prête, vous pouvez venir voir *dans l'obscurité*, avec votre petite lampe phosphorée, qui ne permet pas de distinguer plus loin que son nez.

Il y a surtout une circonstance ravissante : chaque fois que William Crookes va pour voir le médium, et l'arranger sur son sopha, Katie King a disparu. On l'appelle, plus personne. L'honnête savant revient dans le salon, et Katie King le suit sur les talons. Ce bon fantôme se matérialise et se dématérialise à volonté ; il ne lui faut qu'une seconde, le temps d'un clignement d'œil, comme disent les Indiens, pour redevenir *esprit*, être invisible immatériel et impondérable, ou suivant les nécessités du moment reprendre sa forme visible avec tous les attributs du sexe féminin. Sur ce point il n'y a pas à discuter, William Crookes a pris Katie King dans ses bras, Katie King couverte seulement d'un léger vêtement blanc, et William Crookes nous certifie que c'est bien une femme, un peu plus grasse même que son médium, qu'il a pressé sur son cœur de la même façon.

Je m'en voudrais de continuer ces plaisanteries, je m'abstiens par respect pour l'homme et le savant, qui est des plus honorables, mais il faut avouer que le sujet y prête à merveille. Je ne veux répondre pour en terminer qu'à l'argument tiré du long espace de temps, trois années pendant lesquelles la fraude aurait duré. On s'en serait aperçu, dit William Crookes. Je demande comment on aurait pu s'en apercevoir, puisque le savant s'est toujours refusé à employer aucun moyen qui ne fût accepté de Katie ou de son médium, ce qui est tout un.

Ah ! si William Crookes avait consenti, comme cela est arrivé dans un cas que je citerai, à donner le mot à *une amie* qui, pendant que Katie racontait ses aventures dans l'Inde aux enfants du savant, se serait introduite dans le cabinet par les portes de derrière, pour s'assurer que Mlle Cook était vraiment en léthargie sur un sopha... oui, si William Crookes avait fait cela, et s'il venait nous dire : Mme X*** a pénétré dans le cabinet pendant que Katie causait tranquillement dans le salon, et elle y a trouvé miss Cook en personne et en léthargie, ce qui lui a permis de faire toutes les vérifications nécessaires... pour le coup il nous donnerait une preuve scientifique par le contrôle absolu des deux personnalités, et il n'y aurait plus rien à dire, plus rien à faire, qu'à s'incliner devant notre petitesse et les mystères insondables de la grande nature.

William Crookes, non seulement n'a pas fait cela, mais a refusé de le laisser faire parce que Katie King ne le permettait pas ; bien plus, il a la naïveté d'écrire la phrase suivante :

« Elle (Katie) m'interrogeait souvent au sujet des personnes présentes aux séances et sur la manière dont elles seraient placées, car dans les derniers temps, elle était devenue très nerveuse à la suite de certaines suggestions malavisées qui conseillaient d'employer la force pour aider à des modes de recherches plus scientifiques. »

Oui ! William Crookes écrit cela, et il ne voit pas que le premier venu traduit :

« Mlle Cook, déguisée en Katie, m'interrogeait sur les personnes qui assistaient aux séances, sur la place qu'elles devaient occuper, et n'était devenue très nerveuse, que parce qu'elle redoutait un éclat provoqué par un des assistants, venu dans l'intention de contrôler brutalement ses petites supercheries..... Sans cela, et si elle était sincère, qu'aurait-elle à redouter ?

La vérité est qu'on aurait trouvé un mannequin dans le cabinet, et qu'on eût acquis la preuve que miss Cook était une habile et rusée petite commère.

Voilà toute la moralité de cette aventure, qui pendant trois ans a occupé tout le monde spirite en Amérique et en Europe et fait vendre des millions d'une singulière photographie au dos de laquelle se trouve la mention suivante :

Photographie de l'esprit matérialisé

KATIE KING

Lire l'observation fidèle qui suit :

Cette photographie, qui est une copie agrandie de l'original fait à Londres au moyen de la lumière au magnésium, représente la forme de l'esprit matérialisé Katie King, alias : Annie Morgan, qui pendant trois ans, fin de mai 1874, se manifesta en présence de plusieurs assistants par la médiumnité de miss Florence Cook. Le gentleman qui tient sa main est le docteur J.-M. Gully, bien connu des Américains qui ont visité l'établissement hydrothérapique de Great-Malvern. En mars 1864, M. C.-F. Varley F.-R. S. (membre de la Société Royale de Londres Fellow-Royal-Society), ingénieur en chef de la Cie du câble transatlantique, et le professeur Crookes F.-R.-S., illustre chimiste ont prouvé par une épreuve électrique que miss Cook était dans l'intérieur du cabinet de M. Crookes tout le temps que l'esprit Katie était au dehors, dans une autre salle, se promenant au milieu des assistants et s'entretenant avec eux. Le 12 mars 1874, le professeur Crookes, au moyen d'une lampe à phosphore, vit Katie se tenant dans son cabinet tout près de miss Cook, et il se convainquit de la réalité objective des deux personnes.

Le 9 mai 1874, Benjamin Coleman Esq. (à qui nous sommes redevables de cette photographie) était présent à une séance au sujet de laquelle il écrit : « M. Crookes souleva le rideau, et lui, moi et quatre autres assistants qui étaient auprès de moi, nous vîmes ensemble et en même temps la forme de Katie vêtue de sa robe blanche, et à côté la forme du médium couchée dont la robe était bleue et qui avait un châle rouge sur la tête. »

Mistress Florence Marryat Ross-Church qui était présente à trois séances les 8, 13, et 21 mai 1874, atteste qu'elle a vu le médium et Katie ensemble, et qu'elle a senti son corps nu sous son vêtement ainsi que son cœur battre rapidement et qu'elle peut certifier que si c'est *une force psychique,* la force psychique est vraiment une femme.

Elle ajoute : « Je ne dois pas oublier de dire que quand Katie coupa devant nos yeux douze ou quinze morceaux d'étoffe différents, sur le devant de sa tunique blanche, pour laisser en souvenir à ses amis, l'examen le plus minutieux ne pouvait faire voir de trous à la place où ils avaient été coupés, et je lui ai vu faire la même chose avec son voile plusieurs fois. — Le tour est connu, ma bonne dame, inutile d'être un esprit pour le faire. — La disparition de l'esprit matérialisé après son entrée dans le cabinet était le plus souvent instantanée. »

Ici nous sommes en présence de l'exploitation industrielle ; une seule chose nous étonne, c'est qu'on n'ait pas cité plus de témoins ; là, tout le monde a vu la forme de Mme Cook aux pieds de Katie, *moins la tête qui est toujours cachée par l'esprit, ou enveloppée d'un châle rouge.* Comme nous sommes de bonne composition, nous autres Anglo-Américains : à Paris, ces diables de Français eussent demandé la tête... *La tête, la tête*, eût infailliblement crié une voix dans l'assistance, la tête, *ou ce n'est pas franc de jeu!* C'est que Paris est le minotaure des médiums à matérialisation. Combien n'en a-t-il pas dévorés de ces malheureux ? Aussi quelles précautions ne prennent-ils pas aujourd'hui quand ils se hasardent dans la grande ville ? Le chapitre de leurs mésaventures ne sera pas le moins intéressant de ce volume...

On doit comprendre quelle 'poussée gigantesque le spiritisme reçut de ces expériences de William Crookes. Toutes les âmes rêveuses, inquiètes d'une croyance *consolante*, se sont jetées dans la foi nouvelle avec ardeur. Quel bonheur de pouvoir converser le soir avec ses parents, ses amis disparus, qui voltigent dans l'atmosphère terrestre autour de nous et qui, le cas échéant, d'un médium d'une force suffisante, peuvent se matérialiser et revenir auprès de nous tels que nous les avons connus et aimés ?... Hé bien, grâce à Crookes, qui a démontré et prouvé la possibilité de la matérialisation *instantanée* et *momentanée*, car c'est ainsi paraît-il que se nomme la facilité avec laquelle Katie King se matérialisait et se dématérialisait ; oui, grâce à Crookes, tout cela est possible maintenant, les médiums américains ont pioché leur *matérialisation*, ils ont trouvé des moyens victorieux d'augmenter considérablement leur force fluidique, et nous avons maintenant à New-York des médiums qui opèrent à volonté et au prix du tarif avec autant d'habileté que la jeune Florence Cook, tant, pour revoir son père ou sa mère en chair et en os, et causer avec eux pendant une soirée; tant pour rendre à la jeune veuve inconsolée son époux matérialisé pendant une journée, c'est-à-dire vingt-quatre heures, nuit comprise;... et déjà on espère que l'illustre savant va continuer ses travaux avec miss Cook, dont Katie l'a établi tuteur, et qu'avant peu, nous apprendrons qu'il aura vaincu la mort! Que faut-il pour cela? Rien, qu'un petit effort. La matérialisation *instantanée* et *momentanée* est trouvée, il ne s'agit plus que d'arriver à la matérialisation *instantanée* et *perpétuelle*, Évohé! Crookes ressuscitera les morts! N'a-t-il pas, avec miss Cook, ressuscité tous les soirs pendant trois ans Katie King, de son vivant Annie Morgan!...

Tout cela est bien, mais avec le flot montant de ces idées, l'Angleterre et l'Amérique sont en train de se préparer une génération de fous et de névrosés!

La France sceptique et rationaliste suivra-t-elle ce mouvement? Nous croyons qu'une fois de plus, elle fera triompher la science et le bon sens.

*
* *

Il me reste, pour en finir avec cette revue historique des progrès du spiritisme, à suivre la marche de la nouvelle croyance en France et dans les autres contrées de l'Europe dont elle s'est peu à peu emparée, en faisant la tache d'huile.

La France tout d'abord ignora la doctrine ou négligea de s'en occuper, selon l'expression d'un journaliste du temps, « Une nouvelle religion ! A quoi bon ? N'en est-il pas déjà dans le monde plusieurs douzaines que l'on ne pratique guère ? Tant qu'il n'en arrivera pas une qui nous enseigne à dévorer son semblable, on ne nous apprendra rien de nouveau. » Cette boutade, plus philosophique au fond qu'elle n'en a l'air, fut écrite au début d'un article qui tournait en ridicule les néo-spirites, par un journaliste devenu depuis spirite enragé lui-même. Donc, à l'époque où la théorie spirite traversa la mer, elle fut accueillie par l'indifférence la plus complète, le public s'engoua seulement des phénomènes, et peu de temps après il n'y eut pas dans Paris, ainsi que dans la plupart des grandes villes de la France, un seul salon où on ne fît tourner les tables en leur posant les questions les plus extravagantes auxquelles il était répondu de même. Ce n'est pas ainsi qu'on fonde une religion, la banalité des communications obtenues même par ceux qui s'en occupaient sérieusement ne tarda pas à faire abandonner cet exercice de patience par le peuple le plus nerveux du monde. Et moins d'un an ou deux après il n'en était plus question. Seuls quelques rares individus, demi-penseurs sans instruction supérieure, esprits honnêtes, avaient continué cette étude, parce qu'ils voyaient en elle comme une possibilité de régénération morale pour le pays.

Mais aucun lien d'action commune n'existait entre eux, lorsqu'un sieur Rivail entreprit d'être le Mahomet de l'idée nouvelle, le premier prophète du spiritisme français. Avant de commencer son œuvre, il changea son nom de Rivail par trop vulgaire, sur le conseil des esprits ainsi qu'il nous l'apprend lui-même, en celui d'Allan Kardec, au parfum celtique et quelque peu archaïque; puis à l'aide des communications qu'il eut l'habileté de se faire remettre par quelques groupes de penseurs spirites d'une certaine valeur, revus et colligés avec la collaboration des esprits, il rédigea successivement : 1° *le livre des esprits*; 2° *le livre des médiums;* 3° *la genèse, les miracles et les prédictions selon le spiritisme*, où il exposa une doctrine complète, aujourd'hui admise par tous les spirites français, comme le véritable code, ou mieux comme l'écriture sacrée de la nouvelle foi; et de fait le spiritisme français est le seul qui se tienne debout comme corps de doctrine. Allan Kardec a admis la préexistence des âmes qui viennent habiter les corps des hommes, et de réincarnations en réincarnations, d'existences en existences, arrivent à la perfection suprême. En cet état, ces âmes ne sont plus sujettes à la réincarnation, elles s'en vont au séjour des *purs esprits*, où elles jouissent d'un bonheur immortel, dans l'éternité de leur être. C'est la pure doctrine indoue, avec cette différence que ces derniers n'admettent pas l'éternité des êtres créés.

Il n'y a dans l'Univers, d'après eux, d'immortel que *Swayambhouvah*, le grand Tout, l'être existant par ses propres forces, qui se révèle en Brahma, le dieu mainfesté. Or l'existence de ce dieu se partage en jours et en nuits, comme celle des humains : un jour et une nuit de Brahma équivalent chacun à quatre milliards trois cent vingt millions d'années humaines.

Tant que dure le jour de Brahma, la nature entière vit, se transforme, progresse. Sous le souffle universel de la protection divine, les âmes accomplissent leur destinée sur la terre et dans les mondes intermédiaires, et une fois arrivées à la perfection, montent au Swarga, le séjour des bienheureux.

Mais les années s'écoulent, les astres et les mondes ont vieilli dans leur course vagabonde à travers l'infini, le jour de Brahma s'achève ; avec sa fin s'apprête la dissolution universelle.

La nuit divine arrive, Brahma s'endort pour se reposer de son œuvre immense, tout se dissout et se confond en lui ; c'est le Pralaya, c'est-à-dire le retour de tout ce qui existe à la source universelle, et Brahma va dormir une nuit égale à son jour, c'est-à-dire *quatre milliards trois cent vingt millions d'années humaines.*

A la fin de cette nuit, tout renaîtra pour un jour nouveau, et ainsi se comporte la nature renaissant et rentrant dans le repos, à mesure que les jours divins succèdent aux nuits, et les nuits aux jours. La période de vie et d'action, c'est le jour de Brahma, la période de dissolution et de repos, c'est la nuit du dieu.

Allan Kardec n'a pas osé aller jusque-là dans son imitation du système des brahmes. Il a compris que les fondateurs de religion, si tant il est que telle ait été sa prétention, ne réussissent qu'en adaptant leurs idées sur une morale et des idées déjà familières à la foule. C'est pour cela que, loin de rompre en visière avec la pensée chrétienne, le novateur spirite n'a fait que lui demander une petite place dans son lit.

Je constate donc que le spiritisme français possède une logique et une unité que n'a pas la même croyance en Angleterre et en Amérique, où chaque adepte s'arrange à sa façon et n'écoute que les communications de son esprit familier. Cette liberté d'allures a même donné naissance en Amérique à un spiritisme industriel, qui ne laisse pas d'avoir son côté amusant pour l'étranger. Ainsi, il n'est pas rare, au milieu d'une grande réunion où tout le monde est admis, de voir tout à coup succéder avec matérialisations, apports de fleurs, etc., une communication dans le genre de celle-ci : « Le meilleur bandagiste-herniaire est Tom Knowles dans Stockton. »

Et chacun de prendre l'adresse gravement. Songez donc, un bandagiste recommandé par les esprits ! On ne sait pas ce qui peut arriver.

Infailliblement, si vous repassez le lendemain, vous assistez à la contre-communication suivante :

« Certes le meilleur bandagiste-herniaire est Tom Knowles dans Stockton, mais que dire de Willie Scharf dans Broadway, qui lui est supérieur ? »

Ces petites annonces *spirituelles* sont données comme intermèdes aux grands phénomènes, exactement comme en certains théâtres on baisse dans les entr'actes une toile couverte d'annonces commerciales.

Vous croyez que la lutte entre les industriels du

bandage est terminée ? Nullement. A la troisième soirée, vous entendrez la communication suivante :

« Certes le meilleur bandagiste-herniaire est Tom Knowles dans Stockton, mais que dire de Willie Scharf dans Broadway, qui lui est supérieur? Rien ! si ce n'est que ledit Willie Scharf a eu pour *professor* Austin Withely dans Fifth-avenue. »

Les spirites français n'en sont pas encore là ; ils trouveraient la chose immorale, tandis qu'il est tout naturel pour les Américains de mêler les esprits à tous les actes de leur vie. Nous verrons à ce sujet des choses vraiment caractéristiques de la race et du pays.

Une chose distingue encore le spirite français de son confrère américain, alors que le dernier prétend qu'il faut avoir une foi aveugle dans les communications des esprits. Le premier au contraire déclare avec Allan Kardec, son maître, qu'il faut passer leurs déclarations au creuset de la raison et de la science, car on est trop exposé a être trompé par des esprits inférieurs dont le nombre est très grand.

Les esprits de cette catégorie sont toujours prêts à entrer en communication avec les humains, tandis que ceux qui ont atteint le séjour des purs esprits, ne se manifestent d'ordinaire qu'avec répugnance et jamais sans nécessité.

Voilà la doctrine, mais tout cela du reste n'est qu'affaire de tempérament, car nous avons rencontré à Paris nombre de spirites aussi intransigeants que ceux d'Amérique, et qui soutiennent qu'il faut s'incliner chaque fois que l'esprit a parlé.

Paris est en France le seul centre spirite important.

On y évalue le nombre des croyants de cent à deux cent mille. Quant au reste du pays, l'esprit provincial y domine avec trop de force pour qu'on ose braver ses arrêts, qui dès le début se sont nettement prononcés contre la nouvelle doctrine. Ceux qui, malgré cela, ont persisté en très petit nombre, à s'en occuper, sont regardés comme des fous ou des illuminés, qui voient toutes les portes se fermer devant eux.

A Paris, la grande masse est indifférente et railleuse ; elle ne se donne même pas la peine d'étudier les phénomènes. A quoi bon ? Depuis les frères Dawenport et les récents procès spirites dont nous aurons à parler, son opinion est faite... et cependant peu de gens sont aussi crédules que le Parisien, qui se croit sceptique parce qu'il rit de tout. Qu'on puisse seulement en pousser un dans une réunion où se trouve un véritable médium, accomplissant toute cette première partie des phénomènes que nous avons étudiés avec William Crookes au chapitre précédent, et voilà un spirite de plus. Notre homme ne se demande pas si ces phénomènes produits par un homme sur des objets inanimés, ne peuvent pas s'expliquer sans l'intervention des esprits ! Il a vu des choses qui dépassent la limite de sa raison, et en cinq minutes il adore ce qu'il avait brûlé : question de tempérament national ! A partir de ce moment, la nouvelle recrue n'est pas la moins intolérante et la moins acharnée contre les incrédules.

Le spiritisme parisien n'a pas encore eu son Crookes. Les hommes de science en général ont refusé, à peu d'exceptions près, de s'en occuper ; on l'eût traité par le mépris. Un petit nombre dont nous allons bientôt parler, l'ont jugé *ex cathedra* sans se donner la peine d'étudier les phénomènes. Or on a beau dire : tout est là. « Il faut étudier les phénomènes d'après la méthode expérimentale, et ceci fait démontrer par la même méthode que les esprits ne sont pour rien dans la production de ces phénomènes, ou au contraire qu'ils en sont les directeurs suprêmes. » Sans cela on n'a le droit, ni d'attaquer le spiritisme, ni de le défendre. On verra dans la partie de cet ouvrage réservée à nos expériences, que nous nous sommes absolument soumis à ce mode d'investigation, le seul qui soit scientifique et permette de conclure.

Le spiritisme compte cependant à Paris un certain nombre d'écrivains, mais ce sont comme les écrivains américains, ou des apologistes convaincus, ou des détracteurs systématiques ; aussi chez les uns et les autres rencontre-t-on de simples morceaux de littérature plus ou moins ornés, et pas une page d'expériences vraiment scientifiques, comme celles de Crookes de la première manière, de Crookes avant les fantômes. Aussi les passerai-je sous silence comme j'ai déjà fait des écrivains américains, car dans cette revue historique des progrès du spiritisme et de ses doctrines, il me faut des documents scientifiques qui puissent supporter l'examen et la discussion.

Quelles preuves sérieuses peut-on demander à M. Eugène Bonnemère par exemple, qui s'écrie d'un air furibond :

— « J'ai ri comme tout le monde du spiritisme, mais ce que je prenais pour le rire de Voltaire, n'était que le rire de l'*idiot*, beaucoup plus commun que le premier. »

Cette façon de traiter tout le monde d'idiot, en se mettant soi-même dans la masse, n'est pas d'un écrivain impartial, et en effet j'ai lu deux productions de cet auteur: « L'âme et ses manifestations » et « Le Roman de l'avenir, » sans y rien rencontrer qui ressemble à des preuves et puisse prêter à la discussion. C'est de la métaphysique à l'eau de rose, empruntée à tous les néo-platoniciens et appliquée au spiritisme de la littérature pour les âmes tendres et rêveuses, qui n'a rien à voir avec la science.

Discuterons-nous davantage avec M. Maurice Lachâtre qui professe magistralement :

« La doctrine spirite renferme en elle les éléments d'une transformation dans les idées. A ce titre elle mérite l'attention de tous les hommes de progrès. Son influence s'étendant déjà sur tous les pays civilisés donne à son fondateur une importance considérable, et tout fait prévoir que dans un avenir peut-être prochain Allan Kardec sera posé comme l'un des réformateurs du XIXe siècle. »

Mais vous n'y êtes pas du tout, monsieur Lachâtre... mais pas du tout. Allan Kardec n'est que le chef de la très infime poignée de spirites français, qui ne compte guère, en présence des millions de spirites anglais et américains, pour ne parler que d'eux, qui repoussent absolument les théories de Rivail-Allan-Kardec, et traitent leur auteur de charlatan... et puis c'est une erreur manifeste que de regarder ledit Allan Kardec comme le fondateur du spiritisme. L'Angleterre et l'Amérique étaient gagnées à la nouvelle doctrine longtemps avant que ce prétendu fondateur ait fait son apparition, et on ne lui doit même pas son introduction en France. Ce n'est pas sérieux !

Et tous se ressemblent. Ou, comme M. Nus, c'est de la philosophie sans preuve, ou, comme M. Lachâtre, c'est de l'appréciation sans étude.

Il en est d'autres qui sont spirites à plein cœur. Peut-on discuter avec le sentiment?

Lisez dans *Les miettes de l'histoire* publiées par lui-même, comment ce haut et intelligent esprit qui a nom Auguste Vacquerie est devenu spirite. Le morceau impressionne profondément ; je n'en citerai que la fin qui se rapporte directement à mon sujet.

M. Vacquerie se trouvait chez V. Hugo, à Jersey, aux premières heures de l'exil. Mme de Girardin vint voir le poète; elle était spirite convaincue, et se trouvant dans un cercle d'incrédules, elle voulut les gagner. Les premiers essais furent difficiles et presque négatifs ; la table s'obstinait à rester muette; enfin un beau soir elle parla et répondit à des questions plus ou moins banales, quand tout à coup la scène changea de face... Mais laissons parler le grand écrivain :

« Soudain la table sembla s'impatienter de ces questions puériles, elle refusa de répondre et cependant elle continua à s'agiter comme si elle avait quelque chose à dire. Son mouvement devint brusque et volontaire comme un ordre.

« — Est-ce toujours le même esprit qui est là ? demanda Mme de Girardin. La table frappa deux coups, ce qui, dans le langage convenu, signifiait non. — Qui es-tu, toi ? La table répondit le nom d'une morte, vivante dans tous ceux qui étaient là.

« On sait que Victor Hugo avait perdu sa fille, morte d'un accident en Seine avec son mari, frère de M. Vacquerie.

« Ici la défiance renonçait ; personne n'aurait eu le cœur de se faire devant nous un tréteau de cette tombe. Une mystification était déjà bien difficile à admettre ; mais une infamie ! Le soupçon se serait méprisé lui-même. Le frère questionna la sœur qui sortait de la mort pour consoler l'exil ; la mère pleurait, une inexprimable émotion étreignait toutes les poitrines ; je sentais distinctement la présence de celle qu'avait arraché le dur coup de vent. Où était-elle ? Nous aimait-elle toujours ? Était-elle heureuse ? Elle répondait à toutes les questions, ou répondait qu'il lui était interdit de répondre. La nuit s'écoulait et nous restions là, l'âme clouée sur l'invisible apparition. Enfin elle nous dit : Adieu, et la table ne bougea plus.

« Le jour se levait, je montai dans ma chambre, et, avant de me coucher, j'écrivis ce qui venait de se passer, comme si ces choses-là pouvaient être oubliées.

« Le lendemain, Mme de Girardin n'eut plus besoin de me solliciter, c'est moi qui l'entraînai vers la table. La nuit y passa. Mme de Girardin partait au jour, je l'accompagnai au bateau et lorsqu'on lâcha les amarres elle me cria : « Au revoir. » Je ne l'ai pas revue. Mais je la reverrai !

« Elle revint en France faire son reste de vie terrestre. Depuis quelques années son salon était bien différent de ce qu'il avait été. Ses vrais amis n'étaient plus là. Les uns étaient hors de France, comme Victor Hugo ; les autres plus loin, comme Balzac ; les autres plus loin encore, comme Lamartine. Elle avait bien encore tous les ducs et les ambassadeurs qu'elle voulait, mais la Révolution de Février ne lui avait pas laissé toute sa foi à l'importance des titres et des fonctions, et les princes ne la consolaient point des écrivains.

« Elle remplaçait mieux les absents en restant seule avec un ou deux amis et sa table. Les morts accouraient à son évocation ; elle avait ainsi des soirées qui valaient bien ses meilleures d'autrefois et où les génies étaient supplées par les esprits ; ses invités de maintenant étaient Sedaine, M⁰ᵉ de Sévigné, Sapho, Molière, Shakespeare. C'est parmi eux qu'elle est morte.

« Elle est partie sans résistance et sans tristesse. Cette vie de la mort lui avait enlevé toute inquiétude. Chose touchante, que, pour adoucir à cette noble femme le rude passage, ces grands morts soient venus la chercher !

« Le départ de Mme de Girardin ne relentit pas mon élan vers les tables. Je me précipitai éperdument dans cette grande curiosité de la mort entr'ouverte.

« Je n'attendais plus le soir ; dès midi je commençais et je ne finissais que le matin ; je m'interrompais tout au plus pour dîner. Personnellement, je n'avais aucune action sur la table et je ne la touchais pas, mais je l'interrogeais ; le mode de communication était toujours le même et je m'y étais fait. Mme de Girardin m'envoya de Paris deux tables : une petite dont un pied était un crayon qui devait écrire et dessiner ; elle fut essayée une ou deux fois, dessina médiocrement et écrivit mal ; l'autre était plus grande : c'était une table à cadran d'alphabet, dont une aiguille marquait les lettres ; elle fut rejetée également après un essai qui n'avait pas réussi, et je m'en tins définitivement au procédé primitif, lequel, simplifié par l'habitude et par quelques abréviations convenues, eut bientôt toute la rapidité désirable. Je causais couramment avec la table ; le bruit de la mer se mêlait à ces dialogues, dont le mystère s'augmentait de l'hiver, de la nuit, de la tempête, de l'isolement. Ce n'étaient plus des mots que répondait la table, mais des phrases et des pages. Elle était le plus souvent grave et magistrale, mais par moments spirituelle et même comique. Elle avait des moments de colère ; je me suis fait insulter plus d'une fois pour lui avoir parlé avec irrévérence, et j'assure que je n'étais pas bien tranquille avant d'avoir obtenu mon pardon.

« Elle avait des exigences ; elle choisissait son interlocuteur, elle voulait être interrogée en vers et on lui obéissait, et alors elle répondait elle-même en vers. Toutes ces observations ont été recueillies, non pas au sortir de la séance, mais sur place et sous la dictée de la table ; elles seront publiées un jour et proposeront un problème impérieux à toutes les intelligences avides de vérités nouvelles.

« Si on me demandait une solution, j'hésiterais. Je n'aurais pas hésité à Jersey, j'aurais affirmé la présence des esprits. Ce n'est pas le regard de Paris qui me retient ; je sais tout le respect qu'on doit à l'opinion du Paris actuel, de ce Paris si sensé, si pratique et si positif, qui ne croit, lui, qu'aux maillots des danseuses et au carnet des agents de change. Mais son haussement d'épaules ne me ferait pas baisser la voix.

« Je suis même heureux d'avoir à lui dire que, quant à l'existence de ce qu'on appelle les esprits, je n'en doute pas ; je n'ai jamais eu cette fatuité de race qui décrète que l'échelle des êtres s'arrête à l'homme ; je suis persuadé que nous avons au moins autant d'échelons sur le front que nous en avons sous les pieds et je crois aussi fermement aux esprits qu'aux onagres. Leur existence admise, leur intervention n'est plus qu'un détail ; pourquoi ne pourraient-ils pas communiquer avec l'homme par un moyen quelconque, et pourquoi ce moyen ne serait-il pas une table ? Des êtres immatériels ne peuvent faire mouvoir la matière ? Mais qui nous dit que ce soit des êtres immatériels ? Ils peuvent avoir un corps aussi, plus subtil que le nôtre et insaisissable à notre regard, comme la lumière l'est à notre toucher. Il est vraisemblable qu'entre l'état humain et l'état immatériel, s'il existe, il y a des transitions. Le mort succède au vivant comme l'homme à l'animal. L'animal est un homme avec moins d'âme, l'homme est un animal en équilibre, le mort est un homme avec moins de matière, mais il lui en reste. Je n'ai donc pas d'objection raisonnée contre la réalité du phénomène des tables.

« Mais neuf ans ont passé sur cela. J'interrompis après quelques mois ma conversation quotidienne, à cause d'un ami dont la raison mal solide ne résista pas à ces souffles de l'inconnu. Je n'ai pas revu depuis ces cahiers où dorment ces paroles qui m'ont si profondément remué. Je ne suis plus à Jersey, sur ce rocher perdu dans les vagues, où expatrié, arraché du sol, hors de l'existence, mort vivant moi-même, la vie des morts ne m'étonnait point à rencontrer. Et la certitude est si peu naturelle à l'homme qu'on doute même des choses qu'on a vues de ses yeux et touchées de ses mains.

« J'ai toujours trouvé saint Thomas bien crédule. »

Telle est la conclusion de M. Auguste Vacquerie, conclusion qui ne conclut qu'à ceci : que spirite à Jersey, M. Vacquerie est redevenu malgré lui sceptique à Paris.

Il est toujours agréable de lire de la belle et bonne prose, mais on reconnaît que le morceau que je viens de citer n'est que cela. Ce n'est pas avec des phrases comme celles-ci : « L'homme est un animal en équilibre », « Je crois aussi fermement aux esprits qu'aux onagres », « Le mort succède au vivant comme l'homme à l'animal », etc., que l'on fera avancer scientifiquement la question du spiritisme.

Mais je veux retenir deux choses prouvées par cet article, et qui ont leur importance : la première, c'est que les hommes les plus distingués n'étudient jamais le spiritisme au point de vue expérimental, partant, point de contre-épreuve, point de contrôle ; et la seconde, c'est qu'on ne saurait trop se défier de ces pratiques, qui mettent en mouvement les lobes les plus délicats du cerveau, et font facilement trébucher la raison. Le cas de l'ami de M. Vacquerie dont la raison ne résiste pas à ces *souffles de l'inconnu,* n'est pas isolé, les spirites les cachent soigneusement, mais la statistique a démontré que les pays où cette croyance domine, ont vu augmenter d'un cinquième la proportion de leurs cas de folie.

J'ai dit que la science française avait, à de rares exceptions près, refusé de s'occuper du spiritisme. Je dois ajouter que les savants visés à titre d'exception, l'ont fait si légèrement, que leurs tentatives ont tourné plutôt en faveur des faits spirites qu'ils ont attaqués. Ainsi, à la séance du 18 avril 1859 de l'Académie des sciences, MM. Jobert de Lamballe, Velpeau, Cloquet, se sont réunis pour prouver que les bruits attribués aux tables étaient le produit d'une contraction rythmique musculaire faisant entendre des bruits anormaux dans la hanche ou l'épaule, bruit que les médiums, avec un peu d'exercice, reproduiraient à volonté.

Cette prétention ne mérite même pas quelques lignes d'examen, car elle prouve que ces savants se sont donné la peine de parler d'une chose dont ils n'avaient pas fait le moindre examen. Les coups frappés non seulement dans les tables, mais dans tout objet matériel, un fauteuil, une bouteille, le plancher, les murailles, ne peuvent faire le sujet de la moindre discussion, et pour notre part, après des milliers d'expériences, faites soit personnellement, — et nous n'avions certes pas l'intention de nous tromper nous-même, — soit avec des médiums qui ne faisaient pas profession de leur force psychique, après surtout les expériences si scientifiques et si concluantes de la société de dialectique de Londres, nous croirions nous couvrir de ridicule en apportant des arguments à la curieuse prétention de savants, recommandables d'autre part, mais qui ne se sont même pas donné la peine d'examiner le phénomène dont ils voulaient donner l'explication.

Ils n'auraient eu qu'à mettre la main sur une table, au moment des coups frappés, pour se convaincre par les vibrations sonores, que ces coups ne venaient pas du court péronien latéral droit du médium, et en considérant ces phénomènes comme acquis à la science, ils eussent, dans tous les cas, moins nui à leur réputation qu'en les jugeant faux sans les avoir examinés. La vapeur et le télégraphe ont déjà joué à leur début de singuliers tours à la science officielle; qu'elle prenne garde que la force psychique ne finisse par prouver malgré *elle* son droit à la science.

Je venais d'écrire ce chapitre pour la France qui se terminait ainsi, lorsqu'on m'a apporté l'ouvrage d'un d'un jeune médecin, M. Paul Gibier, ancien interne des hôpitaux de Paris, aide naturaliste au Muséum d'histoire naturelle, qui, prenant carrément le taureau par les cornes, a voulu, à l'exemple de la société de dialectique de Londres et de William Crookes, arracher son secret à cette force mystérieuse, qui par l'intermédiaire des médiums, produit des phénomènes si étranges et si troublants pour l'intelligence.

Sans souci du monde officiel, et malgré les secrets avis de ses *charitables* confrères, le jeune savant a poursuivi son étude jusqu'au bout avec un rare courage, écartant tout d'abord l'hypothèse des esprits, pour s'en tenir aux phénomènes matériels qu'il pouvait contrôler, et cela non par crainte du ridicule qu'entraînerait pour lui l'acceptation des esprits comme cause productrice, mais cela simplement, parce qu'avant de partir à la recherche des causes, il faut d'abord connaître les faits, les examiner, les contrôler dans toutes leurs phases, avant de formuler la loi.

J'applaudis d'autant plus à cette façon d'agir qu'elle est la seule qui soit d'accord avec la méthode scientifique, méthode que j'ai suivie moi-même, mais qui ne m'a conduit à la connaissance des causes véritables qui dirigent la force psychique, que le jour où j'ai pu me passer d'un médium.

M. Paul Gibier ne va pas plus loin que ses expériences, n'affirme que la réalité des phénomènes qui se sont développés devant lui, et, comme doit le faire tout savant digne de ce nom, remet à formuler la loi des causes, à l'époque où ces phénomènes bien étudiés, scrupuleusement contrôlés, vingt fois, cent fois examinés à nouveau, laisseront enfin échapper le secret de la main qui les dirige. Cela est parfait, mais, dans le cas qui nous occupe, cela ne suffit pas. Pendant quinze ans j'ai poursuivi le même mirage insaisissable. J'obtenais des médiums des phénomènes plus ou moins complets, selon la force de l'intermédiaire, et je n'étais pas plus avancé le lendemain que la veille. C'était toujours le même phénomène, appartenant à l'une des catégories de la classification que Crookes a si complètement dressée qu'il n'y a plus à y revenir, et quant à la cause, impossible de la mieux saisir qu'aux premiers jours, et je restais en présence de cette réponse stéréotypée des médiums : « Ce sont les esprits qui font tout. Je ne suis qu'un fil conducteur, qu'un levier dans leurs mains...... » Lorsque je voulais les diriger dans un sens qui pouvait m'amener à la vérification de cette action des esprits, les uns s'y refusaient avec froideur, les autres, plus habiles, obéissaient, mais la contre-expérience ne réussissait pas. Ce n'est qu'après quinze ans d'insuccès que je compris que je n'arriverais à rien, si je ne parvenais pas à me passer des médiums et à faire moi-même mes expériences.

Je le répète donc à M. Paul Gibier, comme je l'ai dit plus haut à Crookes lui-même : « Acquérez à force de patience et surtout de longue tension d'esprit seul le soir, les mains sur une petite table, acquérez, dis-je, la force médianimique, ou vous n'arriverez à rien autre avec les médiums, qu'à faire reproduire les phénomènes ordinaires, qui ne vous livreront pas plus le secret de leurs causes à la centième reproduction qu'à la première. »

Ceci dit, et je ne me lasserai jamais de le répéter, car sans cela on ne peut obtenir aucun résultat, voyons le plus rapidement possible quels sont les phénomènes obtenus par le jeune savant avec l'Américain Slade, le plus fort médium sans contredit qui ait paru depuis Daniel-Donglas Home.

Je ne relève qu'une simple nomenclature des phénomènes obtenus. Tous sans exception appartiennent à la classification de Crookes, et ce serait me répéter inutilement que d'entrer dans les détails des mêmes faits.

Je ne dirai quelques mots que de la partie extatique qui n'existe pas dans Crookes.

1° *Phénomènes de percussion.* — *Coups frappés.* — *Sons divers.*

Avec le médium Slade, les coups étaient souvent assez violents pour qu'on pût croire à l'intention de briser la table avec un marteau.

2° *Mouvements de corps avec contact du médium.*

Les observations de M. Paul Gibier sur cette classe de phénomènes sont si courtes et si curieuses, que je ne puis résister au désir de les citer en entier.

« Le plus curieux effet dans ce sens, obtenu devant nous par Slade et à plusieurs reprises, a été la lévitation complète de la table qui servait aux expériences (sans mécanisme bien entendu). Par la simple apposition des mains la table se soulevait, se retournait et allait toucher le plafond de ses quatre pieds au-dessus de nos têtes : cela en moins de temps qu'il n'en faut pour le dire. Sans faire parade de force ni d'adresse, nous pouvons dire que, supérieur au médium sous ces deux rapports, il nous a été impossible d'imiter le même phénomène. »

J'ajoute que Slade, à la suite de deux congestions cérébrales, est resté hémiplégique du côté droit. Ce n'est pas dans cette situation qu'il pourrait se permettre de pareils tours de force.

3° *Mouvements de corps plus ou moins lourds, sans contact avec le médium.*

Des chaises, des bahuts qui se trouvaient dans la chambre se mettaient en mouvement, lentement d'abord, puis, augmentant de vitesse à mesure qu'ils se rapprochaient de la table, venaient se jeter avec violence sur cette dernière, pendant que Slade était assis à la table et surveillé par tous les assistants.

Des ardoises ont traversé la table par dessous et ont été se placer aux mains de plusieurs personnes, pendant que les pieds et les mains de Slade étaient parfaitement visibles et surveillés.

4° *Objets brisés par simple contact du médium.*

Des ardoises se sont brisées six fois entre les mains de Slade, au moment où il les disposait pour l'écriture directe.

Les tentatives faites par M. Paul Gibier, à l'effet de briser des ardoises semblables, n'ont pu être couronnées de succès, même en les frappant contre la table.

5° *Corps transportés sans contact apparent.*

Un objet et un livre placés sur une ardoise que tenait Slade sous la table disparurent sans qu'on pût les retrouver sur le médium. A peine l'ardoise fut-elle replacée sous la table qu'on entendit un léger frottement : le livre et l'objet étaient venus se replacer sur l'ardoise.

6° *Phénomènes d'extase.*

Ces phénomènes consistent dans la prise de possession de la personne du médium par un esprit qui, à partir de ce moment, parle et agit à sa guise. Le médium, à partir de ce moment, a perdu toute conscience de sa personnalité. Ainsi Slade était à tour de rôle possédé par trois esprits différents : un Indien du nom d'Owasso, une chef Peau-Rouge et un docteur Écossais. En cet état, chaque esprit parle la langue dont il se servait de son vivant.

Nous nous abstiendrons de plus longs détails, qui feraient double emploi avec ceux que nous donnerons au chapitre des *Phénomènes de possession médianimique.*

Retenons cependant ce fait curieux. certifié par M. Paul Gibier :

L'homme de l'art ayant eu à pratiquer sur Slade l'enlèvement d'un kyste sébacé du cuir chevelu, conseilla au médium qui souffrait beaucoup de faire appel à Owasso.

Slade tomba immédiatement en extase comme lorsque l'Indien s'emparait de son corps, et à partir de ce moment Slade Owasso se mit à parler et à rire avec les assistants, étant devenu complètement insensible, alors que, quelques secondes auparavant, Slade grinçait des dents et gémissait sous la douleur.

A notre sens, ceci n'est pas du spiritisme, mais du somnambulisme provoqué par Slade lui-même, de l'auto-suggestion pendant laquelle le médium est parfaitement insensible, comme les sujets que Charcot, Dumonpallier et autres, mettent en état de somnambulisme.

7° *Matérialisations. — Apparences de mains visibles à la lumière naturelle. — Contact.*

Ici il faut citer sans commentaire :

« Le 12 mai 1886, dit M. Paul Gibier, à 11 heures du matin, nous avions une séance chez Slade ; pendant qu'il avait ses deux mains sur la table en même temps que nous, nous avons distinctement vu, ainsi que M. N. qui assistait à la séance, une main dont les doigts et la partie antérieure seuls *étaient visibles*, s'avancer à deux reprises contre notre poitrine. Nous n'éprouvions à ce moment pas plus d'émotion, que dans les expériences de pathologie expérimentale auxquelles nous sommes habitués depuis longtemps ; par conséquent nous ne croyons pas avoir été victime d'une hallucination. Pas plus que M. N. nous ne nous attendions à voir cette main, ou plutôt cette partie de main.

« Slade nous invita alors à placer notre main sous la table pour obtenir son contact, mais nous ne sentîmes rien ; il prit alors une ardoise par l'une des extrémités et nous invita à la tenir par l'autre bout. Nous maintenions l'ardoise sous la table depuis un instant et mollement pour notre part, de sorte qu'elle serait tombée à terre si Slade ne l'avait tenue solidement. Tout à coup nous nous sommes sentis saisir le poignet par une main froide qui promena ses doigts pendant un instant sur la partie antérieure de notre avant-bras droit.

« Nous laissâmes aller l'ardoise qui ne tomba pas, et nous saisîmes à notre tour la main de Slade ; nous pûmes constater qu'elle était d'une température normale et non pas froide comme celle que nous venions de sentir ; en même temps nous regardions sous la table, où nous ne vîmes rien qui pût expliquer la sensation que nous avions reçue. »

M. Paul Gibier ajoute : qu'il a assisté nombre de fois à des phénomènes de matérialisation aussi surprenants, mais qu'ils s'abstient d'en parler, les moyens d'une rigoureuse observation lui ayant fait défaut.

Voilà qui est sensé et scientifique.

Il n'en est pas de même des expériences d'écriture directe. Le jeune savant les a renouvelées si souvent avec de telles précautions, qu'il se porte garant de leur exactitude. Il ne lui serait plus permis de « croire à rien de ce que nous voyons tous les jours dans la vie ordinaire, s'il lui était défendu de s'en rapporter à ses sens pour ce cas particulier ».

Je suis de son avis.

8° *Écriture spontanée.*

On appelle écriture spontanée ou directe, comme disent les spirites, toute écriture obtenue sans contact avec aucune main humaine.

Nous avons déjà vu ce cas dans les expériences de William Crookes, nous signalerons seulement la différence qui existe dans la manière d'obtenir le même phénomène. Chez William Crookes on plaçait simplement dans l'obscurité un cahier de papier sur la table avec un crayon, et une main lumineuse paraissait, s'emparait du crayon et écrivait la communication. Chez M. Paul Gibier les expériences avaient lieu en pleine lumière. Slade prenait deux ardoises encadrées de bois, plaçait sur l'une d'elles une petite touche de crayon de quelques millimètres, recouvrait cette ardoise par la seconde, et aussitôt on entendait le bruit du petit crayon, courant entre les deux ardoises et écrivant ; lorsque le grincement cessait, on enlevait l'ardoise supérieure, et la communication se trouvait écrite sur l'une d'elles.

M. Paul Gibier a obtenu un grand nombre de ces communications en français, en anglais et en allemand. Une même fut essayée en grec, mais l'écrivain mystérieux ne réussit qu'à produire une série de lettres informes.

Une des plus remarquables de ces séances est la suivante. Selon mon habitude, je laisse la parole à celui qui la raconte :

« Dans une séance antérieure, dit M. Paul Gibier, un visiteur est venu chez Slade et a obtenu, m'a-t-on dit, de l'écriture dans deux ardoises qu'il tenait sous ses pieds. J'ai demandé et obtenu la permission, après avoir mis la petite touche traditionnelle entre elles deux, de m'asseoir sur *mes* ardoises. Les ayant donc posées sur ma chaise, je m'assis dessus, et ne les quittai de la main que lorsque tout le poids de mon corps se porta sur elles. Je plaçai alors mes mains sur la table avec celles de Slade, et je *sentis* et *entendis* alors très nettement que l'écriture se traçait sur l'ardoise avec laquelle j'étais en contact.

« Quand ce fut fini, je retirai moi-même mes deux ardoises, et je lus les douze mots suivants, fort mal écrits du reste, mais *écrits* et lisibles quand même : « Les ardoises sont difficiles à influencer, nous ferons ce que nous pourrons. »

« Slade n'avait pas touché ces ardoises, je ne pus en obtenir davantage. »

C'est déjà beaucoup, car voici ce que j'appelle une expérience tout à fait scientifique, et définitivement concluante.

Je ne puis que répéter ce que j'ai dit à propos des premières expériences de William Crookes. Je crois aux phénomènes, et n'en excepte que les apparitions d'esprits matérialisés agissant, vivant, parlant, comme le premier venu, qui sont purement et simplement, je le prouverai, le résultat du charlatanisme. Je m'offre même à les reproduire dans les mêmes conditions. Oui, je crois aux phénomènes émanés de la force psychique, mais je n'admets pas que les prétendus esprits soient pour quelque chose dans leur production. C'est sur ce point qu'ont porté nos derniers travaux en partie avec Home, que j'avais fini par gagner à ma cause, à condition de ne rien publier de son vivant, en partie avec mes seules forces médianimiques, forces que le grand médium, ou plutôt ses conseils, avaient fini par développer chez moi, de façon à reproduire la plupart des phénomènes de la classification de Crookes ; et le résultat de ces travaux que je donnerai dans les derniers chapitres de cet ouvrage, a été la négation absolue de toute intervention d'outre-tombe.

En un mot, je suis arrivé à prouver scientifiquement, que tous ces phénomènes dépendent uniquement de la force psychique dirigée par l'intelligence du médium ou par celle des assistants.

J'en ai fini avec cette revue historique et bibliographique des progrès du spiritisme dans les trois pays où j'ai pu étudier par moi-même la marche de la nouvelle croyance, c'est-à-dire en Amérique, en Angleterre et en France. Je vais aborder maintenant la partie la plus pittoresque de mon œuvre, celle qui concerne les médiums, leurs innombrables fraudes et leurs victimes. Il me sera bien difficile de parler de tout cela sérieusement ; le langage élevé de la science n'a rien à voir à de pareilles pratiques. Mais ces sortes de révélations ont aussi leur enseignement ; elles servent à juger deux choses qui sont aussi vieilles que le monde, et vivront autant que lui : à savoir la perversité et la duplicité humaines, qui n'ont d'égales que sa naïveté et sa crédulité.

TROISIÈME PARTIE

LES MÉDIUMS
LEURS FRAUDES — LEURS VICTIMES

I

La foi nouvelle, comme toutes les croyances qui se présentent avec les allures d'une religion et agissent sur l'imagination des masses par le merveilleux et le mystère, possède des dupeurs et des dupes, des exploiteurs et des exploités ; ces derniers forment, comme d'habitude, une masse imposante, taillable et exploitable à merci.

Le lendemain du jour où miss Kate Fox fit connaître à l'Amérique cette force redoutable pour l'intelligence humaine parce qu'elle la pousse vers l'inconnu, des nuées de *médiums* surgirent comme par enchantement de tous les points des Etats du Nord où domine le Yankisme, c'est-à-dire l'appétit du dollar et l'absence de préjugés.

Les vieux États du Sud, comme la Louisiane par exemple, grands propriétaires d'esclaves, de plantations de cannes et de cotons, élégants, policés, habitués à envoyer leurs fils en Europe, qui en rapportaient les idées nouvelles et maintenaient leurs compatriotes dans le mouvement des idées, ces États, dis-je, ne firent qu'en rire, et par là, avec le temps, ajoutèrent ainsi un motif de plus à la haine que leur portaient leurs fédérés du Nord.

Les caricaturistes de la Nouvelle-Orléans représentaient *Johnatan brother* sous les traits les plus comiques, évocations, extases, etc., et finalement partageant derrière la toile avec les esprits les dollars arrachés à la crédulité publique.

Ce sont de petits faits semblables, et par centaines, qui pendant un siècle entretinrent la division entre les deux races, et finirent par éclater et amener la guerre de sécession. Le Nord, sans cesse mâtiné de Germanisme, se sentait intellectuellement inférieur au Sud, et ne lui pardonnait pas ce genre de supériorité.

Je n'ai pas l'intention de me laisser détourner de mon sujet pour parler des causes de la *grande guerre ;* de ce que je viens de dire, je ne veux retenir qu'un point, c'est qu'à la différence de la France, et dans une certaine mesure de l'Angleterre, où le mouvement spirite a surtout débuté dans la bourgeoisie, qui avait du temps a perdre à faire tourner les tables, en Amérique c'est surtout dans la basse classe que ce mouvement s'est accentué. Aussi est-ce par centaines que les médiums se rencontrèrent dans les grandes villes, et quand de tous côtés les villages et les bourgs en réclamèrent, on leur en expédia, exactement comme on leur envoie des politiciens aux époques d'élection.

Ceci posé, je ne suivrai pas le développement progressif accompli par le spiritisme industriel dans cet ordre d'idée, cela nous entraînerait trop loin, tout en étant sans intérêt ; il est plus simple de prendre la situation telle qu'elle existe et de montrer que le spiritisme est aujourd'hui une des branches les plus florissantes et les mieux exploitées de l'Amérique ; des centaines d'officines florissantes, et des milliers de médiums, dans l'Etat de New-York seulement, lui doivent constamment leur fortune ; car pour le Yankee la fraude n'existe pas, ce n'est qu'habileté, surtout quand elle donne le moyen de ramasser une certaine quantité de dollars, qu'on n'obtiendrait pas aussi rapidement par d'autres moyens.

Je n'ai pas besoin de dire que la véritable force médianimique ou psychique est excessivement rare, si rare qu'il n'y a peut-être eu que trois médiums complets parmi tous ceux qui se sont produits en public, c'est-à-dire pouvant reproduire tous les phénomènes de la classification Crookes ; ce sont miss Kate Fox, Home le plus fort de tous, et Slade.

Personnellement, je n'en ai pas connu d'autres pouvant, à n'importe quel moment, suivre toute la gamme de leurs expériences.

Nous nous trouvons donc déjà en présence d'un état exceptionnel dans la nature, qui ne peut guère permettre une solution bien utile à la science ; quand on aura amassé phénomène sur phénomène, observations sur observations, à quoi cela mènera-t-il? A expliquer simplement par les faits une situation physiologique ou pathologique spéciale; mais de lois, point! de doctrine encore moins! puisqu'en somme on se retrouvera toujours en présence d'une aberration nerveuse, d'une exception physiologique.

Pendant des milliers d'années, les Brahmanes de l'Inde ont formé leurs fakirs, développé en ce sens leurs facultés. Qu'en ont-ils obtenu d'utile pour l'humanité? Rien! Et remarquez qu'en ce cas, l'étude de ces phénomènes n'est même pas pour les savants aussi facile que celle du somnambulisme et de l'hypnotisme, car dans cette dernière situation, le savant expérimente sur un sujet qu'il tient pour ainsi dire dans ses mains, tandis qu'en matière de spiritisme, c'est le médium qui tient le savant dans les siennes; dès qu'il sent que ce dernier va le conduire sur un terrain brûlant, qui peut livrer son secret à l'observateur, il s'en tire par ce seul mot qui clôt tout : « Les esprits refusent de répondre »; ou bien : « Les esprits refusent d'agir. »

Le savant se trouvera donc toujours ainsi arrêté dans son œuvre.

Toutefois, si les médiums puissants et réellement de bonne foi, sont rares, ou mieux si la force psychique complète se rencontre difficilement, il n'en est pas de même de cette faculté restreinte qui consiste à obtenir, par coups frappés, une communication quelconque, qui la plupart du temps court les rues, tellement elle est vulgaire et banale. Je puis dire pour ma part qu'en vingt ans d'études non pas assidues, mais pendant lesquelles je n'ai jamais perdu de vue la question, je n'ai jamais obtenu, ni vu obtenir par d'autres, une seule communication qui puisse réellement mériter l'attention d'un philosophe ou d'un savant.

Je ne veux pas en citer de ma récolte, pour n'être pas accusé de les avoir choisies dans le but de prouver mes dires, mais en voici quelques-unes que j'emprunte au livre de M. Paul Gibier, qui les donne extraites des plus curieuses, et de fait, elles ont été obtenues à la table d'un écrivain de talent, qui ne pouvait par conséquent que les influencer en bien.

* *
*

« La mort n'est pas la tombe humaine. Elle borne la forme de l'être matériel; fin de l'individu, elle dégage l'élément immatériel. — La mort initie l'âme à une nouvelle existence. — Fiez-vous à une destinée qui sera votre ouvrage. »

* *
*

Avouons que ce n'était pas la peine de déranger un esprit, pour venir nous répéter de pareils clichés; à travers le pathos du premier paragraphe, on entrevoit dans un langage assez amphigourique le principe de l'immortalité de l'âme. Quant aux deux autres : La mort initie l'âme à une nouvelle existence, et — Fiez-vous à une destinée qui sera votre ouvrage, c'est-à-dire comme on fait son lit on se couche, je croirais plutôt à la présence dans la table ce jour-là du bonhomme La Palisse qu'à celle d'un disciple du Platon, fût-ce même M. Cousin de prud'hommesque mémoire.

En voici d'autres : ce sont des définitions en douze mots, pas un de plus pas un de moins ; les esprits, paraît-il, aiment beaucoup ce petit jeu : on leur pose une question, et ils n'ont que douze mots pour faire une phrase complète répondant à la chose qui leur est demandée, Écoutez et goûtez-moi cela.

AMOUR

Pivot des passions mortelles, force attractive des sexes, élément de la continuation.

N'êtes-vous pas stupéfait de la profondeur de ces révélations? *Force attractive des sexes*, est-ce assez transcendant? Quant à l'*élément de la continuation*...

Après cela il est défendu de continuer à moins de tomber en extase, à force d'admiration.

BIEN

Harmonie de l'Être, association des forces passionnelles, en accord avec les destinées.

MAL

Troubles dans les phémonènes, discord entre les effets et la cause divine.

RELIGION FUTURE

L'Idéal progressif pour dogme, les arts pour culte

(ce sont les peintres et les musiciens qui doivent être contents), *la nature pour église.*

PHILOSOPHIE

Jeu de mots, fantaisie de dictionnaire, analyse du vide, synthèse du faux.

Assez comme cela, n'est-ce pas? Je doute qu'on puisse voir quelque chose de plus ridiculement prétentieux, dans un langage plus ampoulé. Qu'est-ce que c'est par exemple que l'*Idéal progressif?* L'Idéal qui a besoin de progresser n'est plus l'Idéal. Si l'on veut dire que le progrès a pour but l'Idéal à atteindre, c'est possible, mais quel langage !

Quant à la définition de la philosophie, elle est d'autant plus amusante, que c'est dans l'arsenal de la plus ridicule des philosophies que ces communications vont chercher leurs idées et leur parler.

Voilà sur quels médiums tomberont la plupart du temps les hommes de science... Voilà les collaborateurs qu'ils seront obligés la plupart du temps d'accepter, car les vrais et puissants médiums étant presque introuvables, ils seront bien obligés de se contenter de ce qu'ils rencontreront sous la main, s'ils veulent à toute force étudier les phénomènes du spiritisme.

Ces médiums de second ordre possèdent en général assez de force psychique pour faire parler la table ; leur fluide uni à celui des assistants est donc suffisant pour qu'ils puissent donner une soirée intéressante de typtologie, c'est l'expression consacrée ; mais s'ils s'en tenaient là, ce ne serait pas suffisant pour faire accourir la foule, et leur permettre de quitter leur pauvre salon de Duane-Street near Broadway ou d'ailleurs pour arriver à se prélasser dans un magnifique hôtel de Fifth-avenue, ce qui est le rêve de tout médium américain. En général, ils sont deux pour exercer l'industrie ; quand le médium n'est pas marié, il est accompagné d'un ami fidèle, qui prépare les réunions et veille à la rentrée des modiques sommes perçues à la porte.

Que va faire le pauvre *médium typtologue*, pour sortir de sa position précaire ? S'il peut sacrifier un sac de mille dollars au minimum, il entrera à *l'office de développement,* sous prétexte d'y faire développer sa faculté restreinte par des exercices faits sous la direction de médiums puissants ; en réalité on l'initiera aux procédés et trucs à l'aide desquels on produit la matérialisation et l'apparition des fantômes, mais on ne lui en donnera que pour son argent ; avec mille dollars, il ne pourra que choisir une spécialité ; on lui offre à son choix un personnage biblique ou un des anciens habitants du continent Incas, Apache, Sioux, Commanche ou Pieds-Noirs. Il y a quelques années l'Incas était très demandé, on en a un peu abusé, et aujourd'hui c'est le vieux Patagon et le Caraïbe d'avant la découverte de l'Amérique qui font prime. Pour avoir droit à l'assortiment complet comprenant une demi-douzaine de fantômes, il faut au moins quadrupler les honoraires, mais alors on est à peu près sûr d'avoir fortune faite.

Il n'a plus qu'à louer un appartement et des meubles, en rapport avec ses nouvelles aptitudes, et la foule afflue à ses meetings, ainsi que les dollars.

S'il a l'art de varier ses apparitions, il peut garder la vogue pendant cinq ou six ans ; c'est assez pour amasser une belle fortune, qu'il va compléter ensuite en Angleterre. Autrefois il venait aussi à Paris. L'empire qui fut le règne d'un spirite, associé à une tireuse de cartes, protégeait le médium américain ; mais la République, sans égards pour son cortège surnaturel, lui a infligé quelques mésaventures qui ont refroidi son zèle et son amour pour la France.

Home méprisait souverainement tous ces charlatans, mais il ne les démasquait pas, car il était en relations avec toutes les officines de New-York et avait de grands besoins d'argent ; non pas qu'il eût l'indélicatesse de leur faire payer son silence, mais, indifférent comme il l'était de ses propres intérêts, il ne s'occupait même pas de faire fructifier son étonnante faculté, bien réelle celle-là ; il abandonnait à ses agences le soin de préparer ses tournées et d'en percevoir le prix, à la seule condition de lui payer cinquante mille francs par an par fractions hebdomadaires; comme cela, me disait-il, lorsque je lui reprochais d'enrichir une foule de drôles à ses dépens, je suis toujours assuré de ne jamais rester plus d'une semaine sans argent.

Il recevait deux cents dollars tous les samedis, environ mille francs, et souvent il lui arrivait de n'avoir plus rien deux jours après. C'était une âme d'élite, petit-fils de David Home, le grand philosophe Écossais, et je l'ai vu bien souvent chagrin, mortellement peiné même, de cette faculté qui avait décidé de sa vie et faisait de lui un objet de curiosité.

Il n'avait rien à lui, et sa prodigalité pour le bien dépassait tout ce qu'on pourrait croire.

Pendant le temps de ses séances avec William Crookes, dont il ne voulut rien accepter, ses Barnums ont gagné avec lui à Londres plus d'un million, et il est presque mort dans la misère.

Je disais donc que Home méprisait souverainement tous ces médiums de pacotille, dont il connaissait tous les trucs; on lui en expédiait parfois avec prière de les recommander, mais il ne le faisait jamais sans avoir vérifié le degré de leur force psychique, et il ne s'occupait jamais d'eux, s'ils ne pouvaient obtenir de la table tous les phénomènes qu'un médium sérieux est en droit d'en exiger.

Je fus à cet égard témoin un jour d'une scène des plus amusantes, qui rompit enfin le mutisme qu'il observait avec moi sur certaines questions.

Un matin que je me trouvais chez lui, un farouche Yankee, grand, taillé en hercule, la barbe en fer à cheval, habillé sans doute par un tailleur de l'Arkansas, fait irruption dans le salon où nous étions occupés par la recherche des causes de certains phénomènes.

— Qu'est-ce à dire? fait Home le sourcil froncé.

— Monsieur, repart la bonne qui disparaissait derrière le gigantesque Américain, il m'a menacé de me mettre sous son bras et d'entrer quand même.

Home se mit à rire, et le nouveau venu exhiba ses lettres d'introduction.

— A la table, répondit Home après les avoir lues.
— Merci, j'ai déjeuné, fit le colossal Yankee.

Pour le coup nous n'y tînmes plus, Home et moi, et nous nous laissâmes aller à l'accès d'hilarité qui menaçait de nous étouffer.

Après explications, le médium, car c'en était un, finit par comprendre, et nous donna une des séances les plus intéressantes que j'aie jamais vu obtenir de ces sortes de personnages; la table sautait comme un mouton sous sa main, s'enlevant jusqu'au plafond. Sur notre demande, il fit pivoter trois fois sur elle-même la chaise sur laquelle je me trouvais, et une foule d'autres choses semblables, mais il ne pouvait produire aucun autre genre de phénomène.

Sur la demande de Home, qui tenait à savoir si c'était là le fond de son sac, le gigantesque personnage cligna de l'œil comme devant des confrères, et se glissant derrière un des rideaux doubles du salon, et en moins de temps qu'il n'en faut pour le dire, reparut en Caraïbe, le visage peint, une touffe de plumes dans les cheveux et drapé dans le manteau des chefs.

Nous étions en plein jour et l'illusion était complète. Qu'est-ce que cela devait être le soir! une fois les lampes et le gaz éteints, lorsque le terrible esprit Kwilin se promenait à la lueur de sa lampe phosphorée, au milieu d'une foule de fanatiques abrutis par la plus ridicule des superstitions?

Pendant cette scène, je regardais du coin de l'œil Home, qui jusqu'à ce jour n'avait jamais voulu causer avec moi de ces mystifications, et je respectais sa répugnance... Je ne crois pas qu'il se soit jamais servi d'aucuns moyens frauduleux dans l'obtention de ses phénomènes, bien qu'on ait prétendu qu'il avait été mis à la porte des Tuileries par Napoléon III à la suite d'une séance où on l'aurait pris la main dans le sac. Je parlerai dans un instant de cette sotte histoire... Je regardai, dis-je, Home du coin de l'œil, il comprit ma pensée et dit à son visiteur, en souriant :

— Tenez-vous-en à ce que vous nous avez montré en commençant; quant à ceci, c'est bon pour faire peur aux enfants qui ne veulent pas aller se coucher le soir.

Lorsque l'étrange personnage fut parti, le célèbre médium comprit qu'il me devait une explication de son silence persistant.

— Oui, me dit-il, j'ai compris votre pensée; que voulez-vous, la plupart de ces gens sortent de la plus basse classe sociale. Notez que je ne dis pas la plus pauvre; je veux parler de ces individus qu'on rencontre aussi bien à Paris qu'à New-York, à Londres qu'à Pétersbourg, qui vivent on ne sait comment et logent on ne sait où; ils n'ont pas de métier, car ils ont les mains sans aucune atteinte du noble travail manuel, pas de profession avouable, car on les rencontre à toute heure du jour, se promenant le stick à la main avec un ami plus vieux, portant sur le visage le stigmate du vice et qui doit être le limier de ce chasseur social qui vit de nos fautes et exploite nos vices. Un beau jour notre homme a trouvé une veine plus fructueuse; il disparaît de New-York avec son fidèle et on le retrouve à Londres ou à Paris exerçant la profession de médium à matérialisation. Vous l'avez vu : un masque transparent auquel est attaché un bouquet de plumes, le tout s'adaptant instantanément au visage ; cinq mètres d'une étoffe légère comme une toile d'araignée, dans laquelle on se drape à la seconde ; le tout tenant à l'aise dans un étui à cigares, une petite boule de cristal contenant de l'huile phosphorée dans son gousset, et le voilà en état de jouer les Caraïbes sans que personne puisse le prendre, avec les précautions imposées par son compagnon, car lui ne s'occupe jamais de ces détails, et acceptées du maître de maison qui donne la soirée, où l'on n'entre que sur invitation.

Ce maître de maison est toujours un spirite convaincu et riche, car l'exhibition lui coûte dans les deux mille francs environ... Que voulez-vous faire à cela ? J'en suis indigné, mais je ne puis rien dire, on m'accuserait de dénigrer un confrère plus fort que moi, car moi je ne *matérialise pas*, et mes formes spectrales que la force psychique ébauche, n'ont pas le don de la parole. Dans tout cela, le plus coupable c'est la foule qui, par sa connivence et sa crédulité, se fabrique pour ainsi dire le jouet qui doit l'amuser.

— Voyez cependant les frères Davenport ; après avoir fait fureur en Amérique, ne sont-ils pas venus échouer à Paris ?

— Oui, parce qu'ils ont manqué de prudence, et ont osé affronter le théâtre où chacun avait payé sa place et se trouvait chez lui. S'ils eussent persisté à ne se rendre que dans les soirées particulières, ils feraient encore tranquillement le tour de l'Europe, sans avoir la moindre mésaventure à redouter.

— Cela me paraît fort, car enfin, même dans une soirée où vous êtes invité, vous avez bien le droit, puisqu'on fait une expérience, de demander des preuves et de faire une objection.

— Vous croyez cela ! Hé bien, voulez-vous en faire l'essai ? Il y a demain soirée expérimentale aux Champs-Elysées, à l'hôtel d'un général russe, M. de V... Je vous ferai envoyer une invitation.

J'acceptai et nous en restâmes-là, mais je me promis bien de reprendre cette conversation si précieuse pour moi et d'amener Home à me donner tous les renseignements dont j'avais besoin pour connaître à fond cette caste de jongleurs occidentaux qu'on appelle des médiums.

II

Effectivement, le soir même je recevais l'invitation offerte. Le médium qui opérait chez le général russe était naturellement Américain. Je ne le désignerai que sous l'initiale K..., car j'évite avec un soin scrupuleux de nommer toute personne qui n'a pas livré elle-même son nom à la publicité, et qui par conséquent n'est pas justiciable de la critique.

Je vais décrire cette soirée avec d'autant plus d'exactitude que c'était la première à laquelle j'assistais en France.

A mon entrée dans les salons du général, après

avoir rendu mes devoirs à la maîtresse de la maison et à sa charmante fille, belle d'une de ces beautés éthérées qu'atteignent seules les Russes, je demandai à être présenté au médium, qui se trouvait dans un groupe avec son fidèle inséparable, naturellement... Je tenais à me bien graver la figure de notre homme dans la mémoire, pour la comparer, autant que je le pourrais, avec celle de l'apparition qu'il devait évoquer. C'était un homme d'une taille élevée, aux traits fortement accentués, qui portait de longs favoris à l'anglaise. Après un échange banal de politesses, le médium reprit sa conversation ; il était en train d'expliquer comment il s'était aperçu de la force qu'il possédait, car il n'était absolument que médium à *matérialisation*, et encore pour un seul esprit, un personnage biblique quelconque, dont le nom ne me revient pas en ce moment ; il n'eût pu, disait-il, faire mouvoir la moindre table. Jusqu'à dix-huit ans il ne s'était aperçu de rien, mais lorsqu'il eut atteint cet âge, il commença à avoir des sommeils très fatigants ; souvent le matin on le retrouvait dormant profondément sur un tapis, hors de son lit. Son père prit parti de faire coucher dans la même chambre un de ses jeunes frères pour le surveiller. Une nuit il entendit la voix de ce dernier qui lui disait :

— Fred ! pourquoi vous déguisez-vous ainsi avec vos draps ? Ce n'est pas bien de vouloir me faire peur.

— Que me dites-vous là, John ? Je vous assure que je ne suis pas déguisé, répliqua l'interpellé, vous vous trompez assurément.

Le lendemain, répétition de la même histoire, et le

père, pris pour arbitre, déclara que ses deux fils avaient certainement rêvé.

Mais la chose s'étant renouvelée et John soutenant avec assurance que Fred se promenait dans la chambre pendant la nuit, enveloppé dans un de ses draps, avec un turban qu'il s'était fait sans doute avec l'autre, le père se décida à se cacher derrière la porte et assista à cette étrange chose, de voir ses deux fils dormant chacun dans leur lit, pendant qu'un personnage semblable à celui que John avait décrit, se promenait tranquillement à travers la chambre. Ayant poussé la porte pour entrer, l'apparition s'était évanouie. Il avait alors compris que c'était un fantôme qui se matérialisait sous l'action inconsciente de son fils aîné... Depuis, Fred K... avait développé cette faculté et acquis la puissance de faire apparaître l'esprit à son premier appel.

Pendant que notre homme racontait cette bourde dans un langage franco-américain, qui fait très bien en France, car je me suis aperçu qu'avec cet accent exotique on y faisait passer des choses qui eussent fait hausser les épaules dites en bon français... je détaillais scrupuleusement tous les visages des auditeurs. La plupart, spirites convaincus, respiraient l'enthousiasme le plus pur, ou la solide croyance des sectaires, et c'est à peine si je pus surprendre un sourire sceptique sur les lèvres d'un ou deux invités. Je distinguai cependant un de ces derniers dans la pensée de m'en faire un associé pour ce que je projetais, et m'approchant de lui dans un moment convenable, je lui dis en souriant :

— Avouez qu'il nous arrive de singulières histoires de l'autre côté de l'Atlantique ?

— Hé ! hé ! monsieur, me répondit-il, pas si singulières que cela, on voit des choses si étonnantes de nos jours... et il me tourna le dos.

Il n'y avait rien à répliquer ; j'étais sans doute tombé sur un familier de la maison, qui ne voulait pas se compromettre, ou sur un croyant, car je le vis à quelque temps de là qui, sans doute, me signalait au cornac du médium, car il lui parlait d'un air mystérieux en me montrant.

J'ai su le lendemain que la chose avait paru des plus graves et que le *médium* s'était enquis de ma qualité ; seule l'assurance que j'étais un ami de Home avait pu le calmer et le décider à entrer en scène.

Cependant les salons débordaient de monde. Lorsque le dernier des invités fut arrivé, on nous invita à entrer dans un immense manège où M¹¹ᵉ de V... prenait ses leçons d'équitation ; à la porte qui y donnait accès nous dûmes signer nos noms sur un registre et remettre nos cartes d'invitation. (Je signale tous ces détails pour montrer avec quel soin ces salles sont composées.) J'entrai un des premiers pour détailler l'agencement du manège. En face des chaises disposées en demi-cercle, on avait construit en planches recouvertes d'étoffe une sorte de petit cabinet dont l'entrée, fermée par un rideau, était en outre barrée par une sorte de bahut japonais qui en occupait toute la largeur ; seulement le bahut reposait sur quatre pieds qui avaient environ un mètre cinquante de hauteur, et je constatai que rien n'était plus facile que de soulever le rideau et de passer par-dessous, soit pour entrer dans le cabinet, soit pour en sortir, circonstance, on le conçoit, qui n'était pas indifférente... Pourquoi ne pas mettre un bahut plein, pourquoi également toutes les précautions à l'entrée, si le médium possédait réellement toute la puissance dont il se vantait? Ce qui m'étonne le plus, c'est que les spirites en arrivent à un tel degré de crédulité que toutes ces choses ne les touchent plus.

Je constatai aussi combien l'humanité est plate et servile, en présence de la puissance de l'argent. Nous étions bien mille personnes peut-être, et c'était à qui ferait sa cour à ce médium d'aventure, se récriant sur son étonnante faculté, et tout cela pour faire plaisir au général et à sa famille qui, colossalement riches, recevaient princièrement tout l'hiver.

Le général et les siens étaient des spirites fanatiques. Que de gens j'ai vus, plus spirites qu'eux ce soir-là, et qui le lendemain devaient en rire à se tordre.

Oui Home avait raison, c'est d'un côté la crédulité, et de l'autre la platitude humaines qui engendrent les médiums.

Mais la représentation va commencer. On invite les personnes qui veulent visiter le cabinet du *médium* pour s'assurer qu'il n'a pas de sortie par où une seconde personne puisse s'introduire.... personne ne bouge, à quoi bon !

Je murmure à mi-voix de façon à n'être entendu que de mes voisins : « Ce n'est pas maintenant qu'il faudrait visiter le cabinet, mais bien lorsque l'esprit matérialisé se promènera dans la salle. »

Ces paroles n'ont pas d'écho, je comprends enfin où je me trouve, et je prends le parti de me taire.

On écarte alors légèrement le bahut pour laisser passer le médium derrière le rideau, et le bahut est remis en place; entre temps on conte autour de moi des choses effroyables, des gens pulvérisés d'un seul coup, pour avoir voulu retenir l'esprit de force, ou même simplement pour s'être permis de frotter une allumette-bougie pendant qu'il était dans la salle.

Que de naïfs ou de compères, mon Dieu !

Enfin prière est faite à tout le monde de se taire, et un silence religieux s'établit. On éteint le gaz et toute la salle se trouve plongée dans la plus profonde obscurité.

Tout à coup, devant le bahut apparaît un point lumineux; c'est à peine comme un ver luisant dans un buisson; puis lentement le point lumineux augmente d'intensité et de volume.

— Voilà l'esprit qui se matérialise, chuchote-t-on autour de moi... car la spécialité de cet esprit est de se matérialiser en public.

J'ai bien envie de répondre:

— Voilà le médium qui déplie lentement sa petite lampe phosphorée, qui a été au préalable enveloppée dans quinze ou vingt tours d'une étoffe de gaze légère, et pendant qu'une main déplie, l'autre enroule artistement l'étoffe en manière de turban autour de la tête...... mais ces paroles ne serviraient qu'à me faire huer, et je me tais.

Enfin la lueur est amenée au degré voulu, et nous apercevons, vaguement, comme une sorte de nuage indécis affectant la forme que la peinture a consacrée quand elle représente un patriarche de la Bible, long manteau blanc qui descend jusque sur le sol, surmonté d'un turban, sous lequel on aperçoit dans un flou parfaitement imité une sorte de visage bronzé, à l'expression triste et grave, terminé par une longue barbe noire. Tout cela a l'air lugubre, sous la vague lueur phosphorée qui l'éclaire et lui donne des teintes verdâtres d'outre-tombe.

Ce spectacle, quand une solide raison ne proteste pas contre une telle comédie, et qu'on n'en connaît pas les trucs enfantins, est bien fait pour frapper les têtes faibles et les intelligences maladives.

Le spectre se met alors en marche vers les spectateurs, quelques cris d'effroi échappent à des dames, leurs voisins les rassurent, et le fantôme continue sa route; entre chaque rang de chaises, est réservé un chemin assez large, et d'après le programme, l'esprit doit circuler entre chaque rang, se faire voir et toucher par chaque spectateur.

Il ne sera pas dit qu'on se moque ainsi de moi, sans que je fasse comprendre au coquin qui joue cette comédie que je ne suis pas dupe. Je ne ferai pas d'esclandre, mais j'ai mon projet.

Je profite de la préoccupation générale pour me lever, je suis à l'extrémité d'un rang, et je me dirige droit vers la muraille qui est à quelques pas de moi; là règne un chemin de ronde qui conduit au dernier rang des fauteuils, dont quelques-uns, je l'ai remarqué, ne sont pas occupés; je m'assieds sur le dernier, et j'attends.

Une grande demi-heure s'écoule avant que l'esprit n'arrive à mon rang ; je serai le dernier devant lequel il se présentera.

Au moment où il se présente devant moi, il élève sa lampe vers mon visage comme il a fait à tout le monde, pour reconnaître à qui il a affaire, et il me semble distinguer un léger tressaillement dans le manteau de gaze.

Au même instant je saisis le poignet du fantôme qui porte la lampe, et le maintiens en respect.

— Lâche, ou je frappe, dit rapidement le médium à voix basse.

— Si tu frappes, j'ai un revolver et je tire.

— Que veux-tu de moi?

— Ta lampe, ou je ne te lâche pas.

Le faux esprit, qui se sentait tenu solidement, abandonna sa lampe dans ma main gauche qui avait essayé de la lui arracher, mais d'un geste rapide, il en avait pris une autre dans une de ses poches sans doute, car au moment où je glissais le petit morceau de cristal phosphoré dans le gousset de mon gilet, le fantôme continuait sa route une nouvelle lampe dans sa main droite.

Quelque rapidement que tout cela se fût fait, l'échange de nos paroles à voix basse avait surexcité quelques susceptibilités, des murmures avait éclaté dans les derniers rangs, mais ils cessèrent comme par enchantement, lorsqu'on vit le spectre achever sa tournée paisiblement.

Ces gens-là prévoient tout, ils ont toujours deux petits récipients de cristal en forme d'œuf phosphoré, et bouchés à l'émeri, pour le cas où la lumière de l'un d'eux viendrait à faire défaut.

Le fantôme se replaça de nouveau devant le bahut et recommença en sens inverse la scène du début, en enroulant lentement sa lampe dans la bande de gaze-mousseline qui lui servait de turban, et la lueur diminuant graduellement finit par devenir un point imperceptible et disparaître.

Instantanément le manège fut éclairé *à giorno*, et le compagnon du médium se précipitant fébrilement sur le bahut le repoussa avec violence, puis écartant les rideaux, nous montra en pleine lumière le médium couché sur un canapé, et paraissant en pleine *léthargie médianimique*.

— Si quelqu'un pouvait douter après cela?... fit-il d'un air triomphant.

Pour le coup la plaisanterie dépassait les bornes, on aurait pu lui répondre par le mot fameux des carabiniers d'Offenbach un peu modifié :

« Vous arrivez... vous arrivez toujours trop tard. »

Le surlendemain, je rencontrai Home, et ses premières paroles furent :

— Et la lampe ?
— Quoi vous savez ?
— Parbleu, on est venu se plaindre à moi...
— Qui cela ?
— Le médium lui-même, il m'a prévenu qu'il n'accepterait plus mes demandes d'invitations pour des inconnus.... A propos, savez-vous que vous avez failli recevoir un coup de cette arme terrible appelée coup de poing américain?

Je vous avoue que je ne l'ai pas craint une seule minute; à New-York, on m'eût assommé; mais en France, la police est aussi forte que les médiums, elle arrête les esprits.

Je citerai un second fait qui s'est passé également en plein Paris, et dans lequel un médium, Américain également, pris en flagrant délit de fraude, fut ensuite condamné à six mois de prison. Cet acrobate se nommait *Firman*. Je puis livrer son nom au lecteur, car la condamnation a été publique, et le jugement se trouve reproduit tout au long dans les journaux du temps. Ce procès a été un des épisodes de l'affaire Leymarie Buguet, dite des photographies spirites, dont je dirai aussi quelques mots.

Une explication préalable :

Fred K***, le précédent *médium*, sortait d'une des bonnes officines de New-York, aussi savait-il son métier. Le tour de la *matérialisation* était, ainsi que je l'ai dit, fort bien fait, et surprenait fort, même les incrédules qui n'étaient pas au courant des *trucs* employés.

Tous les médiums américains ne sont pas à beaucoup près aussi habiles; il en est beaucoup parmi eux qui, n'ayant pu payer la somme minimum exigée pour parfaire leur éducation, se trouvent réduits à leur propre force, et ne peuvent, on le conçoit, se procurer des *accessoires* aussi parfaits qu'il est nécessaire pour produire l'illusion absolue. Beaucoup de ces pauvres diables sont des ex-garçons de café, qui ont commencé à exploiter comme somnambules une petite clientèle de quartier, des photographes ruinés, des docteurs à cinquante dollars le diplôme de l'Université de Cincinnati, des politiciens *brûlés* qui ne trouvent plus à s'employer, et surtout des professeurs renvoyés pour cause d'ivrognerie, le grand vice Yankee, et une foule d'autres déclassés de bas étage. La profession de médium est ici dans la monnaie courante du pays. On embrasse cet état en Amérique, comme autre part on se fait agent d'affaires ou courtier en tous genres. Pas un de ces malheureux n'a la moindre parcelle de force psychique, aussi se rejettent-ils sur une *matérialisation spéciale*, une seule ; mais elle suffit à faire vivre son homme.

Firman devait appartenir à une de ces catégories, car il ne pouvait communiquer aucune impression à la table. Sa spécialité à lui, c'était le *petit Indien*.

Voici maintenant la fameuse séance où il se fit prendre chez M. le docteur H***. J'y assistais, je puis donc certifier tous les détails de l'affaire. M. le docteur H*** est un chercheur d'un très grand savoir, toujours à l'affût des idées nouvelles pour les expérimenter et en extraire la portion de vérité qu'elles peuvent contenir.

Firman, dont la réputation était grande dans les cercles spirites, fut prié par le docteur de donner trois soirées chez lui. Il y consentit. La première devait être une séance de table dans l'obscurité, et les deux autres, des séances de matérialisation où on devait nous montrer le *petit Indien*.

La première séance de table fut si pitoyable qu'elle donna l'idée de prendre Firman en flagrant délit de fraude à une des deux séances de matérialisation.

Après le départ du médium, on avait en effet retrouvé trace de ses dents sur tous les objets qui se trouvaient sur la table et que les esprits étaient censés faire sauter en cadence. Le piano qui se trouvait derrière le médium, et sur lequel les esprits devaient jouer, avait, en fait de jeu, joué à Firman le tour de ne pas s'ouvrir, bien que le farceur l'eût criblé de coups de pieds dont les traces étaient fort apparentes.

L'affaire fut résolue en dehors des quatorze à quinze spirites plus ou moins convaincus qui assistaient aux séances. Mme H***, femme très intelligente et fort au-dessus de ces superstitions, arrangea le tout dans le plus grand secret, avec un ami de la maison qui devait intervenir au moment opportun pour empêcher le misérable de la frapper. Une cachette fut ménagée avec beaucoup d'art dans un petit *retiro* qui donnait dans le salon et servait de cabinet au médium. De là, Mme H*** pouvait tout voir sans que Firman se doutât de rien.

Dès le premier soir de *matérialisation*, tout esprit non abusé par la crédulité eût compris l'odieuse comédie jouée par le médium. Lorsque le petit Indien parut en écartant le rideau, je reconnus la grosse face de Firman, car nous n'étions séparés de lui que par une table qui barrait l'entrée du petit salon, et je vis jusqu'à l'évidence qu'il marchait sur ses genoux, autre chose qui eût dû dessiller les yeux à tout le monde. Firman était très puissant, et vous devez penser l'effet que faisait cette corpulence sous le déguisement d'un petit Indien âgé, prétendait-on, de dix ou douze ans. Mais où la scène atteignit au plus haut comique, ce fut lorsque les dames et quelques messieurs qui avaient apporté des dragées et des noisettes, car la femme du médium qui assistait son mari nous avait prévenus des goûts du *petit matérialisé*... (Un esprit qui croque des noisettes devant un public enthousiaste, eussiez-vous cru l'espèce humaine si... b... enoîte?..) ce fut, dis-je, lorsque dames et messieurs, lui offrirent ces friandises en lui demandant s'il les aimait. Tout à coup on entendit une petite voix de polichinelle s'écrier, avec cet inimitable accent du Yankee qui ne sait pas parler français:

— Hao! jé haimais biocoup, biocoup le nouésettes et le dréjies.

Et il se mit à les croquer à belles dents. Le soir même Mme H*** nous racontait en petit comité tout ce qu'elle avait vu. Elle en était encore rouge d'indignation.

Firman, après avoir sondé les murs et regardé sous le canapé, avait procédé à son déguisement, qui consistait en un petit masque diaphane orné de plumes qu'il s'appliquait sur la tête, et un lambeau d'étoffe pailleté d'argent dont il s'enveloppait. Il fut décidé qu'on le prendrait le lendemain.

Le soir venu, Mme H*** reprit sa place dans sa cachette, et nous autour de la table qui barrait l'entrée du petit salon. La femme de Firman occupait le coin qui se trouvait près du côté du rideau où le médium faisait son apparition. J'étais légèrement ému en songeant à ce qui allait se passer, car pendant qu'un des assistants devait violemment ramener la table en arrière, pour me faire place, mon rôle était de sauter sur Firman pour aider Mme H*** à le maintenir.

Firman a pénétré dans son cabinet. Le rideau est retombé... Nous attendons. Deux, trois, cinq minutes s'écoulent... Rien. Le médium se doutant de quelque chose va-t-il venir nous dire qu'il manque de fluide ce soir et qu'il faut remettre la séance? Ce serait habile... Mais non, je me suis trompé dans mes suppositions. Le rideau s'agite, et le petit Indien paraît. Je ne me suis pas assis pour être prêt à agir. A peine le médium venait-il de saluer toute la société, qu'un bruit se fait entendre, mais avant qu'on ait le temps de se rendre compte d'où il vient, M*me* H*** s'est précipitée de l'intérieur sur le médium qu'elle maintient à genoux par les épaules, la table a volé en arrière, la femme de Firman se précipite pour enfouir son mari sous ses jupes afin qu'il ait le temps de faire disparaître son léger costume, je la saisis et l'envoie sur le canapé, et saute sur Firman, qui, sans résister, ne s'occupait qu'à cacher les objets qui avaient servi à son travestissement. Telle est l'habileté de ces gens-là, que nous ne parvenons qu'à lui arracher une partie de son masque et un lambeau de dix centimètres environ de son manteau; mais il est là maintenu à genoux par moi, dans un piteux état, car il est en bras de chemise; son gilet, sa redingote et son pardessus sont restés sur le canapé.

—Vous êtes un misérable, lui dit froidement M*me* H***.

Tout cela n'a pas duré dix secondes, tellement il a fallu agir vite.

— Vous pouvez relâcher ce misérable, me dit le docteur, nous pourrions le livrer au commissaire de police, mais qu'il aille se faire prendre ailleurs.

Tout le monde a vu et bien vu, et la désolation est au camp spirite... Avant d'obéir au docteur, je dis à haute voix, car je savais ce dont est capable le fanatisme de la meilleure foi du monde :

— Je vous prie de constater que c'est bien M. Firman en chair et en os, et non un esprit, que Mme H*** a surpris en flagrant délit d'imposture. Voici un morceau de son masque et un autre de son manteau...

On ne pouvait nier l'évidence, et le misérable fut laissé libre.

Un procès-verbal fut immédiatement rédigé, que tout le monde *signa sans exception*... quelques-uns avec hésitation, non qu'ils discutassent les faits, mais parce qu'ils craignaient les reproches de leurs coreligionnaires.

Le résultat, je l'ai fait connaître : l'affaire courut la presse, Sarcey avait attaché le grelot, le parquet s'en émut, et Firman en fut quitte pour six mois de prison.

Pas d'affaire plus claire que celle-ci, n'est-ce pas ? Hé bien, que croyez-vous qu'il en soit advenu entre les différentes personnes qui avaient assisté à cette légitime exécution ?

Huit jours ne s'étaient pas écoulés, que deux ou trois personnes écrivaient des lettres aux journaux spirites, pour retirer leurs signatures du procès-verbal, prétendant qu'on les avait surprises dans un moment d'émotion, mais que pour elles maintenant le fait était suffisamment expliqué... que ce pauvre Firman était aussi innocent que l'enfant qui vient de naître...

Enhardis par cet exemple, les autres spirites emboîtèrent le pas... et un mois après, il ne restait sans protestation au procès-verbal que la signature des deux ou trois sceptiques qui avaient été mêlés directement à l'affaire.

Je recommande cette conclusion aux personnes qui se laissent trop facilement aller à ajouter foi au témoignage des spirites sur les phénomènes qui concernent leurs croyances... Telles et telles personnes sont honorables, dit-on généralement quand on se trouve en présence d'un fait que la raison refuse d'admettre... Je ne puis cependant suspecter leur parole...

Moi non plus, je ne suspecte pas leur parole, mais je connais les entraînements que subissent les consciences toutes les fois qu'il s'agit de faits qui touchent aux croyances religieuses... On ne trompe pas sciemment, mais on rend témoignage de phénomènes sur lesquels on a été trompé soi-même... Ainsi, croyez-vous que j'accuse la bonne foi des *personnes honorables* qui ont retiré leurs signatures du procès-verbal Firman ? Nullement. On a fini par leur persuader qu'elles avaient été trompées, voilà tout !

Quant à l'explication qui a couru chez les spirites, elle vaut son pesant d'or... Ecoutez plutôt : « Quand l'esprit appelé le petit Indien a vu qu'on voulait le surprendre, il s'est *dématérialisé* immédiatement, mais Firman en a reçu un coup si violent, — songez donc, il était en léthargie, — qu'il s'est trouvé projeté du canapé vers le rideau, où on l'a saisi... C'est peut-être également cette force de projection qui avait brusquement retiré à Firman son gilet, sa redingote et son pardessus, et encore la même projection qui lui avait mis sur la tête et les épaules le masque, la coiffure et le manteau, dont j'ai conservé précieusement les spécimens...

Il n'y a qu'à hausser les épaules, et à en rire... Ah! rire, non pas. Il y a des croyances qui élèvent l'âme et ennoblissent l'intelligence. Le spiritisme plonge ses adeptes dans les grossières pratiques de la sorcellerie, et enlève à la raison tout libre arbitre, tout critérium de certitude en l'habituant à se courber sous les jongleries de *médiums* sortis de la lie de la population.

Tout médium évocateur de fantômes marchant, parlant, mangeant et buvant comme le petit Indien, est un imposteur; or comme tous à peu près font de la matérialisation de cette espèce, vous devez juger par là de ce que vaut la secte.

Je ne parle pas, bien entendu, des personnes douées d'une force psychique plus ou moins développée, et qui se prêtent volontiers dans les cercles et réunions spirites ou non à l'étude des phénomènes auxquels cette force donne lieu, mais seulement des médiums qui exploitent la crédulité publique moyennant salaire, comme si les esprits, en admettant qu'ils existassent, consentiraient à se prêter à de pareilles compromissions mercantiles.

III

L'affaire des photographies spirites est connue de tout le monde, car la publicité ne lui a pas manqué. Je n'en veux relever que quelques points saillants qui montreront l'impossibilité d'arriver à la vérité, toutes les fois que la passion religieuse ou mystique est en jeu.

Buguet fabriquait depuis quelque temps des photographies spirites à l'exemple de ses collègues anglais et américains, mais il ne procédait pas comme Crookes, lui qui photographie des esprits visibles à la lumière électrique, et matérialisés par la puissance du médium. Que voulez-vous, Buguet n'a inventé ni le thallium ni un quatrième état de la matière, Buguet est simplement photographe et vit de son métier. Or, un beau jour notre homme s'était tenu le raisonnement suivant : Ce doit être un bon métier que de photographier « des ancêtres ; » c'est son expression lorsque la pratique partie, il rit à se tordre avec ses opérateurs ; et il s'était mis à photographier des ancêtres. Le truc était des plus simples ; la plaque qu'il apportait à son client venait de recevoir l'empreinte très vague, très *flou* de l'ancêtre demandé, et on *rephotographiait* par dessus le monsieur qui demandait son portrait en compagnie d'un membre quelconque, — celui qui consentirait à venir — de sa famille.

En apparence on n'avait photographié qu'une personne, et il en venait deux au bain révélateur. Rien n'était amusant comme de voir les poses que Buguet donnait à ces ancêtres bénissant leurs descendants ; mais ce qui est inénarrable, c'était de voir Buguet opérant lui-même, évoquer l'esprit, avec des airs de médium inspiré, les cheveux en coups de vent, l'œil fatal comme il convient à un homme qui commerce avec les gens d'outre-tombe, puis l'opération terminée, se laisser tomber sur un fauteuil, comme épuisé par l'effort fluidique qu'il venait de faire, pâle, respirant à peine, pendant que ce bon Leymarie de la revue spirite s'épuisait à son tour à lui restituer ses forces, à l'aide de passes médianimiques sur les bras et les jambes, et d'insufflations toujours médianimiques sur le cerveau.

Ah ! j'ai passé là de délicieuses matinées, y faisant d'abondantes provisions de gaieté discrète et écoutant les réflexions pleines d'admiration de gens qui seraient bien embarrassés si on venait à les leur rappeler aujourd'hui qu'ils prétendent tous n'avoir été là que pour démasquer Buguet... Mais laissons ces souvenirs personnels qui nous entraîneraient trop loin, si je voulais les rappeler tous, car je poursuivais alors l'enquête sur les faits et les hommes qui devait aboutir à ce livre.

Le plus curieux de l'affaire, c'est que huit fois sur dix les braves gens à qui on avait *fait leur affaire* — encore une expression de Buguet — reconnaissaient, les larmes aux yeux, qui un père, ou une mère, qui une femme aimée, ou encore un oncle, un grand-père, un frère, une sœur, ou un ami. Il fallait voir les efforts de mémoire faits par ces fidèles croyants pour reconnaître quelqu'un dans la figure informe qu'on leur avait accolée dans le dos. Nul ne doutait de la photographie. Comment donc ! un esprit était venu, c'était certain, puisqu'il était là !... Mais pourquoi était-il venu? On ne reconnaissait ni le père, ni la mère ; tout le cercle des parents parcourus, il se trouvait que pas un n'avait voulu se déranger.

FIG. 10. — Institut du développement de New-York, photographie à la lumière électrique des apparitions.

Et le malheureux de se gratter le cerveau, ou du moins son enveloppe, en murmurant :

— Ces traits ne me sont pas inconnus, mais je ne peux pas mettre un nom là-dessus...

Et Buguet, de sa voix médianimique, de leur dire : « Cherchez parmi vos amis, vos connaissances, depuis votre enfance... »

Le *depuis votre enfance* était un trait de lumière : parmi les milliers de personnes coudoyées, fréquentées depuis vingt-cinq ou trente ans, c'était bien le diable si on ne parvenait pas à dénicher un visage qui se rapprochât de la photographie obtenue.

Nous avons noté quelques-uns de ces cris du cœur, cris de reconnaissance spontanée que nous n'oserions reproduire, car c'est à n'y point croire.

En voici un, typique, d'un gros négociant en vins de Béziers, à sa femme :

— Tiens, Bobonne, c'est Chapoulade. Nous avons voyagé pour les armagnacs tous deux il y a vingt ans... Ah ! le pauvre, avons-nous fait la police ensemble (en style du Midi, faire la police, signifie s'amuser) et maintenant, il est mort... Ce cher ami, il a voulu me prouver qu'il pense toujours à moi, en me poussant une petite visite... Merci mon vieux !

Ci : 20 francs. Quand *on ne reconnaissait pas*, c'était 8 francs la douzaine, comme pour les portraits ordinaires ; quand on reconnaissait, c'était le grand prix.

Et notre homme était parti content.

Bobonne, seule, n'avait pas l'air satisfait. Elle trouvait sans doute que c'était bien cher, elle qui n'avait pas fait la police avec Chapoulade.

Je m'arrête : les spirites m'accuseraient de n'être pas sérieux. Buguet en avait noté bien d'autres, chers amis, et je vous jure que je viens de vous citer la moins... comment dirais-je ?... la moins insensée.

Voyons, comment voulez-vous, étant donné des gens qui reconnaissent des parents dans des fantoches ou fantômes que Buguet fabriquait lui-même, qu'il ne sorte pas de là des situations éminemment comiques ?

Je ne veux pas quitter ce sujet cependant sans dire, et les registres de Buguet en font foi, que des gens de toutes les positions, depuis les plus infimes jusqu'aux plus relevées, ont passé chez lui, emportant précieusement le parent ou l'ami retrouvé.

J'ai vu de mes propres yeux le fait suivant : Un matin, me trouvant chez Buguet, arrive un général de division s'il vous plaît, trois étoiles, et sorti de polytechnique. Il demanda une photographie spirite.

— Bien, général, à l'instant même.

— Et ce n'est pas une blague, votre machine ?

— Comment donc, général !

Buguet avait du nez dans ces situations-là, ainsi qu'on va le voir. Le général avait bien soixante ans et le photographe spirite dut réfléchir, qu'il avait plus de chance de réussite en lui présentant des souvenirs rétrospectifs d'une quarantaine d'années, qu'en lui photographiant quelque barbon.

Toujours est-il que lorsque Buguet rentra avec la photographie developpée et fixée, d'une jeune et charmante femme qui souriait derrière le général... le vieux militaire, à la première inspection, pâlit légèrement et s'écria :

— Sacrebleu, monsieur, je ne croyais pas à votre pouvoir, bien que la *Table* me l'eût affirmé, mais vous venez de m'en donner une preuve indiscutable. Ceci est le portrait d'une jeune femme que j'ai beaucoup aimée dans ma jeunesse, et qui me fut ravie par la mort. Je n'avais pas son portrait ; on ne photographiait pas de mon temps, et la paye d'un sous-lieutenant ne pouvait pas me permettre un portrait à l'huile. La chère enfant s'est souvenue de cela, et a voulu réjouir ma vieillesse, en m'envoyant son gracieux visage. Merci encore, monsieur, et si quelqu'un de ces sceptiques qui se font honneur de ne croire à rien, se moquent encore de votre belle faculté, envoyez-les moi, c'est le général X*** qui leur répondra.

Et il glissa sur le marbre cinq belles pièces de vingt francs.

Voilà le haut et le bas de l'échelle. Vingt francs et cent francs.

L'ami de Chapoulade.... et le général X***.

S'il est vrai, comme je l'ai vu et comme l'a affirmé Buguet, que les huit dixièmes aient toujours fini par reconnaître quelqu'un, cela fait une belle proportion de naïfs dans l'humanité.

Le commerce allait bien, lorsqu'un beau jour, Buguet, devenu âpre au gain avec le succès, refusa de rendre l'argent consigné, à un client qui persista à ne reconnaître ni parents ni amis. Plainte fut portée, et le photographe de la préfecture de police se présenta pour obtenir une photographie spiritualiste. Buguet prépare sa plaque, l'introduit dans la chambre noire, prend sa position inspirée qui a dû bien amuser son confrère, et s'écrie :

— Ne bougeons plus !

— En effet, ne bougeons plus, fit le photographe officiel, et il mit la main sur l'appareil, en même temps qu'un commissaire de police montrait son écharpe.

Procès-verbal dressé qu'il n'y avait pas eu de pose, que la plaque devait être vierge de tout contact, on la mit au bain révélateur au laboratoire de la préfecture, en présence de Buguet, et une image fantastique apparut aussitôt... La fraude ne pouvait plus être niée. Le pauvre photographe avoua tout, livra sa boîte aux ancêtres où il serrait ses marionnettes, à la justice, et ses opérateurs, notez cela, qui n'avaient aucun intérêt à charger leur patron, racontèrent, au milieu des rires de l'assistance et du tribunal, comment on opérait, comment on jugeait d'après la tête du bonhomme — le client — quelle tête d'esprit il fallait lui fabriquer... Eh bien ! malgré cela, le croirait-on ? une cinquantaine de spirites, appelés par la défense et l'accusation vinrent déclarer devant le tribunal qu'ils avaient parfaitement eu des photographies de leurs parents, et que Buguet était un véritable photographe spiritualiste.

— Mais écoutez-le lui-même ; il va renouveler devant vous ses aveux, s'évertuait à dire le président.

— Inutile, monsieur le président, répondaient ces enragés, nous savons quel mobile fait agir Buguet.

Et parmi tous ces gens-là, il y avait des ingénieurs, des colonels en activité, des colonels et des généraux en retraite.

Le pauvre président n'en revenait pas.

— Répétez vos déclarations, Buguet; et Buguet de recommencer son récit. A un moment donné, la voix ronflante d'un colonel éclata, faisant sonner les *r* comme s'il était à la manœuvre.

— Vous vous trrrrompez, Buguet, vous êtes bien photographe spirrritualiste.

Personne n'y tint plus... le président leva au ciel des yeux désespérés, et Buguet lui-même en resta tout ahuri. Ce fut une séance inénarrable !

A quoi bon tous ces détails, dira-t-on ?

— A quoi bon ? Mais après avoir parlé des médiums typtologues ou évocateurs, d'esprits frappeurs, des médiums à matérialisation spéciale, et de leurs confrères à matérialisation variable, n'étais-je pas obligé de parler des médiums photographes ? Puis, après ces détails qui ne permettent aucune équivoque, qui montrent la fraude indéniable, indiscutable, ne sommes-nous pas en droit de demander au spiritisme ce qu'il fait de la raison, de l'intelligence, de la dignité humaine ?

C'est surtout par le détail que l'on fait saillir l'importance des faits, comme il sert au peintre et au sculpteur à donner sa véritable expression à la figure humaine.

Que deviennent, après ces faits d'une exactitude mathématique, les imprécations de M. Bonnemère, qui traite d'idiots ceux qui ne croient pas au spiritisme?... De quel côté sont les idiots dans les nombreuses fraudes en tout genre que je viens de conter?

Eh quoi! un farceur se promène accoutré d'oripeaux, dans une obscurité profonde, sous la lueur de quelques gouttes d'huile phosphorée enfermées dans un petit flacon, qui ne permet même pas de distinguer nettement le moindre objet? nous ne pouvons rien voir, rien vérifier, rien contrôler. Nous refusons dès lors de croire que ce soit un fantôme matérialisé. Et nous sommes des idiots?.. Cela passe, en vérité, toute permission.

Peut-on, quand on s'est occupé de spiritisme en gardant sa raison ferme et haute, peut-on, alors qu'on n'a trouvé partout que fraude, imposture, duplicité, lire la phrase suivante écrite par l'auteur de *Jean Dacier*, sans être plongé dans la plus profonde stupéfaction?

« Il faut reconnaître que l'hypothèse spirite a pris le dessus aux yeux de l'immense majorité des hommes intelligents et de bonne foi ! »

Mais laissons cela. A quoi sert de prêcher? Ce livre n'est pas écrit pour les spirites ; je sais que je n'en convaincrai pas un. Quand on ose soutenir que le petit Indien a projeté au loin Firman demi-nu, et encore couvert de ses vêtements frauduleux, pour échapper au contact des mortels;

Quand on soutient au nez de Buguet qu'il est photographe spiritualiste malgré lui, malgré la boîte aux ancêtres;

Quand on prétend que Katie King, esprit qui se matérialisait au point de donner l'illusion *complète* d'une femme quand on la prenait dans ses bras, est venue pendant trois ans dans la maison de William Crookes, et en deux secondes paraissait, disparaissait, et reparaissait à volonté, se matérialisant et se dématérialisant dans l'espace d'un clignement d'œil, sans qu'on se demande où allaient pendant cette seconde ce cœur qui battait, ces poumons qui respiraient sous l'oreille de Crookes, alors que le savant lui-même avoue n'avoir jamais vu côte à côte le visage de Katie King et le visage de son médium. Que deux fois seulement en trois ans Crookes a pu apercevoir Katie King et son médium couché à ses pieds, *le visage entouré d'un châle*, et cela l'espace de quelques secondes, car quand il s'approchait Katie King avait toujours disparu;

Quand on ne tient pas compte du fait avoué par Crookes dans sa première lettre, que les traits de Katie King ressemblaient à ceux de Mlle Cook, son médium;

Oui, quand on prétend tout cela, sans vouloir tenir compte ni de la monstrueuse invraisemblance de l'aventure, ni de l'obscurité où tout cela se passait, ni des précautions prises par tous les médiums pour ne pas être surpris;

Quand on arrive malgré tout à les *pincer*, à vous les montrer enroulés dans leur imposture, et que le lendemain vous retirez votre signature certifiant les faits;

Oui ! quand on fait tout cela, le mal est irréparable, le trou dans le cerveau est trop profond et la guérison est impossible. Je n'écris donc pas pour les spirites, ce serait peine perdue. Mais je serais heureux si la lecture de cet ouvrage pouvait éloigner quelques-uns de mes semblables de ces superstitieuses pratiques.

La simple étude même des véritables phénomènes

dus à la force psychique est dangereuse pour les esprits faibles, car, comme elle ne peut se faire que par l'entremise d'un médium, qui évoque les esprits à tout propos, et leur attribue tous les résultats obtenus, cela finit par agir à la longue sur les cerveaux qui ne sont pas d'une solidité exceptionnelle. Et nul ne peut répondre du sien avant l'expérience; il y a là une question d'atavisme héréditaire, sur laquelle personne ne peut se prononcer d'avance.

Il faut, comme conclusion de ceci, laisser ces sortes d'études aux physiologistes, aux médecins, aux savants enfin, habitués aux travaux pathologiques, sur lesquels les plus graves phénomènes d'aberration des sens glissent comme une goutte d'eau sur un granit.

Et encore, est-il des expérimentateurs, des savants qui n'y ont pas résisté. Comment voulez-vous que ceux qui sont dans de moins bonnes conditions d'études n'en soient pas atteints?

Et puis, qu'est-ce que tout cela a produit de neuf? Qu'est-ce que c'est que cette doctrine révélée à Allan Kardel par de *prétendus esprits supérieurs?* Que ledit Rivail, qui était un ignorant, se soit étonné chaque fois qu'il découvrait la lune, cela n'a rien de surprenant, mais pour peu qu'on ait étudié le mouvement des idées dans l'humanité, on sait que toute cette prétendue science n'est qu'un vaniteux plagiat de croyances et de pratiques qui traînent dans le monde depuis les périodes les plus reculées de l'histoire et que l'Inde, l'Assyrie, l'Egypte, la Grèce et la plupart des nations européennes pendant le moyen âge se sont repues tour à tour de ces croyances mystérieuses et de ces superstitieuses pratiques, jusqu'au jour où la découverte de la méthode, en rectifiant les moyens d'action de la raison, à permis a une poignée d'hommes d'élite d'abandonner toutes ces grossières erreurs et de créer la science.

Et l'on voudrait nous faire retourner en arrière de vingt mille ans et plus peut-être, avec cette doctrine des esprits et de la migration des âmes, qui se trouve déjà commentée dans les *vedas*, le plus vieux livre de l'humanité, avec une ampleur de développements qui n'a rien laissé à innover à Allan-Kardel et à sa secte ! Allons donc ! nous protestons au nom même de ce progrès que les spirites revendiquent, et qui n'est chez eux qu'un retour vers un passé dont l'origine se perd dans la nuit préhistorique !

Mais laissons là cette discussion oiseuse : on ne convainct pas celui qui nie la lumière, et quand nous répéterions cent ans que le spiritisme nous ramènerait tout simplement aux mystères d'Ellora, d'Elephanta, d'Ephèse, de Thèbes et d'Eleusis, nous n'arriverions qu'à nous faire répondre peut-être par cette énormité que nous a déjà lancée un spirite :

« — Tant mieux ! nous vulgarisons les vérités que l'antiquité maintenait sous le boisseau. »

Après cela, si vous parlez encore d'humanité perfectible en copiant les anciens, je veux bien l'aller dire dans Jupiter, votre planète favorite, celle où, paraît-il, s'est retirée l'âme du prophète Rivail, alias Allan Kardel.

Revenons aux faits : les théories se discutent, mais rien n'est brutal comme un fait, car il oblige à nier la certitude par les sens. On poura repousser vingt théories sur la lumière ; mais la lumière, en fait, qui osera la nier ?

L'affaire du médium photographe se termina par une condamnation qui atteignit Leymarie, directeur de la *Revue spirite* et le réel successeur d'Allan Kardel.

Avant comme après le procès, les spirites firent courir le bruit que Buguet était vendu aux jésuites. En France, aucune grosse affaire ne peut avoir lieu, sans que le peuple le plus spirituel de la terre ne trouve un jésuite caché par dessous. C'est un petit travers national qu'il faut excuser, tout point obscur s'explique par l'homme noir, et quand on a dit « que la main des jésuites était dans l'affaire », tout le monde est satisfait. Certes, je ne suis pas susceptible de partialité pour les fils de Loyola ; je n'appartiens pas à leur culte, et ne crois pas avoir de ma vie parlé à un seul d'entre eux ; mais je ne puis m'empêcher de protester contre cette allégation, qui tend à influer sur les déclarations de Buguet, et pourrait laisser croire que ce dernier a nié sa faculté médianimique, uniquement parce qu'on lui a payé ses aveux.

Je connais l'affaire de première main, y ayant assisté du commencement à la fin ; j'ai vu de près tous les trucs de Buguet, la boîte aux ancêtres, la façon dont on préparait les plaques, et je ne veux pas qu'une fausse légende se glisse dans le public sensé.

Je n'aurais pas parlé de ceci, si M. le docteur Paul Gibier, dans un livre *Sur le Spiritisme* dont j'ai donné quelques extraits, rendant compte très sommairement de ce procès en deux pages, n'avait prononcé ces paroles : « La lumière n'est pas faite encore au sujet de ce procès;

« Buguet avoua tout ce qu'on voulut ; jamais on n'avait vu d'accusé aussi prévenant;

Et cité à l'appui de ses dires ce mot de l'avocat Craquelin, le défenseur des spirites, à l'adresse de Buguet : « En dehors de cette enceinte, on dit qu'il est vendu. »

C'est une parole d'avocat qui fait bien à l'audience, et d'autant plus facile à dire que le défenseur n'est pas tenu d'en fournir la preuve... Buguet vendu, au profit de qui et pourquoi? En quoi également cet accusé a-t-il été complaisant? En un mot, que pouvait-il nier pour n'être accusé ni d'être vendu, ni d'être complaisant ?

Pouvait-il nier ses procédés? Mais la police, on l'a vu, a saisi deux de ses plaques sensibilisées par avance, et ayant déjà l'image d'un esprit qui s'est montré seul au bain révélateur. La fraude était donc découverte; à quoi lui eût servi de la nier? simplement à provoquer la sévérité des juges. De plus, Buguet, écroué à l'instant, n'est rentré chez lui qu'accompagné du commissaire de police qui a saisi de suite la boîte aux ancêtres et tous ses appareils de photographie spirite. Préalablement, et à l'insu de Buguet, tous ses opérateurs avaient été interrogés, et n'avaient rien caché de la supercherie.

Là encore, à quoi eût servi la négation, puisque la preuve était faite et bien faite en dehors de Buguet?

La vérité *vraie* est que le malheureux Buguet a eu contre lui tout le camp spirite, et personne pour le défendre.

Le résultat définitif, du reste, parle de lui-même. Buguet, ruiné par cette affaire, est tombé dans la misère, tandis que le directeur de la *Revue spirite* est dans une brillante situation de fortune, et de plus, pour tous les siens, un martyr! une victime de la justice des hommes! ce qui fait bien dans le décor, lorsqu'on est quelque peu pontife de la religion nouvelle.

Disons, pour clore la question du spirite photographe, que les confrères de Londres et de New-York ne se seraient pas aussi légèrement laissés prendre que Buguet: leur appareil construit exprès ne restitue la plaque qu'après la pose du client, le couvercle de la lunette mettant en mouvement un mécanisme spécial. Dans le cas contraire, et si l'on veut reprendre la plaque avant la pose, une bande de feutre humide sur laquelle elle vient frotter légèrement dans le retrait, suffit, grâce à la substance dont elle est imprégnée, pour détruire la fugitive image imprimée d'avance sur la plaque, sans que le collodion en paraisse affecté.

Ce n'est pas que ces photographes aient rien à craindre de la justice, qui ne se mêle pas de ces choses-là en Amérique et en Angleterre; seulement ils ont à se garer de l'investigation privée, qui use de son droit, en vérifiant les appareils *à quelque moment que ce soit de la pose*, ainsi que l'annoncent les réclames de ces industriels dans le but d'attirer la foule chez eux.

IV

Après le médium photographe, je vais parler d'un autre genre d'exploiteur très en renom en Angleterre, mais surtout en Amérique, où il est en train de détrôner le médecin et le somnambule; c'est le *médium guérisseur*.

Celui-là n'a besoin ni de drogues ni d'emplâtres pour vous guérir; quelques passes d'un excellent fluide d'une pureté garantie, et une demi-douzaine d'insufflations de première qualité sur la partie affectée, et le mal s'en va comme si on vous l'enlevait avec la main. Lorsque par hasard il persiste, le médium fait comme lui, et il est bien rare alors, après trois ou quatre séances répétées à courts intervalles, à un ou cinq dollars par séance, que le patient ne se trouve pas soulagé. Rien ne résiste au souffle médianimique, pas même ce genre spécial de fatigues, que le citoyen de l'ancienne Rome éloignait de lui en disant à son jeune esclave :

« Puer, abige muscas. »

J'assistai un jour à la clinique d'un personnage important du spiritisme parisien, et je vis là défiler deux ou trois douzaines de croyants qui venaient se faire administrer le remède sous les deux espèces, passes et insufflations.

— Voyons, mon ami, disait le médium après avoir donné la dose voulue, comment vous trouvez-vous? Je suis sûr que vous vous sentez mieux.

— Il me semble en effet que...

— Il faut attendre que l'effet se produise. Asseyez-vous là, nous recommencerons dans un instant.

Après les secondes passes, le médium ne manquait jamais de dire :

— Ah ! cette fois, je sens que vous êtes guéri...

— Vous croyez, monsieur !.. C'est que je sens encore...

— Ce n'est rien... simplement le restant du mal... Je vous affirme, moi, que vous êtes guéri.

— Vous croyez, monsieur ! — Le malheureux faisait de violents efforts pour se contenir.

— Quand je vous le dis .. rentrez chez vous, mettez-vous au lit, invoquez les esprits médiateurs, et demain il n'y paraîtra plus.

Chose étrange, la plupart de ces pauvres diables, s'en allaient surmontant leur douleur et se croyant en effet soulagés! Aucun d'eux n'osait avouer qu'il était exactement dans le même état que lorsqu'il était venu... Ah ! si c'eût été un médecin! quelles plaintes, quelles jérémiades... Mais, on l'a dit, la foi transporte les montagnes, elle peut bien soulager le mal de dents.

Il y a encore :

Les *médiums écrivains*. Ceux-là, un crayon à la main, attendent la venue de l'esprit qui doit s'emparer de leur personnalité et écrire des communications, voire même des livres de morale, de science et d'histoire, sans que le médium se doute seulement de ce que sa main trace sur le papier. J'ai vu quelques-uns de ces livres écrits sous la dictée des esprits, et chaque fois je suis resté stupéfait, de voir que des hommes que j'étais habitué à trouver sensés dans la vie ordinaire, pussent se livrer à une telle débauche d'insanités.

Je connais un officier du génie, qui passe ses nuits à écrire un livre sur les habitants des planètes de notre système solaire, sous la dictée de son esprit familier, qui n'est autre que *Socrate*. Chaque fois que j'ai le malheur de me laisser circonvenir par lui, et il me guette comme l'araignée fait de la mouche, car je suis son dernier auditeur complaisant, — le malheureux a fini par faire le vide le plus complet autour de lui — il m'emmène dans sa chambre en disant d'un air charmant : « Nous allons donc lire encore une de ces sublimes communications dont vous êtes si friand. »

Il croit me faire une grâce encore, le malheureux !

Dans les commencements, je sortais de là énervé, furieux de ma condescendance ; car au bout de quelques séances, on en a assez de ces inepties. Puis j'ai fini par trouver un moyen de remédier à la situation, comme cela a toujours lieu après déjeuner, je m'installe dans un bon fauteuil, et je fais tout doucement ma sieste. J'ai fini par lui persuader, — je supplie le lecteur de croire que je ne plaisante pas, cette précaution oratoire n'est pas pour ceux qui ont fréquenté les spirites, ils en ont vu bien d'autres... — j'ai fini, dis-je, pas lui persuader que mon corps tombait en un profond sommeil médianimique et que, pendant ce temps-là, mon âme, dématérialisée, ne l'écoutait qu'avec plus d'attention ; et comme il m'a décrété spirite de sa propre autorité, à l'aide de cette phrase qui lui sert pour tout le monde : « Vous êtes bien trop intelli gent pour ne pas être spirite, » nous sommes d'accord, et tout est pour le mieux.

Cependant, parfois je suis bien disposé, et j'écoute, pour voir jusqu'où peut aller l'aberration d'un homme que la nature avait bien doué, et qui passe pour un des officiers supérieurs les plus intelligents de son corps. Ce que j'entends alors! non jamais cerveau d'un illuminé, je devrais dire d'un fou, n'accoucha de pareilles divagations!

Il y en a déjà la matière de cinq à six volumes, chaque volume est divisé en lectures et méditations, au lieu de chapitres.

Voici l'analyse de la première lecture; il faut qu'on sache ce que le spiritisme fait d'un cerveau humain quand il s'empare de lui tout entier. Je ne me lasserai jamais de faire cette preuve, à l'encontre de ceux qui prétendent que le spiritisme est l'aurore de la régénération morale de l'humanité.

Je résume, bien entendu; cette première lecture me prendrait plus de cent pages de ce volume.

Il faut d'abord que l'on sache que Socrate est très prolixe de détails sur sa personne, et sur celle des siens!

— Comment sur celle des siens?

— Oui!... un peu de patience, et vous allez voir.

Le vieux philosophe habite depuis *fort peu de temps* la planète de Jupiter, où se trouvent assemblés tous les grands esprits qui ont vécu sur la terre. Pourquoi n'y avait-il pas fixé sa demeure plus tôt? Silence complet... Socrate avait sans doute pour cela d'excellents motifs, mais il les garde pour lui; puis il raconte que peu s'en est fallu qu'on ne le reçût pas dans Jupiter. Platon, par jalousie contre son ancien maître, avait monté une cabale contre lui ; il craignait sans doute que Socrate ne lui ravît sa chaire de philosophie, car ledit Platon enseigne à un nombreux auditoire d'esprits qui ont marqué sur la terre, la science de la perfection progressive qui doit les conduire *au séjour des purs esprits.*

Pour cela Platon, avec une petitesse d'esprit qu'on n'eût pas soupçonnée chez un tel homme, était allé ramasser une vieille histoire, celle de son intimité avec Alcibiade, que les commères d'Athènes lui avaient fort reprochée autrefois. Or, comme la majorité des esprits qui habitent une planète, ont le droit d'en chasser ceux qui leur déplaisent, Socrate fut sur le point de ne pas être reçu dans Jupiter. Boileau était un des plus acharnés, et ne voulait pas entendre raison... et les mœurs ! Il se souvenait du vers qu'il avait fait jadis sur le philosophe athénien :

. . . . (Socrate).
Très équivoque ami du jeune Alcibiade,

et, s'étant derechef mis à la besogne, avait composé contre lui une des plus virulentes satires qui soit jamais sortie *de sa fertile veine.* Ce morceau, qui avait couru partout, avait complètement retourné l'opinion publique contre Socrate, lorsque Voltaire et Mahomet, qui sont voisins de campagne, se réunirent pour défendre le vieux philosophe, et exposèrent qu'il fallait tenir compte des mœurs du temps, qui considéraient la chose comme simple peccadille. Rien ne prouvait, après tout, que l'austère Platon n'eût pas des fautes semblables sur la conscience ! Et puis, est-ce que la mort par la ciguë ne devait pas être considérée comme une expiation suffisante ?

Ces paroles avaient déjà fortement ébranlé les esprits, lorsque Diogène le Cynique proposa d'obliger Socrate à reprendre sa femme Xantippe : de cette façon, dit-il, le philosophe achèvera de se purifier de ses souillures terrestres ! L'idée enthousiasma tous les esprits, et Socrate fut enfin admis dans Jupiter. Le caractère de Xantippe ne s'était pas amélioré en se séparant de son enveloppe mortelle, et le malheureux eut à en souffrir, comme l'on dit, de toutes les couleurs, il supportait tout sans se plaindre... Mais aussi, quelle assemblée d'élite avait-il su réunir autour de lui ! Tous les soirs, Pyrrhon le sceptique, Hérodote, Homère, Aristote, Xénophon, Thucydide, Sophocle, Euripide, Sapho, etc., puis tous les grands homme de la Rome Antique dont il est inutile de donner la nomenclature, tous ceux du moyen âge et des temps modernes, jusqu'à Victor Hugo qui y assiste depuis sa mort ! Tous viennent écouter la parole austère de Socrate ; puis, quand le vieux maître a fini, commencent d'interminables dialogues entre tous ces morts illustres, qui causent entre eux des faits et gestes de leur vie terrestre.

Au milieu d'insanités indescriptibles, il y a parfois des pages d'une envolée superbe : c'est lorsque les monologues ou les dialogues ont pour thème quelque fait appartenant à l'art militaire, que notre officier a étudié toute sa vie, et c'est lui-même, sans s'en douter, qui parle au lieu du vieux Socrate, qui ne devait rien entendre à l'art de tuer les hommes.

Un soir je commençais à somnoler, lorsque tout à coup mon attention fut vivement provoquée par une langue forte et sonore, martelée au coin des récits héroïques... et vivement impressionné j'écoutai... C'était Xénophon qui racontait sa retraite des dix mille au milieu d'un auditoire où se trouvaient Sésostris, Cyrus, Alexandre, César, Pompée, Vercingétorix, Charlemagne et Napoléon... Je fus réellement enthousiasmé par le récit que j'entendis, j'avais tout oublié pour écouter ces propos merveilleux, lorsque tout à coup je fus rappelé à la réalité... ou plutôt au surnaturel... Napoléon et César complimentaient tour à tour Xénophon ; puis le comble des combles, la lecture se termina sur l'arrivée de Xantippe incendiant le pauvre Socrate d'injures, le traitant de marchand de paroles, de fainéant, et finalement l'obligeant à renter à la maison, pour faire de la tisane à ses enfants malades...

Je me retirai profondément attristé de la chute de ce cerveau si bien doué, qui eût certainement fait un écrivain militaire de premier ordre, et peut-être un grand historien national.

A quelque temps de là, je parlai de cette soirée à son fils, jeune officier d'état-major des plus distingués.

— Ah ! me dit-il en souriant, le morceau de Xénophon ! connu ! mon père l'a écrit à l'École d'application, c'était au concours, et il fut classé numéro 1 hors ligne. Je le sais par cœur, car lorsque nous étions enfants, mon frère et moi, mon père nous le faisait copier à titre de pensum, chaque fois que nous avions fait quelque farce de notre façon aussi; ce que nous l'avions prise en grippe, cette retraite des dix mille! Depuis que mon *pauvre père est si malheureusement tombé dans le spiritisme*, il l'a intercalée un beau soir dans ses rêvasseries, et maintenant vous ne lui sortiriez pas de la tête que c'est un esprit qui lui a dicté ce morceau à l'École d'application.

— Quel dommage! une si belle intelligence.

— A qui le dites-vous, monsieur, nous avons tout fait pour l'arracher à ces folies, qui l'ont certainement empêché de devenir général.

— Quoi, vous croyez!

— J'en suis sûr. Le ministre lui-même a dit à un de nos amis qui lui parlait des droits de mon père :

— Je le sais, c'est un officier distingué, mais il ne nous faut pas de généraux spirites dans l'armée, autant du moins que nous pouvons le savoir, car il y en a qui se cachent, et qui le nient... Nous voyez-vous en temps de guerre avec un général qui conduirait son corps d'armée d'après les inspirations des esprits!... le colonel X... ne sera jamais général.

Allons, messieurs les apologistes du spiritisme, croyez-vous encore que cette croyance transformera l'humanité? Jusqu'à ce jour, elle n'a fait que ramollir les cerveaux les mieux organisés et peupler les Petites-Maisons.

Voyez M. Vacquerie abandonnant le spiritisme parce que la raison d'un de ses amis n'a pu y résister!...

Et le fait n'est pas isolé, ces cas se cachent précieusement dans les familles ; pour ma part je pourrais, depuis vingt ans que je m'occupe des phénomènes qu'on lui attribue, pour en rechercher les véritables causes, je pourrais dresser la liste d'une centaine de personnes au moins, tombées avant l'âge dans ce que j'appelle l'enfance ou la décrépitude spirite.

Si la statistique de cette espèce de fous pouvait être dressée fidèlement, tout ce qui pense en France, tous ceux qui ont à cœur les destinées de ce beau pays pousseraient un cri d'effroi vers les pouvoirs publics, pour demander à la chambre une loi de salut et de préservation sociale contre ces pratiques dangereuses au premier chef, car elles préparent lentement, inévitablement, l'abaissement du niveau intellectuel dans le pays.

Croyez-vous qu'il soit bon de réunir le soir, dans cinquante, cent cercles privés rien que dans Paris, une foule de jeunes filles non encore adultes, de jeunes mères, de jeunes femmes destinées à le devenir, et de les faire assister dans une troublante atmosphère de parfums, de fleurs, à de mystérieuses évocations qui ont presque toujours lieu dans la pleine obscurité? Ne cherchez pas ailleurs le secret des trois quarts de ces névroses, inconnues du siècle dernier, et qui menacent de faire de toutes nos femmes des espèces de sensitives, énervées par ces apparitions frauduleuses, ces communications d'outre-tombe, et qui finissent par ne pouvoir vivre en dehors de ces excitantes pratiques, qui donnent un constant aliment à leur tendance naturelle au mystérieux et au mysticisme!

L'État a bien le droit de prohiber la vente des poisons; il a le droit et le devoir de défendre la distribution de ce poison moral. Il n'y aurait pas ici d'atteinte à la liberté de conscience, chacun resterait libre de faire ce qu'il voudrait chez lui, comme on est libre de se suicider. Mais l'État, simple question, laisserait-il couvrir Paris de réunions occultes qui auraient pour but avoué de pousser au suicide ?

Son devoir dans ce cas est tout tracé.

Jusqu'ici je n'ai parlé que de spirites à peu près présentables ; il en est d'autres qui, arrivés au dernier degré de l'érétisme cérébral, finissent par tomber dans un état qui vous inspire un dégoût que n'adoucit pas toujours la pitié.

Je vais raconter, quelque triste et dégradante qu'elle soit pour la nature humaine, une scène qui s'est passée chez moi un dimanche matin. Elle avait un témoin, M. S***, bien connu du monde de la politique et de la presse, et je suis assuré de son témoignage si cet étrange épisode venait à être mis en doute.

Je causais ce matin-là avec M. S*** dans mon cabinet, lorsqu'on me passa la carte d'un inconnu, M. X..., ancien notaire. On comprendra bientôt que je ne puisse donner son nom.

J'ordonnai de laisser entrer.

Dès que l'étranger parut sur le seuil de mon cabinet, je vis à qui j'avais affaire; j'avais trop fréquenté les sociétés spirites, pour ne pas reconnaître ces gens-là à première vue.

C'était un vieillard de soixante-cinq ans environ,

d'une assez belle prestance, avec une longue barbe blanche qui dissimulait une partie du visage, mais les yeux étaient émaciés et hagards.

Il regardait mon ami d'un air inquiet.

— Vous pouvez parler devant monsieur, lui dis-je en lui offrant un siège, je n'ai rien de caché pour lui.

L'étranger se décida alors à exposer le but de sa visite.

— Je sais, monsieur, me dit-il, que vous vous occupez beaucoup de spiritisme et je viens pour vous exposer mon cas, dans l'espérance que vous me donnerez un bon conseil, qui pourra m'aider à sortir de la pénible situation où je me trouve.

— Parlez, monsieur, lui répondis-je, tout ce que je pourrai faire dans votre intérêt vous est promis d'avance.

— Monsieur, continua-t-il sans autre préambule, vous voyez en moi une victime des odieuses vengeances de Louis XIV.

Je ne sourcillais pas; quant à mon ami, il était au courant depuis longtemps de toutes les billevesées spirites, et il se contenta de dissimuler un sourire.

Le nombre des spirites qui prétendent avoir des relations avec Louis XIV est très grand, je n'ai pu pénétrer le secret de cette attraction.

L'ancien notaire avait continué en s'exaltant peu à peu.

— Oui, monsieur, Louis XIV, ce prince vindicatif, s'est acharné après moi d'une manière odieuse et a juré ma perte, mais je lutterai jusqu'au bout, et si jamais je puis avoir le dessus, il se repentira de l'indigne façon dont il agit envers moi. Figurez-vous, monsieur, qu'il a comploté de me faire mourir de consomption et d'épuisement, et pour cela il use de moyens épouvantables qui ne tarderont pas à avoir raison de moi si on n'y porte remède. Chaque nuit ma maison est hantée d'une terrible façon. A peine suis-je couché, que je vois ma porte s'ouvrir, et entrer deux des maîtresses de ce forcené, tantôt La Vallière et Fontange, tantôt Marie Mancini et la Montespan, matérialisées à mon intention par un puissant médium d'outre-tombe qui est aux ordres de ce tyran. Alors ces deux femmes éhontées, sans pudeur, s'approchent de moi et me comblent de caresses malgré ma résistance et mes refus. J'ai beau lutter, leur cracher au visage, rien n'y fait. Je deviens leur victime passive, et à tour de rôle, sans me laisser ni trêve ni repos..., elles épuisent jusqu'à la dernière goutte de mon sang... et le lendemain matin *vestem meum et cubiculum, semine video maculata*. Ainsi qu'on le comprend, je suis obligé d'adoucir les dernières paroles de mon interlocuteur et de donner le trait final en latin. Nous étions en présence d'une situation qui nous rappelait les succubes et les incubes du moyen âge.

A ce moment de sa narration, notre homme tremblait, clamait, grinçait des dents comme un possédé, et il acheva en nous disant: « N'est-ce-pas, messieurs, que c'est terrible de sentir son cerveau se fondre tous les jours, à l'impur contact de ces bacchantes toujours inassouvies, de sentir la folie qui s'avance à grands pas, et de n'y pouvoir rien... rien... rien !

Et il se mit à pleurer abondamment.

Par quelle voie cet homme était-il arrivé à un tel degré d'abrutissement? Je vais le dire, car ce n'est malheureusement pas le premier que j'aie vu dans une pareille situation.

Le cœur de l'homme est parfois une sentine de vices insondable.

Il y a des spirites réellement doués d'une certaine force psychique, c'est-à-dire capables de faire mouvoir et parler la table, qui emploient cette puissance à la satisfaction de curiosités malsaines et d'appétits inavouables. Seuls le soir avec leur instrument d'interrogation, c'est en général un petit guéridon que l'on peut charger plus facilement de fluide, ils commencent avec une certaine hésitation à lui poser des questions obscènes. Notez bien que ces gens-là ont une foi fanatique aux esprits et ne manquent jamais d'évoquer quelqu'un de ces morts ignobles, comme le marquis de Sade, Lebel, l'agent des plaisirs de Louis XV, ou tout autre. Alors commence dans le silence de la nuit une de ces conversations éhontées, dans lesquelles le médium solitaire, ne fait que se renvoyer l'expression de ses ignobles pensées, et de ses honteux désirs. Il sait par les livres qu'il a lus le moyen de se mettre lui-même en extase, de provoquer par auto-suggestion le sommeil somnambulique ; ce sommeil que tout le monde connaît aujourd'hui par les travaux des illustres expérimentateurs de la *Salpêtrière*, pendant lequel on peut donner au sujet toutes les impressions qu'on veut lui faire éprouver.

Ainsi lorsque l'éminent professeur Charcot, en lui

présentant une pomme de terre, dit à son sujet : « Ceci est une poire délicieuse, mangez-la », le somnambule ou l'hypnotisé, comme vous le voudrez, se jette avec avidité sur ce légume, et le mange avec tous les dehors de la réalité d'une jouissance complète.

Supposez qu'au lieu de cela, on dise au malheureux, en lui montrant une chaise : « Voici une jeune et charmante femme, saluez-la », l'hypnotisé se confondra en révérences et en politesses.

. Supposez encore — le terrain devient brûlant, mais je prie le lecteur de m'excuser ; je fais de la science pure, et, en cherchant à lui faire comprendre un état pathologique des plus extraordinaires, je sais ce que je lui dois, et que la langue française est assez riche en détours qui puissent permettre à un honnête homme de rendre chastement sa pensée. — Donc, supposez encore que l'on dise à l'hypnotisé : « Là, dans ce lit, se trouve une femme charmante, je vous ordonne de la posséder. » Le misérable suggestionné se précipitera, et non seulement il verra la femme, mais encore l'acte s'accomplira avec toutes les sensations de la réalité...

.O mystères insondables de l'organisme humain, c'est ainsi que les Brahmes, dans les sombres réduits des pagodes, donnent à leurs troupeaux de fakirs tous les plaisirs qu'ils peuvent rêver, et les excitent jusqu'au délire pour développer en eux la puissance *médianimique*. Il faut que ces gens-là en arrivent à opérer à volonté sur eux-mêmes, à *s'auto-suggestionner*. Et alors il suffit que ces fakirs se plongent eux-mêmes dans cet hypnotisme provoqué, avec une idée fixe au cerveau, pour que, le sommeil somnambulique venu, cette idée se développe en fait, c'est-à-dire en action pour eux, et qu'ils en éprouvent toutes les sensations.

Hé bien, c'est là qu'en arrive à la longue le spirite dont je parlais comme exemple. Il finit par acquérir peu à peu le pouvoir de s'auto-suggestionner lui-même, et en s'hypnotisant, il évoque dans son cerveau toutes les femmes que sa lubricité convoite.

Dans l'horrible attraction qu'il subit, il prend l'habitude de s'hypnotiser tous les soirs, faisant défiler dans son lit toutes les femmes célèbres que son imagination grandit encore, depuis Cléopâtre et Aspasie, jusqu'à Ninon et à Mme Récamier.

Malheureusement pour le misérable, au bout de quelque temps il ne peut plus s'arrêter ; l'innervation est complète, l'habitude est acquise ; le seul contact de son lit, la position couchée l'hypnotisent malgré lui, et chaque nuit recommence l'orgie terrible, qui détruit peu à peu chez lui toutes les forces vitales, car le rêve n'a rien de platonique... et bientôt arrivent l'épuisement, la folie et la mort.

Telle était l'histoire du malheureux que nous avions devant les yeux. Je le forçais d'avouer à demi-mots. C'était bien comme cela qu'il avait commencé : notaire dans un chef-lieu de canton, où il était tenu à une conduite des plus régulières, il était pour son malheur devenu veuf, et par chagrin s'était jeté dans le spiritisme ; une imagination déréglée et longtemps contenue avait fait le reste.

Dormez dans un fauteuil, lui dis-je, prenez trois fois par jour un milligramme d'hypophosphite de strychnine, douches froides sur la tête et les reins, exercice violent pendant le jour... Allez par exemple visiter la Suisse à pied, le sac au dos... et que Dieu vous soit en aide.

Ne croyez pas que ces victimes du spiritisme soient rares... et elles le seraient beaucoup moins encore, si certains tempéraments n'étaient pas absolument réfractaires à ce genre d'excitations.

Quelle leçon ! Et n'est-ce pas le cas de dire avec Dechambre :

«... Quel spectacle que celui des illusions, des témérités et des égarements de l'esprit humain s'attachant sans relâche à un même objet, procédant par les mêmes moyens, se continuant jusque dans leurs manifestations les plus minutieuses ou les moins importantes pendant des milliers d'années, ou pour mieux dire prolongeant leur origine aussi haut que les premières traditions de l'histoire. Ce spectacle est un enseignement. Il dévoile d'une façon singulièrement curieuse et instructive l'inguérissable faiblesse de la raison, quand ce n'est pas *la folie* plus inguérissable encore de l'orgueil. Il montre la facilité déplorable avec laquelle chemine le prosélytisme de l'erreur ; il ouvre enfin sur la pychologie des perspectives dignes de toute l'attention du moraliste. »

Et encore Dechambre, membre de l'Académie de médecine, ne portait-il un pareil jugement que sur la théorie du spiritisme, dans un article du *Dictionnaire encyclopédique* des sciences médicales... Que n'eût-il pas dit s'il se fût hasardé sur le terrain des faits, qu'il paraît n'avoir pas connu, car il était de cette génération de médecins, qui s'en va du reste, qui refusaient énergiquement l'honneur d'une étude expérimentale aux matières que les charlatans avaient déflorées.

Je n'insiste pas. De pareils faits démontrent jusqu'à l'évidence le danger de cette croyance qui a traîné, ainsi que je l'ai dit, dans tous les temples de l'antiquité, et qui conduit à des pratiques qui semblent renouvelées des mystères de Vénus Aphrodite.

Je ne cite plus que pour mémoire les médiums *parlants, voyants, somnambules, extatiques, impressibles, inspirés ;* tous les genres d'aberrations et de folies, leurs noms seuls indiquant leurs facultés. Ces gens-là sont du ressort de la pathologie. Un médecin et des douches !

V

Il nous reste à aller surprendre la fraude dans le grand centre où elle s'élabore en paix sous la protection des lois, c'est-à-dire en Amérique. Dans ce pays, le principe du législateur est celui-ci : tout homme majeur, jouissant de toutes ses facultés, doit savoir se défendre contre la fraude. Tant pis pour celui qui se laisse berner. Les conditions morales sont souvent si difficiles à apprécier entre dupeur et dupés, si souvent il y a eu interversion des rôles, en ce sens que le dupeur s'est adressé à plus fort que lui, que la loi américaine n'a pas voulu donner à des hommes la tâche difficile de juger ces cas de conscience.

Il est certain que Buguet n'eût même pas été inquiété

dans n'importe quel État de l'Union. « Vous voulez des photographies d'ancêtres, mes amis, à votre aise. S'il vous plaît même d'être trompés, cela ne nous regarde pas. »

Au fond j'ignore si cette abstention n'est pas plus sage ; dans tout ce qui touche aux superstitions humaines, les poursuites ne guérissent et ne convainquent personne.

Toutefois, il en résulte un argument de fait qui a bien sa valeur pour démontrer, à l'encontre des spirites, que tout photographe spiritualiste et tout médium évocateur de fantômes parlant, marchant, agissant, et matérialisé ni plus ni moins qu'un habitant de cette planète, sont forcément deux charlatans, car en Amérique, où on ne les poursuit pas, *ils pullulent*, et en France, où on les poursuit, *il n'y en a pas*.

Dira-t-on qu'ils craignent précisément ces poursuites ? C'est une simple plaisanterie. Sachez bien qu'il n'y a pas de police qui tienne. Si Buguet n'avait pas photographié d'avance des esprits sur ses plaques, il n'eût pas été poursuivi, parce qu'on n'eût pu le poursuivre, et si on l'eût tenté pour faire plaisir au bon jésuite, Buguet, en admettant qu'il eût réellement eu le pouvoir qu'il s'était attribué, n'avait qu'à dire aux juges : messieurs, voici un appareil et des plaques, faites visiter le tout par un photographe expert ; puis j'opérerai devant vous et devant lui ; et si, ayant fait cela, un esprit était apparu derrière la personne photographiée, tenez pour certain que non seulement il eût été acquitté avec honneur, mais encore qu'il eût gagné au spiritisme tout le public et ses juges.

Voilà tantôt vingt ans que je dis à tous les médiums : Obtenez-moi une photographie d'esprit, matérialisez devant moi un esprit dans des conditions de contrôle et de vérification réellement scientifiques, et je deviens à l'instant le plus fanatique de tous les spirites.

J'attends encore !

En 1869, partant pour San-Francisco, je me munis d'une lettre d'introduction de Daniel Home, pour une de ces officines dont j'ai parlé. Le célèbre médium demandait qu'on voulût bien développer la force psychique que je possédais déjà, et qu'on fît de moi un médium à matérialisation, sans exiger, à sa considération, la consignation de la somme traditionnelle.

Daniel Home avait fini par entrer dans mes vues. Je lui avais fait comprendre qu'il était de l'intérêt des vrais médiums que les faux fussent démasqués et leurs *trucs* divulgués, et que le meilleur moyen pour cela, était que je fusse initié à toutes leurs supercheries.

Dès mon arrivée à New-York, je me rendis au lieu indiqué, dans Duane Street, non loin de Broadway. Le lecteur comprendra que je ne puisse être plus explicite. Ces gens-là en somme, sur la recommandation de Home, m'ont donné une hospitalité princière, et les plus simples convenances m'obligent à ne pas les mettre en scène. Ce sont du reste les procédés, et non les hommes que je tiens à dévoiler.

Je fus reçu par un jeune homme d'une trentaine d'années, mis avec une rare élégance, qui était le chef de la maison. Appelons-le M. Walker si vous le voulez. C'est un nom aussi commun en Amérique que

Durand ou Bernard en France, et qui par conséquent ne peut compromettre personne.

— Très bien, gentleman, me dit-il après avoir lu la lettre que je lui présentai, je vous prie de vouloir bien m'autoriser à vous recevoir pendant le temps de votre séjour à New-York. Je me charge moi-même de votre éducation, et nos leçons auront lieu si vous le voulez bien non ici, où habitent nos pensionnaires, mais chez moi, à New-Jersey, de l'autre côté de la rivière l'Hudson.

Et comme je me confondais en remerciements.

— Inutile, me dit-il brièvement en vrai Yankee, ne sommes-nous pas compatriotes bien que je sois du Nord, et vous de...?

— De la Louisiane.

— Très bien, beau pays. J'espère que la guerre est finie entre nous pour toujours... Maintenant, laissez-moi achever les renseignements que je dois vous donner, pour n'avoir pas à y revenir... Je quitte tous les matins New-Jersey à 9 heures 1/2 par le *boat* après déjeuner, et j'y rentre à 4 heures 1/2. Nous dînons à 5 heures. Dans l'intervalle, vous serez libre de faire ce qu'il vous plaira. Je tiens à vous être agréable en tout, car nous devons les plus grandes obligations à M. Home.

— Combien vous faudra-t-il de temps pour terminer mon éducation?

— Le plus possible, si je réponds au désir que j'ai de vous conserver...; huit jours seulement, s'il s'agit de l'achèvement de vos études... Sur ce, je vous quitte. Il est deux heures, le moment où je suis le plus occupé;

revenez me prendre à quatre, nous partirons ensemble.

On ne pouvait être plus gracieux.

A l'issue du dîner, mon hôte m'introduisit dans un petit salon qui lui servait à donner de temps à autre des séances de *matérialisation* à ses voisins et amis ; des sièges garnissaient circulairement une partie de la pièce, et en face de ces sièges se trouvait le rideau traditionnel qui fermait le cabinet du médium ; à l'entrée dudit cabinet, et devant le rideau, se trouvait un piano qui remplaçait le bahut ordinaire.

— Ici, vous le voyez, me dit-il, pas de fraude possible, le piano descend jusqu'à terre et le médium ne peut sortir de son cabinet. Je le regardai bien en face ; il ne sourcilla pas, et n'eut pas même l'air de remarquer mon étonnement.

— Maintenant, je suppose, continua-t-il, que vous possédez déjà une dose suffisante de force psychique, pour faire mouvoir la table ou tout autre meuble dont vous désirez vous servir. Sans cela nous avons des petits guéridons faits exprès pour ne pas décourager les commençants, et qui donnent des résultats de suite.....

Je le regardai encore en accentuant mon sourire. Était-ce bien le même homme qui venait de me parler de l'impossibilité de frauder dans le cabinet des matérialisations... Comme devant, il resta impassible... Je devais en voir bien d'autres.

Voyant qu'il n'y avait pas moyen de rompre la glace, je laissai au temps et à une connaissance plus intime le soin de l'amener sur le terrain des confidences et je répondis que, bien que possédant assez de force psychique pour les phénomènes dont il m'avait parlé, je ne serais pas fâché cependant d'apprendre à manœuvrer la table faite *pour encourager les commençants*.

— Plus tard si vous le voulez bien. C'est du temps de gagné. Voyons ce que vous savez faire.

Je me mis à une table qui se trouvait près de moi sans oser demander si elle était *truquée*, mais mon interlocuteur comprit ma pensée à une légère hésitasion que je ne pus réprimer.

— Vous pouvez y aller, me dit-il, elle n'est point faite pour *prévenir les défaillances*.

Décidément mon hôte avait des euphémismes charmants.

Cinq minutes après, la table frappait deux coups d'appel. Sur ma demande, elle donna une série de coups comme si elle eût été frappée par des baguettes de tambour... Je m'arrêtai.

— C'est tout, me demanda Walker.

— Oui, répondis-je, c'est tout ce que je puis faire, mais je pourrais faire durer cela tant que je ne serais pas fatigué.

— Je le comprends bien ainsi. Je voulais vous demander si vous ne produisiez pas d'autres phénomènes d'une autre nature.

— Aucun.

— C'est très bien ! Je ne vous ferai pas perdre votre temps à développer vos facultés dans le sens de la lévitation et du mouvement des corps pesants, avec ou sans contact, ainsi que des matérialisations *nuageuses* et partielles, et des matérialisations *résistantes* et *com-*

plètes. Tout ceci, vous le savez aussi bien que moi, ne s'acquiert que par de nombreux exercices, la méditation et une longue patience. Les esprits gentlemen ne se livrent pas à nous aussi facilement, à moins qu'ils n'aient quelque intérêt à se matérialiser, quelque mission à accomplir, alors ils choisissent le premier sujet qu'il leur plaît pour manifester leur puissance, car le spiritisme, retenez-le bien, est avant tout une religion, et non un passe-temps.

Mon homme parla longtemps dans ce sens, je compris qu'il tenait à me placer le discours qu'il faisait à chaque néophyte, et qu'il voulait être pris au sérieux. Je perds donc tout espoir de l'amener à rire de ses inventions funambulesques... Au bout d'un quart d'heure un Français n'y eût pas tenu, mais mes compatriotes du Nord n'ont pas le même tempérament, peu leur importe ce que l'on peut penser d'eux, pourvu qu'ils ne se livrent pas.

Il termina son homélie, en m'annonçant qu'il allait me faire connaître immédiatement ce qui, dans sa maison, n'était révélé aux élèves qu'après leur complet développement.

— Je vous l'ai dit, gentleman, le spiritisme est une véritable religion, la religion de l'avenir, basée sur les communications des esprits, la science et la raison. Nous sommes encore à une époque de prosélytisme où le moindre insuccès pourrait nuire à la croyance, et vous savez que le médium n'étant qu'un instrument peut arriver à manquer de fluide au milieu même d'une séance et faire croire à une supercherie, qui n'est qu'une éclipse momentanée de puissance. Quelques âmes dévouées se sont alors employées pour qu'un accident aussi regrettable ne puisse se produire au milieu d'une foule incrédule et conduire à un résultat dont les suites fâcheuses seraient incalculables. La France serait beaucoup plus avancée qu'elle ne l'est dans la voie du spiritisme sans la triste aventure des frères Dawenport.

Nous avons toujours pensé en Amérique que les ennemis du spiritisme avaient dû faire un pacte avec ces misérables, et que leur chute avait dû être payée fort cher..... Les Dawenport vendus, comme Buguet, je ne m'attendais pas à celle-là !

Singulière chose que l'esprit humain !... Mais pourquoi m'étonner, ne sommes-nous pas formés d'une même pâte, pétrie dans les minéraux et les végétaux du globe, et les mêmes causes ne doivent-elles pas toujours conduire aux mêmes effets ?

J'abrège l'homélie de mon hôte pour arriver au point important, c'est-à-dire aux armes données par l'officine à ses médiums, pour éviter qu'ils ne soient pris en *défaillance*.

Il me suffira de les signaler sans autre mise en scène, qui serait sans intérêt pour le lecteur. J'ai tenu auparavant à lui esquisser le directeur de cette agence spiritualiste, pour lui montrer que chaque croyance possède ses casuistes et ses escobars.

J'avais affaire à un des doctrinaires de la secte. Tout est permis pour la plus grande gloire du spiritisme.

Les fraudes en usage parmi les médiums sont de trois sortes.

1° *Les tables et meubles préparés pour la typtologie, le mouvement et la lévitation.*

Ces sortes de fraudes sont grossières, et ne peuvent servir qu'aux farceurs qui, sans posséder la moindre force psychique, veulent se faire passer pour médiums et ne donnent de séances que chez eux, à un public de croyants, soigneusement triés sur le volet.

Un mécanisme ingénieux dissimulé dans le pied de la table, et dans toute autre partie non apparente des meubles dont on veut se servir, permet d'obtenir à volonté des coups frappés, ou de lancer les objets en avant, rien qu'en posant la main dans un endroit spécial que le faux médium a soin d'avoir toujours devant lui. Les objets lancés l'étant toujours dans l'obscurité, alors que les assistants font la chaîne, en tenant le médium par les deux mains, ce dernier, qui a soin de pousser des soupirs, et de paraître agité de tremblements nerveux, s'incline sur la table lentement et continue ses jérémiades et ses mouvements comme si l'esprit agitait tout son corps, mais en réalité pour voiler ses supercheries, et finalement il lance les petits objets avec ses dents, et presse de la même façon sur le point spécial qui doit faire jouer le mécanisme et lancer les gros, et le tour est joué.

2° *Les matérialisations partielles.*

L'officine possède une foule de menus objets de formes diverses, en baudruche gommée, pelure de caoutchouc, capsules de gomme, selon la composition qu'ils doivent contenir, hydrogène phosphoré qui s'enflamme au contact de l'air, ou toutes autres préparations qui ne sont qu'un jeu pour un chimiste. Il suffit que le médium, ou même un compère, quand le médium est surveillé trop étroitement, écrase un de ces objets entre ses doigts pour que l'on voie immédiatement planer dans la salle des larmes, des fleurs, des flammes, des couronnes phosphorescentes et des apparences de mains qui semblent sortir d'un nuage.

— Nous cherchons, me dit Walker, à rendre ces apparitions visibles en plein jour, en colorant légèrement la composition. J'espère que nous y parviendrons.

3° *Les matérialisations complètes ou apparitions de fantômes.*

Dans ces sortes de fraudes, la réussite dépend en grande partie de l'habileté et du sang-froid du médium; l'officine ne lui fournit que des moyens excessivement simplifiés de jouer son rôle.

Le moins de déguisement possible, telle est la devise : et l'on en comprend la justesse, quand on songe que le médium devra souvent les faire disparaître en deux ou trois secondes. Aussi le costume de l'esprit matérialisé ne comporte-t-il jamais autre chose qu'une pièce de gaze légère et généralement blanche, dans laquelle le médium s'enveloppe, et une coiffure d'une pareille simplicité. Le tout, ainsi que je l'ai déjà dit, peut se renfermer aisément dans un portefeuille, un porte-cigares, ou un œuf tourné en bois d'une grosseur moyenne. La lampe, qui est à peu près du même volume, est en cristal ou en verre, bouchée à l'émeri. Il suffit d'y introduire quelques gouttes d'huile phosphorée pour obtenir cette lumière vague dont j'ai si souvent parlé. Pour s'en servir, il faut la déboucher et y laisser pénétrer l'air ; il suffit de la boucher à nouveau pour interrompre la lumière.

Pendant plusieurs soirées, Walker m'exerça au maniement de la lampe sous le grand haïk blanc qui recouvre l'esprit, afin qu'il me soit possible de faire à volonté la lumière ou l'obscurité, sans qu'un témoin, même me touchant, pût rien voir à la manœuvre. Je me promettais bien de surprendre et d'amuser mes amis à mon retour en Europe, car c'est ainsi que les esprits se matérialisent et se dématérialisent instantanément, par un simple jeu de lumière et d'obscurité. Quand on veut apparaître comme un petit point à peine visible, et se matérialiser devant les assistants, on enveloppe sa lampe d'une vingtaine de tours de gaze, et, en la déroulant lentement, on produit exactement l'illusion d'un esprit qui se matérialise peu à peu, à mesure que le fluide de son médium lui parvient.

L'officine Walker enseigne aussi l'art de photographier les esprits.

— Vous êtes *au point*, me dit un jour Walker, et vous pouvez sans crainte aborder *la prédication par les actes* — mon hôte avait toujours des expressions adorables : prêcher le spiritisme par les actes, est une trouvaille. — Voulez-vous en faire l'expérience devant une assistance d'élite ?

L'idée me parut bizarre et me séduisit.

— Volontiers, répondis-je, ce sera la consécration de vos leçons.

Mon hôte invita une centaine de personnes, tant de New-York que de New-Jersey, pour le lendemain soir qui était un samedi. Dans la nuit, j'imaginai un

Fig. 11. — Institut de développement de la force des médiums, maison C*** et Cie de New-York. Apparition de fantômes. Le truc du buffet.

tour de ma façon qui devait porter jusqu'à l'enthousiasme l'admiration des Yankee. J'en fis part le matin à mon hôte qui me laissa libre.

— Oh ! excellent, m'avait-il dit. Comment n'avons-nous pas encore songé à cela ? Avec cette nouvelle corde à notre arc, nous allons battre tous nos concurrents. Ma parole, cela vaut les mille dollars que je ne vous ai pas demandés. Nous sommes quittes, gentleman.

J'avais trouvé le moyen, *moi aussi*, de faire voir en même temps l'esprit et le médium. Et voici comment je m'y pris :

J'allai ce matin-là à New-York avec mon hôte, et je me rendis dans un atelier de construction, où je me fis confectionner sur-le-champ un ressort à boudin d'un mètre quatre-vingts de hauteur, une fois détendu, de soixante centimètres de diamètre à la base, afin qu'il pût se tenir droit, et de vingt-cinq seulement au sommet. Le tout, fermé, ne présentait qu'une hauteur de quelques centimètres et pouvait se cacher aisément. En rentrant au cottage de mon hôte, je plaçai l'objet sous le canapé destiné au médium dans le petit cabinet du salon.

Le soir venu, personne ne manqua à l'appel : mon hôte m'avait présenté comme un médium d'une force extraordinaire, ayant assez de fluide pour obtenir cinq à six matérialisations dans une séance.

Dès que j'eus pénétré dans le cabinet en pleine lumière, au bruit des applaudissements d'une foule convaincue d'avance, *tous spirites*, le gaz fut éteint selon la coutume, et je me hâtai de retirer mon ressort à boudin, que j'entourai rapidement de gaze-

Fig. 12. — Institut de développement de New-York. Le truc du mannequin.

mousseline. J'adaptai au sommet une tête de caoutchouc très bien modelée et coloriée ; une grande barbe et un turban complétèrent mon mannequin, dont j'avais essayé l'effet dans la journée. A hauteur de poitrine, j'attachai la petite lampe dans un filet de soie blanche à larges mailles ; elle était hermétiquement bouchée. Ceci fait en une minute environ, je procédai à mon déguisement qui fut beaucoup plus rapide encore et, prenant mon mannequin, je poussai doucement un des côtés du piano qui pivotait sans bruit sur lui-même, et je me trouvai dans la salle.

Les fauteuils laissaient un espace vide de plusieurs mètres à droite et à gauche ; je me dirigeai sur la droite et déposai tout doucement mon fantôme. Revenant alors devant le piano, j'ouvris ma lampe phosphorée, et je procédai à une matérialisation graduelle. Pas un bruit ne se faisait entendre, pas un souffle ; l'émotion étreignait tous les assistants... Je fis le tour de chaque rang de sièges, distribuant à chacun des sentences de la Bible et de petits morceaux de mon manteau, ou plutôt d'un morceau de même étoffe que je m'étais attaché à la ceinture, afin de pouvoir montrer à tous la peau de mon kaïk intacte. Ceci fait, je me dirigeai dans le coin où m'attendait mon mannequin, et je fermai ma lampe.

— Ladies and gentlemen, cria Walker, l'esprit du prophète Ézéchiel vient de se dématérialiser, prions pour qu'il revienne, et il entonna à pleine voix un cantique accompagné par tous les assistants.

Évoquer Ézéchiel, c'était raide, mais avec des

Fig. 13. — Institut de développement de New-York. Le truc des deux fantômes.

croyants ! Et puis mes sentences de la Bible avaient produit un excellent effet.

Je me laissai toucher par le cantique et je débouchai lentement le flacon de mon mannequin, en me cachant derrière lui. Des exclamations de joie se firent entendre, et j'en profitai pour m'éloigner de mon mannequin à une distance où on ne pouvait me voir. D'un tour de main j'avais enlevé kaïk et turban que je mis dans ma poche, et je me trouvai tout en noir.

A ce moment, la voix de Walker retentit de nouveau.

— Ladies and gentlemen, demandons au prophète si, pour convaincre les incrédules qui peuvent se trouver ici, il ne voudrait pas consentir à ce que trois membres, nommés par vous, aillent, pendant qu'il restera immobile ici, vérifier la présence du médium dans le cabinet.

— Ma mission est de convaincre les incrédules ; votre prière est exaucée, répondis-je d'une voix sépulcrale.

Et je filai du côté du piano ; le mur qui me guidait m'empêchait de commettre un impair.

Pénétrer dans le cabinet, repousser doucement l'instrument et me coucher sur le canapé fut l'affaire d'un instant ; une minute après environ, trois membres de l'assemblée, choisis par elle, étaient introduits par Walker dans le cabinet et pouvaient s'assurer de la présence du médium, en même temps que toute l'assistance constatait celle du prophète *Ezéchiel* dans la salle.

Comme on doit le penser, je ne perdis pas de temps

à rester étendu sur mon canapé ; les trois vérificateurs n'étaient pas retournés à leurs places, que déjà j'avais repris mon déguisement et supprimé le mannequin. Tout le monde applaudit à tout rompre à la déclaration des trois personnages qui étaient venus s'assurer de ma présence dans le cabinet, mais le calme se rétablit presque aussitôt, par respect pour le prophète, dont personne dans l'assistance ne révoquait la présence en doute.

Après une seconde promenade dans la salle que j'abrégeai le plus possible, je revins devant le piano où je me dématérialisais définitivement ; le tour était joué ! et pas un signe d'incrédulité ne s'était manifesté dans la salle pendant toute la durée de cette mystification.

Le lendemain je partais pour la Nouvelle-Orléans et San-Francisco.

De retour à Paris, je me suis servi plusieurs fois du déguisement du prophète Ezéchiel, non pour le très médiocre plaisir de mystifier quelques pauvres spirites, c'est trop facile en vérité, mais pour arracher à ces dangereuses insanités quelques braves gens à qui il restait quelques lueurs de bon sens.

Un jour, la femme d'un employé supérieur d'un de nos grands établissements financiers, Mme D***, vint me voir tout éplorée. Elle m'était adressée par un ami et me raconta en quelques mots le fait pour lequel elle venait me demander mon assistance. Son mari ayant fait par hasard la fâcheuse rencontre d'un camarade d'enfance, qu'il avait perdu de vue depuis de longues années, et qu'il retrouvait spirite enragé, s'était laissé entraîner par lui dans une de ces réunions qui se groupent autour des journaux spirites, pour faire des prosélytes et recruter des abonnés ; frappé par les phénomènes qu'il vit s'accomplir sous ses yeux, il devint bientôt un des collaborateurs les plus actifs de ces réunions ; non seulement il en perdait le boire et le manger, et négligeait ses devoirs de famille, mais encore n'accomplissait plus ses fonctions avec le zèle et l'intelligence qu'il y apportait autrefois ; ses chefs avaient fini par lui en faire la remarque, en lui annonçant qu'ils suspendaient l'effet d'une décision prise en conseil, qui l'élevait à la situation d'employé intéressé, ce qui était un acheminement vers l'association. A des remarques toutes paternelles sur ses nouvelles occupations, il avait même répondu d'un ton sec : que ces sortes de choses ne relevaient que de sa conscience, et par conséquent ne regardaient personne... Bref, il avait résisté à toutes les supplications de ses parents, de sa femme, et était tout simplement en train de perdre une magnifique position que lui avaient value quinze années de bons et intelligents services.

Un ami commun, ainsi que je l'ai dit, eut la pensée de m'adresser la jeune épouse éplorée, qui voyait son mari s'éloigner d'elle, en outre, parce qu'elle avait refusé de le suivre dans la voie où il s'était engagé.

— Vous avez eu tort, madame, sans vous en douter, lui répondis-je, quand elle eut terminé son récit, en laissant couler toutes les larmes de ses beaux yeux, car de cette façon vous avez perdu tout empire sur votre mari... Je vais essayer de vous le ramener, mais il faut que vous m'aidiez.

— Oh! monsieur, que dois-je faire?

— Vous voyez cette petite table, lui dis-je, en lui montrant une sorte de petit guéridon à un seul pied se terminant par trois branches, je vais le faire porter chez vous, comme si c'était un achat que vous eussiez fait au dehors ; je vous en enseignerai au préalable le maniement, puis ce soir, lorsque votre mari rentrera, vous lui sauterez au cou en lui disant : « Mon ami, à force de réfléchir, j'ai songé qu'un homme intelligent comme toi ne pouvait pas perdre son temps à des inepties ; j'ai voulu, moi aussi, interroger les esprits, pour voir s'ils ne daigneraient pas venir m'éclairer; je n'avais sans doute pas assez de fluide pour agir sur les tables que nous possédons et j'ai acheté celle-ci qui, oh bonheur! a répondu à ce que j'espérais d'elle. » Alors, madame, ce sera à vous de suivre de votre mieux les instructions que je vais vous donner.

— Oh ! monsieur, vous pouvez être certain de ma bonne volonté.

La jeune femme était très intelligente et entendait à demi-mots : Je lui indiquai la place où elle devait poser ses mains, place qui était indiquée par une nervure naturelle du bois; la main posée à plat n'amenait aucun résultat, même avec une forte pression, mais le plus léger effort du poignet sur le rebord produisait immédiatement un bruit sec et bien détaché, comme celui qu'obtiennent les médiums doués d'une grande force psychique. A cette leçon pratique j'ajoutai les instructions nécessaires pour qu'elle ne se trompât pas dans la direction alphabétique des communications qu'elle voudrait obtenir et je terminai en lui disant :

— Le premier résultat que vous allez obtenir sera de retenir votre mari près de vous, car les spirites convaincus, surtout au début, préfèrent travailler seuls avec un médium, quand ils ont le bonheur d'en posséder un, afin de lui poser, sans être gênés par les exigences des autres assistants, toutes les questions dont leur cerveau déborde. A vous, madame, de conduire les communications de façon à plaire à votre mari, et vous êtes plus à même que tout autre de savoir ce qu'il faut faire à cet égard. Ne faites intervenir que deux esprits, l'âme d'un de vos parents morts, et celle d'un être de convention que vous appellerez comme il vous plaira, et qui sera chargé de répondre aux questions d'un ordre général, qui ne vous intéresseront pas particulièrement. Chaque fois que la question posée par votre mari vous embarrassera, faites répondre par la table : « Il nous est défendu de vous satisfaire sur ce point ! » Ne manquez jamais, lorsque l'occasion se présentera, de faire dire par l'un des deux esprits : « Que le meilleur moyen pour l'homme d'obtenir dans l'autre monde une situation des plus élevées, consiste à remplir dans celui-ci toutes les obligations qu'imposent les devoirs de famille et la situation qu'on occupe ici-bas. »

— Allez, madame, ajoutai-je en prenant congé d'elle, je me charge du reste ; dans un mois vous aurez de mes nouvelles.

Elle me quitta à demi consolée.

Pendant le mois qui suivit, l'ami qui me l'avait adressée me tint au courant de tout ce qui se passait ; le mari ne quittait plus sa maison, enchanté d'avoir un médium sous sa main.

Il s'agissait maintenant de porter le dernier coup. J'organisai une séance de matérialisation, à laquelle notre ami n'eut pas de peine à amener le jeune couple.

Une cinquantaine de personnes, seules, furent invitées, parmi les connaissances que nous avions de part et d'autre, et tout se passa comme je l'ai déjà conté.

Tout ceci n'avait fait qu'augmenter la rage spirite dont le mari de la jeune dame était déjà captivé, mais c'était un homme de chiffres, que les preuves scientifiques devaient convaincre aisément, à condition de ne rien laisser dans l'ombre, et je comptais sur une réaction au moins égale à l'entraînement qu'il avait subi.

A la suite de cette soirée où M. D*** m'avait été présenté, il vint me voir pour réclamer l'exécution de la promesse que je lui avais faite, de reproduire avec lui et notre ami commun toutes les grandes expériences de Crookes, et je m'exécutai en lui faisant toucher du doigt le *pourquoi* de chaque phénomène, et je m'y pris de telle façon qu'au bout de quinze séances du soir, de huit heures à minuit, il me dit lui-même avec la joie d'un cerveau qui s'était repris :

« — Mais, monsieur, il n'y a pas l'ombre d'*esprits* dans tout cela : il y a simplement une force spéciale, qui s'accumule avec plus ou moins d'abondance chez tel ou tel individu, pour des raisons qui nous échappent, et qui produit des phénomènes également spéciaux, qui n'ont que l'apparence d'être contraires aux lois de la nature. Je dis « qui n'ont que l'apparence », parce que, si nous pouvions saisir pour tous ces phénomènes la raison qui paraît faire braver ces lois, nous verrions que les lois naturelles ne sont que paralysées par d'autres lois non moins naturelles, et partant, qu'il n'y a point de surnaturel dans tout cela ; ainsi, pour prendre un exemple, « tout corps abandonné *à lui-même* est attiré sur le sol avec une vitesse proportionnelle à sa densité » ; supposons que dans sa course je le saisisse par la main et le maintienne suspendu au-dessus du sol, dirai-je qu'il y a là un phénomène contraire aux lois de la nature ? Non, parce que je vois la main qui a interrompu le mouvement du corps vers le sol ; l'arrêt a eu lieu en vertu d'une seconde loi qui ne détruit pas la première. Si maintenant la main qui a suspendu la chute du corps était invisible, cela changerait-il quoi que ce soit à cette conclusion ? Nullement, mais ceux qui assisteraient à un pareil spectacle, ne voyant pas la cause de l'*arrêt*, se laisseraient entraîner à dire que ce phénomène est contraire aux lois naturelles. Tout le spiritisme est là ! On ne voit pas la loi naturelle qui contrarie ou produit un autre phénomène que celui que l'on semble être en droit d'attendre d'une loi différente tout aussi naturelle, et l'on va chercher l'explication dans le monde occulte du surnaturel et du mystère, comme si rien pouvait être surnaturel dans la nature. Est-ce que, dans le magnétisme terrestre et dans l'électricité, nous voyons le pourquoi de la force qui agit? Non, n'est-ce pas? Est-ce que nous imaginons pour cela qu'un *esprit* s'en va à cheval, sur le fil, porter à Pékin la pensée que nous avons confiée à la table télégraphique! Et qu'on ne dise pas que le fil conducteur de l'électricité n'existe pas dans les communications d'ordre psychique! Est-ce que le corps et les bras dont les mains reposent sur la table du médium et des personnes qui font la chaîne ne sont pas un fil suffisant du cerveau qui conçoit, à la table qui répond? Sans doute on voit le *comment* et on ne saisit pas le *pourquoi*, mais il en est de même pour l'électricité : si le *comment* est facile à saisir, le *pourquoi* ne peut pas davantage s'expliquer.

— Non, dans les phénomènes dits spirites, il n'y a pas d'esprits comme agents de production, tout émane bien du médium et des personnes qui l'assistent et je vous remercie d'avoir bien voulu me procurer l'occasion d'en faire la preuve... Il ne reste donc plus que des faits dont l'étude peut offrir quelque intérêt au savant, mais qui pour moi sont désormais sans attrait, parce qu'ils sont sans application.»

— Vous pouvez même ajouter que, pour le savant lui-même, ils n'auront qu'une valeur très relative, une valeur de curiosité, car comme dans l'Inde, dans l'Extrême-Orient, en Egypte, de toute antiquité ces phénomènes n'ont servi qu'à frapper l'imagination des masses, sans amener aucun résultat utile. Ce n'est pas après les progrès réalisés par la pensée moderne, après nos méthodes toutes d'observation et de synthèse, que nous en reviendrons jamais au culte des esprits, bons ou mauvais, et à tout l'arsenal de la sorcellerie au moyen âge ; le spiritisme est aussi vieux que les pyramides, ne n'est pas en changeant les noms et en rajeunissant les étiquettes, que l'on fera admettre ce retour en arrière, par le siècle de la vapeur et de l'électricité, par le siècle de toutes ces merveilleuses applications mécaniques qui ont changé la face du monde.

En vérité on croit rêver, quand on voit des écrivains prétendus sérieux promettre à Rivail (Allan Kardec) une place à part parmi les novateurs et les grands moralistes de l'humanité, pour un mauvais plagiat des vieilles superstitions de l'Inde et de l'Egypte...

M. D*** me quitta entièrement guéri, et depuis, ces tristes pratiques qui avaient compromis la paix de sa famille et failli lui faire perdre sa position, n'ont pas d'ennemi plus acharné et plus convaincu que lui.

J'ai choisi ce fait au milieu d'une foule d'autres, car je m'honore, grâce à mes expériences scientifiquement concluantes, d'avoir déjà arraché au spiritisme un certain nombre de victimes, qui eussent infailliblement fini, comme l'ami de M. Vacquerie, par la folie.

Le moment est venu, après cette étude sur le mouvement du spiritisme en Amérique, en Angleterre et en France, de faire connaître au lecteur ces expériences qui, en dévoilant les véritables causes des phénomènes sur lesquels s'appuie cette croyance, ruinent de fond en comble la théorie des esprits pour ne laisser subsister que des faits qui, dorénavant, ne devront plus relever que de la physiologie et de la pathologie.

Un mot encore : si les hommes de science que la France est habituée à écouter avec respect avaient bien voulu s'occuper de l'étude expérimentale de ces phénomènes, il y a longtemps que le spiritisme serait tombé sous les coups de leur jugement sans appel.

QUATRIÈME PARTIE

SPIRITISME EXPÉRIMENTAL

LA VÉRITÉ SUR LES MANIFESTATIONS, LES FAITS ET LES PHÉNOMÈNES

Le spiritisme s'appuie sur des phénomènes qui ne lui appartiennent pas. Ces phénomènes sont le produit d'un fluide spécial que tous les êtres animés possèdent, réparti dans le corps entier, comme un des éléments de la vie, et qui réside principalement dans les centres nerveux et dans le cerveau.

Par exception, certains individus de l'espèce humaine parviennent à en produire ou à en accumuler des quantités supérieures à celles du commun de leurs semblables, et le surplus de ce fluide nécessaire à l'existence peut rayonner au dehors par l'effet de la tension du cerveau et l'action directe de la volonté, et charger un corps inanimé comme une pile se charge d'électricité.

En cet état, l'objet qui se trouve sous l'influence de

ce fluide peut obéir à l'inspiration de celui qui le dirige, de là ces faits dans lesquels on a voulu voir l'intervention de puissances occultes, c'est-à-dire des esprits.

Cette puissance d'action communiquée aux corps inanimés, autrement dit à la matière inerte, a reçu ce nom, que je conserve faute d'un autre plus exact, de *force psychique*, et les individus qui la possèdent sont, ainsi que nous l'avons vu, appelés *médiums*, nom absolument impropre, car je prouverai que loin d'être des intermédiaires, ils sont, au contraire, des *agents directs de production*.

Lorsque plusieurs personnes s'unissent au médium, leur fluide se combine avec le sien pour la production des phénomènes, mais alors ces derniers ne se manifestent plus avec l'unité qu'ils présentent toujours, lorsque le médium concourt seul à leur production ; ils obéissent indifféremment à la volonté ou même à la simple pensée d'une des personnes assistantes, ce qui fait que l'on obtient parfois, lorsqu'il s'agit de communications, des phrases incohérentes et sans suite. Pour un homme détaché de toute superstition, c'est une preuve évidente que les esprits ne sont pour rien dans l'affaire, mais les spirites expliquent cela d'une façon commode ; ce sont, disent-ils, des esprits de la dernière catégorie qui s'amusent à se couper la parole.

Ce n'est plus le moment de discuter, puisque nous sommes arrivés à la *preuve par les faits*. Nous nous bornons à rappeler certains principes indispensables à l'intelligence de ceux qui vont suivre.

Malgré le nombre des personnes qui l'assistent, le médium peut toujours, par un effort continu de volonté, ramener l'unité dans les phénomènes qui obéissent alors soit à l'inspiration de la personne qu'il désigne, soit à la science propre.

Lorsque les forces du médium s'épuisent, car la tension de volonté qu'il déploie finit par le fatiguer, que l'émission du fluide n'est plus assez abondante, les manifestations s'arrêtent, ce qui démontrerait encore que les esprits n'y sont pour rien, si les spirites n'avaient pas tourné la difficulté, en prétendant que ces dits esprits ne pouvaient se communiquer que par le fluide du médium.

Ceci posé j'entre dans le vif de mon sujet.

Je le déclare avec une entière franchise : la première fois que j'assistai à une séance de spiritisme, non seulement je ne crus pas aux esprits, mais encore je ne pus accepter la réalité des phénomènes ; les vrais *médiums* à grande puissance sont rares, c'est à peine si vous en comptez trois ou quatre depuis un demi-siècle. Je n'avais vu que des faits de typtologie, c'est-à-dire des communications par coups frappés dans la table, et je me retirai convaincu qu'il n'y avait là qu'une scène de prestidigitation. Cependant l'affirmation énergique de quelques personnes sérieuses à qui j'en parlai ébranlèrent cette conviction, et je pris la résolution d'étudier ce qu'il pouvait y avoir de vrai dans ces étranges manifestations. Pour atteindre ce résultat, le meilleur moyen était de m'adresser à un médium, et de lui demander de vouloir bien travailler seul avec moi.

En quelques séances je fus absolument édifié sur la réalité des faits, mais il me fut impossible d'admettre les explications que le médium me donna sur les causes, c'est-à-dire de croire aux esprits. Effet de l'éducation, ou transmission héréditaire, aucune case de mon cerveau n'a jamais pu s'affecter de *crédulité* et de *religiosité*. Je n'en tire point vanité : on est fait comme cela ou autrement, et j'étais fait comme cela! mais j'en suis heureux, car d'un autre côté, avec le tempérament que je possède de ne jamais abandonner ni une idée, ni un projet, sans avoir tout tenté pour les mettre à exécution, je fusse certainement devenu, avec d'autres tendances intellectuelles, un spirite fanatique et intransigeant.

J'ai remarqué que tous ceux qui ont eu le malheur d'admettre *a priori* comme une hypothèse à vérifier l'existence des esprits, ont presque toujours conclu en faveur de l'existence de ces mêmes esprits ; c'est qu'il est une tendance à peu près générale de l'intellect humain, de placer presque toujours à titre d'hypothèse à vérifier celle qui lui plaît le plus.

Je pus donc, grâce à la disposition particulière de mon caractère, commencer ces études avec une entière indépendance de pensée et de jugement. Comme cause de ces phénomènes, je n'admettais rien et ne repoussais rien ; ma croyance était prête à se porter là où des preuves absolument scientifiques feraient pencher le plateau de la balance.

J'ai déjà expliqué comment, après avoir parcouru toute la classification des phénomènes de Crookes, moins les apparitions, je n'étais arrivé à rien. Tous les faits contrôlés étaient de la plus rigoureuse exactitude, et quand je voulais passer aux causes, tout critérium de certitude me manquait. La table interrogée me disait : «Ce sont des esprits. » Le médium interrogé me répondait : «Je n'y suis pour rien ; une puissance supérieure à la mienne dirige tout... souvent les communications ont lieu dans un sens contraire à ma volonté. »

Il n'y avait pas à insister ; le médium et les coups frappés donnaient la même réponse.

Fallait-il donc conclure en faveur des esprits ? Tous les spirites le prétendaient. « Vous demandez, me disaient ceux qui désiraient ma *conversion à leurs idées*, des preuves scientifiques ? où donc en trouver de plus concluantes ? Vous avez reconnu la réalité des faits, et quant à leur cause, est-ce que la déclaration formelle obtenue par coups frappés et celle du *médium*, ne se contrôlent pas mutuellement l'une l'autre ? »

Et de bonne foi beaucoup de gens admettaient et sont encore persuadés qu'il est impossible de fournir des preuves plus scientifiques.

— Non, répondais-je, il n'y a pas là de contrôle au sens réel du mot. Pour que ce contrôle existât, il faudrait faire la preuve qu'il n'y a aucun rapport d'influence intellectuelle entre le médium et la table, et que le médium ne sert que de lien matériel entre les *esprits* et cette table qui reçoit et transmet les communications. Or cette preuve n'est pas faite. Bien plus, les médiums qui pourraient aider à ce qu'on pût l'obtenir, ne s'y prêtent généralement pas, et quant à ceux qui paraissent disposés à vous satisfaire, dès

qu'ils comprennent où on veut les mener, ils interrompent carrément l'expérience par la phrase habituelle :
« Il ne nous est pas permis de vous renseigner à cet égard », et comme cette réponse est censée émaner des esprits, il n'y a plus possibilité d'insister.

C'est à cette époque que je fis la connaissance de Home. Avec lui les phénomènes prirent une lucidité et une intensité extraordinaires, mais pas davantage je ne pus obtenir qu'il se prêtât à la série de vérifications auxquelles je voulais procéder; et je comprenais très bien la raison qui les guidait tous. Enlevez de l'atmosphère du médium ces nombreux esprits qui semblent voltiger autour de lui, ardents à se servir de son fluide pour se manifester aux habitants de la terre, et vous lui arrachez cette mystérieuse auréole qui le grandit aux yeux des croyants et fait de lui l'intermédiaire obligé entre le monde immatériel et le nôtre.

Privé de ce prestige, il n'est plus qu'une exception pathologique, un sujet d'études pour la science, et s'il exploite ses facultés en donnant des séances publiques, il descend au niveau des charlatans.

Comprenant que je n'arriverais à rien, en présence de la gravité de ces motifs, je me résolus à employer le moyen que j'ai déjà indiqué plus haut, c'est-à-dire à développer chez moi l'émission fluidique afin de pouvoir me servir de médium à moi-même.

J'avais remarqué que, lorsqu'un de ces personnages avait chargé une table de fluide, je pouvais la maintenir en cet état pendant quelque temps; je possédais donc une certaine quantité de fluide qu'il ne dépendait que de moi d'augmenter par l'exercice.

Pendant près d'une année, j'eus la patience de m'installer tous les soirs à mon poste, les deux mains sur une petite table, attendant la manifestation qui devait me permettre d'aborder le mystère dont je tenais à dissiper les ombres. J'avais une foi absolue dans la réussite, mais encore fallait-il que je pusse acquérir la faculté nécessaire à la production des phénomènes. Le premier coup frappé que j'obtins directement par ma seule force, me causa une joie indicible : j'allais donc pouvoir me passer d'intermédiaire, et dégager de l'obscurité où il s'enveloppait l'étrange problème dont je poursuivais la solution depuis tant d'années.

A partir de ce moment, mes progrès furent rapides, et je ne tardai pas à pouvoir maintenir la table pendant deux ou trois heures dans ses dispositions fluidiques. J'avais eu la patience d'attendre d'en être arrivé là, pour commencer sérieusement mes expériences qui devaient être de deux sortes :

1° La recherche des causes, afin de déterminer définitivement la nature de l'agent producteur des phénomènes ;

2° Etant donné cet agent, quel qu'il fût, examiner à l'aide d'une sévère méthode expérimentale le nombre et la nature des phénomènes que cet agent peut réellement produire.

Toute la première série d'expériences fut accomplie par moi seul sans l'assistance d'aucun médium. Dans la seconde, j'ai eu comme opérateur Daniel Home mon ami, le plus fort producteur de phénomènes psychiques qui ait jamais paru.

Je me souviendrai toujours de l'extraordinaire émotion qui s'empara de moi le premier soir, où, après quatre heures passées à ma table sans désemparer, j'acquis enfin *la preuve scientifique* de la non-intervention des *esprits* dans les phénomènes qui leur sont attribués par les spirites.

Bien que j'eusse la conviction inébranlable qu'il n'y avait rien de surnaturel dans ces faits, je n'étais pas certain de pouvoir arriver à le démontrer. Les expériences furent si convaincantes pour un homme libre de toute superstition, que je donnai immédiatement rendez-vous pour le lendemain soir au petit comité de contrôle que j'avais prié de m'assister, dès que je serais arrivé à mes fins.

Ce comité se composait de M. S***, dont j'ai déjà parlé, incrédule à toute espèce de manifestation et matérialiste convaincu, de M. H. P***, ingénieur des mines des plus distingués, qui avait été vivement frappé par les expériences de Home auxquelles je l'avais fait assister, mais qui avait réservé son jugement ; et enfin de M. de M***, spirite convaincu mais sans fanatisme. Il était allé à cette croyance comme beaucoup d'hommes profondément honnêtes, par besoin de réaction contre le scepticisme contemporain... Il avait trouvé suffisantes les preuves que les esprits eux mêmes donnaient de leur présence, sans réfléchir que tout contrôle manquait entre ces trois termes qui concouraient à la formation des phénomènes : le *médium*, la *table* et les *esprits*.

Il avait été convenu entre ce dernier et moi, d'une façon semi-sérieuse, que si à la suite de ces expériences je venais à reconnaître la présence des *esprits*, on pourrait dorénavant me compter au nombre des adeptes de cette croyance ; de même, que si leur non-intervention était établie, il ne ferait nulle difficulté d'abandonner pour son propre compte les pratiques spiritualistes.

Je risquais peu de chose en résumé, car en admettant que j'échouasse, j'étais bien certain que la présence des *esprits* ne pourrait jamais se prouver *scientifiquement*. C'était un cercle vicieux dans lequel on était obligé de tourner.

Ce qui va suivre est l'exposé des expériences des différentes séances que nous tînmes, qui toutes furent couronnées du plus éclatant succès. Mes collaborateurs en témoigneraient au besoin, si le moindre doute pouvait s'élever à cet égard.

PREMIÈRE SÉANCE

— Messieurs, fis-je à mes amis, je vous ai réunis pour les expériences que nous avons résolu de faire ensemble, relativement à la cause des phénomènes psychiques. Vous êtes libres de vous mettre à la table avec moi, ou d'en rester éloignés, c'est-à-dire d'être sans communication directe avec elle...; au préalable, veuillez prendre ces trois enveloppes fermées qui nous sont destinées, et qui renferment chacune une communication à notre adresse.

Mes amis d'un commun accord décidèrent qu'ils ne se mettraient pas en communication avec la table, et s'assirent à une faible distance, l'un d'eux à ma prière se tint prêt, son carnet à la main, à noter les communications, qui devaient se faire comme d'habitude à l'aide de l'alphabet.

Ceci fait, je posai les mains sur la table, et au bout de quatre minutes environ des coups secs vinrent annoncer qu'elle était suffisamment chargée de fluide.

— Attention, messieurs, fis-je aux trois assitants, je commence. Première épreuve, et première preuve... Y a-t-il près de moi, continuai-je, un esprit qui désire se communiquer?

C'était le début classique de toute séance spirite.

— Oui, répondit la table.

— Comment vous appelez-vous.

— A. B. C. D.

— Comment A. B. C. D.

— Oui, je suis l'esprit de l'association des idées. L'esprit qui préside à leur reproduction par le son, et à leur traduction par les signes. *Nihil est in intellectu quod non prius fuerit in sensu*, a dit l'école de Salerne, et rien n'est plus vrai, nous ne sommes mis en communication avec les objets extérieurs que par nos sens, nos idées ont donc une origine purement matérielle; tout du reste dans l'univers n'est que matière, dirigée par des lois inéluctables; en dehors de cela, il n'y a rien, ni *Être suprême* directeur, ni *esprits intermédiaires*. L'homme n'est que le point culminant de la chaîne qui monte jusqu'à lui par les minéraux, les végétaux et les animaux, et à sa mort tout se désagrège en lui et retourne au règne minéral. Sa vie est le produit de la matière organisée, structurée, et n'existe pas en dehors d'elle. Toutes les religions sont le produit d'une métaphysique ignorante et grossière, il n'y a pas d'autre religion que l'étude de la nature, et c'est pour cela que je signe A. B. C. D., c'est-à-dire les premiers signes, le début de toute science.

La table fit alors entendre un petit roulement qui signifiait, c'est fini.

— C'est pour vous, M. S***, fis-je à l'un des trois assistants : ouvrez votre enveloppe.

L'interpellé obéit et se mit à lire à haute voix. Je renonce à dépeindre l'étonnement de mes amis, entendant M. S*** reproduire, mot pour mot, la communication que nous venions de recevoir.

— Pour le coup, s'écria M. S***, il est impossible d'être plus démonstratif ; la table nous renvoie exactement la communication écrite par notre ami ; pour moi, je n'ai pas besoin d'autres preuves pour être certain de ce que je savais déjà, qu'il n'y a dans tous ces phénomènes aucune influence surnaturelle.

— Il me paraît, en effet, répliqua l'ingénieur des mines M. H. P***, qu'il est difficile d'attribuer cette communication à l'influence d'un esprit, mais je déclare qu'à mon sens, une seule expérience de ce genre ne serait pas suffisante pour trancher définitivement cette délicate question.

— Voilà qui est sagement parlé, fit M. de M*** qui était resté pensif ; qui nous prouve en effet qu'un esprit, pour jouer un tour à son incrédule médium, ne s'est pas attribué précisément sa communication ?

J'allais répondre, M. H. P*** m'évita cette peine.

— Ah ! pour cela, mon cher ami, je ne l'admettrai

jamais. Vous autres spirites vous avez toujours à votre service des esprits mauvais, vagabonds, farceurs, dont vous vous servez utilement pour expliquer tout ce qui vous gêne, mais un homme sensé ne saurait admettre une pareille plaisanterie.

La question de l'existence des esprits est posée, hé bien! qu'ils se manifestent. Nous tiendrons autant de séances qu'il sera nécessaire pour leur permettre de donner signe de vie, mais si nous n'obtenons que des communications dans le genre de celle que nous venons de recevoir, je vous déclare que pour moi, la preuve de leur non-existence sera scientifiquement et définitivement acquise.

Après cette petite discussion, nous passâmes à une autre communication.

— A la question que je répétai : « Y a-t-il ici un esprit qui désire se communiquer? »

La table répondit, sous mon influence naturellement:

— Il n'y a pas d'*esprit* ici, et il n'en existe nulle part, ni dans notre atmosphère, ni par delà les mondes supérieurs, les morts restent sur le sol qui les a vus naître, composés d'hydrogène, d'oxygène, d'azote, de carbonate de chaux, de fer, de phosphore, etc..., et tout cela retournera au règne minéral dont il est sorti. La vie n'est que le produit de la matière organisée, et tout disparaît avec cette organisation. Si rien ne survit à la désorganisation de la forme structurée, comment veut-on qu'il y ait des *esprits* survivant pour ainsi dire à eux-mêmes?

— Qui donc alors parle en ce moment? intervint vivement M. de M***.

— Personne ne parle, répondirent les coups frappés, il n'y a que la transmission fluidique de la pensée du médium.

— Précisément, mon cher de M***, dis-je immédiatement, cette communication vous était destinée, ouvrez votre enveloppe.

M. de M*** s'empressa de mettre mon conseil à exécution, et lut :

« Il n'y a pas d'esprits ici, et il n'en existe nulle part, etc... »

— C'est étrange ! murmura-t-il quand il eut achevé sa lecture... et son visage respirait le plus profond désappointement.

— Persistez-vous à croire à quelque esprit moqueur qui vous prend pour but de ses mauvaises plaisanteries? demanda M. S*** à notre ami commun, d'un air railleur; dans tous les cas il ne fait guère preuve d'une intelligence inventive, puisqu'il en est réduit à copier servilement la pensée *écrite* de son médium.

M. de M*** ne répondit rien ; il était littéralement abasourdi par la tournure que prenait la séance.

Pour la troisième fois je posai les mains sur la table, et les coups frappés recommencèrent de plus belle.

— A vous maintenant, M. P***. Voulez-vous, lui demandai-je, que je vous fasse donner votre communication par un *esprit* de votre choix ?

— Soit, répondit l'ingénieur, cela nous changera. Je désirerais un esprit qui s'appelât Lux (Lumière).

La table interrogée, déclara qu'un esprit du nom de *Lux* désirait se communiquer.

— Mais qui me répond qu'il n'existe pas un *esprit*

du nom de Lux qui soit intervenu à notre appel? demanda M. de M***.

— Mon cher, le *mal spirite* a déjà fait de profonds ravages dans votre cerveau, lui répondit M. S*** l'éternel railleur, il n'est que temps que nous vous guérissions. Voyons, mon cher P***, quoique ce ne soit pas mon tour de parole, demandez donc un nom qui n'ait jamais eu qu'une existence de symbole, cela évitera toute confusion.

— Vous avez raison. Hé bien, je désire que la communication me soit faite par Brahma, le dieu suprême des Indous.

— Ah! si vous obtenez cela, ne put s'empêcher de dire M. de M***...

— Faisons mieux encore, M. P***. Au lieu de Brahma, si nous prenions la Triade, ou Trinité, Brahma, Vischnou, Siva, qui, quoique trois, ne forment qu'un *tout en une seule personne*?

— Êtes-vous d'accord, messieurs? demandai-je.

Ayant reçu une réponse unanime, je posai de nouveau les mains sur la table, et presque instantanément les coups frappés répondirent à la question habituelle par la phrase suivante :

— La Triade sacrée des Indous demande à se manifester.

— Voilà qui dépasse tout ce que l'on peut rêver, fit alors M. de M***.

Mais la communication commençait, et il se tut. Au fur et à mesure des coups frappés, se déroulèrent les paroles suivantes:

« L'habitude des méthodes scientifiques est là

meilleure garantie du cerveau contre les mauvaises doctrines et les antiques superstitions de l'Inde et de l'Egypte, qu'une sorte de rêveurs ignorants voudrait imposer au monde moderne, comme le dernier mot d'une philosophie religieuse et scientifique à la fois, comme si les idées de science et de religion se pouvaient accorder, l'une représentant des *faits naturels* et des *vérités absolues*, l'autre des *spéculations métaphysiques* et de *nuageuses rêveries*. La théorie spirite ne supporte pas l'examen devant le tribunal du bon sens, de la science et de la raison. »

La communication terminée, notre ingénieur, en trouva la copie sous son enveloppe, ainsi que cela était arrivé pour ses deux compagnons :

— Et vous m'eussiez désigné n'importe quelle autre, dis-je, que la table aurait donné la même réponse, puisque cette réponse était celle qui vous était destinée.

Tout cela, fit encore M. H. P*** en s'adressant à moi, est réellement merveilleux de clarté et de lucidité. La table n'a fait que répéter les communications que vous aviez préparées sans varier d'une ligne, et si vous me permettez de résumer mon impression et de conclure, je dirai que vous avez *scientifiquement prouvé* que le médium peut influencer la table à son gré, de façon à lui faire dire ce qui lui plaît, et pour moi, cela suffit à démontrer que les médiums ne sont pas ces agents passifs qu'ils prétendent être ; mais ceci admis comme indiscutable, il ne me paraît pas que la non-existence des esprits paraisse ressortir aussi évidemment de vos expériences. Notez que pour moi ma conviction est faite. Il faudrait que les esprits fussent bien peu puissants, pour n'avoir pas cédé à l'envie de vous donner une leçon pendant les cinq heures qu'a duré cette longue séance, et s'il est vrai qu'ils peuvent s'emparer du fluide du médium, je ne vois pas comment il se peut faire qu'aucun parmi eux ne soit intervenu pour changer la nature de la manifestation entièrement dirigée contre eux. Mais en somme, les partisans convaincus de la nouvelle doctrine pourront toujours vous dire : le fait que le médium puisse s'emparer de la table ou de tout autre objet imprégné de fluide, ne prouve pas que les esprits n'existent point, d'autant que vous ne les avez pas appelés.

— J'ai fait plus, j'ai empêché toute intervention étrangère de se produire. Je n'avais pas à appeler ce qui pour moi n'existe pas. La table est chargée de fluide, les esprits n'ont qu'à s'y montrer s'ils veulent prouver leur existence.

— Je suis de votre avis, mais vous ne pourrez empêcher les spirites de soutenir que les deux faits, à savoir l'action directe du médium, d'une part, et l'existence des esprits, de l'autre, peuvent parfaitement exister indépendamment l'un de l'autre, et de prétendre, si les expériences en restaient là, que lorsqu'un esprit se sera emparé du fluide et du moyen de transmission, le médium sera obligé de se soumettre à sa puissance.

— C'est une pure argutie, mon cher ami, intervint M. S***. Jamais les spirites n'ont admis cela, et votre objection vient de ce que vous marchez sur un terrain qui ne vous est pas familier. Dès qu'un médium se trouve placé à la table pour la charger de fluide, le premier coup frappé indique la présence d'un esprit; c'est ainsi qu'il se révèle. Retenez bien cela, le coup frappé est pour les spirites un phénomène produit par l'esprit, au même titre que l'élévation d'un corps quelconque, ou l'action de paralyser l'effet de son poids, et non pas un phénomène indiquant que la table est chargée de fluide. Donc, lorsque notre ami s'est placé à la table, les coups frappés dans la théorie spirite l'ont été par un esprit présent, qui, s'emparant du fluide du médium, révélait ainsi sa présence. Cela est si vrai, que dans toute réunion spirite, dès que le *premier* coup se fait entendre, il est pris pour la *première* manifestation de l'esprit présent, et que le médium ou toute autre personne présente s'adressent immédiatement « au cher esprit » — expression consacrée, — pour lui demander qui il est, et s'il veut bien continuer à se manifester... Voilà la vérité. J'en appelle à M. de M*** lui-même, en résumant dans une phrase tout ce que je viens de dire : Est-il vrai que les coups frappés, le premier ou le dernier, peu importe l'ordre dans lequel ils se produisent, soient considérés dans la doctrine spirite non comme un effet de la puissance du médium, mais comme la manifestation d'un esprit qui s'est emparé du fluide du médium pour annoncer sa présence ?

Interpellé directement, M. de M***, qui est la loyauté même, incapable de sacrifier la plus petite parcelle de vérité à ses croyances, répondit avec une franchise qui m'émut profondément, car ses paroles, ainsi qu'on va le voir, étaient la ruine de ses idées les plus chères :

— Vous avez raison, mon cher S***, trop raison malheureusement, le médium n'est pour nous qu'un instrument passif, et le jour où nous serons forcés d'admettre qu'il peut produire directement la moindre manifestation et influencer les communications que la table ne fait que traduire, il n'y aura plus de spiritisme, du moins pour moi, car je ne puis concevoir le médium comme un régulateur et un directeur de phénomènes qui n'ont plus de valeur pour moi du moment où je puis douter de l'origine des communications. Je me faisais une gloire d'obéir aux esprits, je ne pourrais accepter de soumettre mon libre arbitre, ma raison, à la discrétion d'un médium.

Puis se tournant vers moi :

— Je ne vous en veux pas, mon ami, mais vous avez détruit la plus chère de mes convictions.

— Comment! aussitôt, mais attendez une seconde séance, au moins.

— Certainement, j'y viendrai, mais ce sera bien inutile, ce qui s'est passé aujourd'hui se reproduira demain ; pendant cinq heures vous avez fait ce que je croyais impossible, vous avez été en même temps *producteur du fluide* et *directeur à volonté* des phénomènes de communication, cela me suffit ! En cette matière, il n'y a pas de fait exceptionnel, ce que vous avez pu faire, tous les médiums en sont capables, et ce que j'ai vu aujourd'hui m'explique bien des choses que je trouvais singulières ; ainsi j'avais remarqué que la valeur des communications, comme style et comme élévation de pensées, était toujours en rapport avec la valeur individuelle des médiums, cela ne m'étonne plus aujourd'hui. Chaque fois également que j'ai posé des questions scientifiques à un médium d'une instruction des plus rudimentaires, il est toujours arrivé que ce dernier, soit interrompait habilement la séance pour n'avoir pas à répondre, soit me donnait une communication d'une telle ignorance, que les personnes présentes qui comprenaient, mais voulaient sauver la situation, ne manquaient jamais de dire : « Allons, encore un esprit de dernière catégorie qui s'est emparé du fluide du médium, et qui vient troubler nos réunions. » Dans ce siècle d'incrédulité, je cherchais une croyance qui pût satisfaire mes aspirations vers un autre monde, mais je n'ai jamais laissé paralyser ma raison, et j'avais déjà vu bien des choses qui m'avaient donné de terribles doutes ; lorsque vous êtes venu m'exposer la théorie dont vous recherchiez la preuve scientifique qu'aucun médium ne voulait vous aider à trouver, j'ai commencé à soupçonner la bonne foi de tous ces gens-là ; aujourd'hui que la preuve est faite, mes soupçons se sont changés en certitude, et, à partir de ce soir, je vous en donne ma parole, le spiritisme compte un adepte de moins.

Il était tard, nous nous séparâmes sur ces dernières paroles, mais je fis promettre à mon comité de revenir le lendemain pour procéder à de nouvelles expériences plus concluantes encore que les premières. Je m'étais, comme on le voit, abstenu de toute discussion, laissant mes amis exposer leurs mutuelles impressions ; la séance suivante devait les frapper plus fortement encore, car elle allait répondre même à la nuance d'objection soulevée par l'ingénieur.

DEUXIÈME SÉANCE

Je ne décrirai avec quelques détails que la dernière partie de cette séance qui se rapporte à des expériences nouvelles.

Au début, nous renouvelâmes avec un soin minutieux les expériences de la veille tendant à prouver que le médium est absolument maître de son fluide et des objets qui en sont imprégnés. L'habitude est d'employer une table comme plus commode pour la production des phénomènes, mais toute autre forme matérielle pourrait servir de lieu de concentration fluidique.

Nous obtînmes, avec de nouvelles communications, des résultats identiques à ceux qui s'étaient déjà produits, aucun phénomène ne put révéler la présence et l'action d'un esprit.

Je fis alors rédiger une communication nouvelle par chacun de mes collaborateurs et les fis mettre à tour de rôle à la table avec moi ; les coups frappés nous donnèrent les trois communications, les unes après les autres, lorsque ceux qui les avaient écrites étaient en communication fluidique avec la table, et pour démontrer à mes amis que leurs pensées n'étaient reproduites que parce que je laissais toute liberté au fluide reproducteur, reprenant de temps à autre la direction du phénomène, j'intercalai tantôt un mot, tantôt une phrase entière au milieu de chacune des communications écrites par mes amis.

Il était impossible de présenter une preuve plus absolue de l'indépendance du médium de toute intervention ou influence étrangère.

Ainsi M. de M*** avait écrit quatre vers de Lamartine :

> Un soir, t'en souvient-il ? nous voguions en silence ;
> On n'entendait au loin, sur l'onde et sous les cieux,
> Que le bruit des rameurs qui frappaient en cadence
> Tes flots harmonieux.

Je coupais cette strophe, après les deux premiers vers, par cette phrase : « Admirable chant d'amour, auquel Niedermayer a ajouté le charme d'une mélodie presque aussi inspirée que les paroles du poète. »

Lorsque mon ami relut sa communication ainsi reproduite il ne s'expliqua pas tout d'abord le changement qu'il y trouvait, car la transmission par coup frappé ne donnant qu'une lettre de l'alphabet à la fois, il faut une attention très soutenue pour comprendre avant d'avoir sous les yeux toutes les lettres de la communication ; de plus, comme c'était par lui que j'avais commencé cette intercalation, il ne pouvait avoir aucun soupçon de ce que j'avais fait !

Je le vis pâlir et sa main se mit à trembler légèrement, son premier mouvement le portait à croire à une intervention surnaturelle. Etait-ce donc la protestation d'un esprit qui venait un peu tardivement prouver son existence ? Je ne le laissai pas longtemps sous cette impression, car je lui tendis un petit chiffon de papier sur lequel j'avais écrit à la hâte, avant l'opération, la phrase à intercaler.

— Avouez, lui dis-je, que vous avez été surpris !

— Surpris ! c'est-à-dire que j'en suffoquais d'émotion. Allais-je donc être obligé d'adorer aujourd'hui ce que j'avais brûlé la veille ?... Avouez qu'il y avait de quoi m'étonner au suprême degré... Après cette dernière épreuve, plus puissante encore que toutes les autres, je crois que nous pouvons nous en tenir là, pour ce genre d'expériences du moins.

— Très bien, répondis-je, nous allons en ce cas passer à des expériences intéressantes au premier chef, sur ce que j'appellerai le *fluide collectif*.

Lorsque plusieurs personnes sont placées avec le médium à une table, leur fluide vient se combiner avec celui de ce dernier, et augmente la force des manifestations et la durée du temps pendant lequel on peut obtenir des phénomènes ; c'est exactement comme si on renforçait une pile électrique de dix à douze éléments par plusieurs autres de un à deux éléments seulement ; il y a mélange intime de l'électricité produite.

Dans ce cas, le *médium* reste le maître absolu du *fluide collectif*, et il peut en diriger l'effort vers la reproduction des pensées de n'importe laquelle des personnes qui l'assistent.

Sur mon invitation, mes trois amis prirent place à la table, mon but était de répondre aux objections formulées la veille par l'ingénieur, si peu fondées qu'elles fussent, puisque de l'avis de tous, elles reposaient sur une erreur de fait. M. P*** ignorait en effet que dans la doctrine spirite le plus petit phénomène, le moindre coup frappé, sont des manifestations de la présence des esprits.

— Messieurs, dis-je à mes collaborateurs, l'un de vous a pensé hier qu'on pourrait me reprocher de n'avoir pas laissé aux esprits la faculté de se manifester ; bien qu'il ait été répondu à cette objection d'une façon victorieuse, nous allons aujourd'hui, non seulement leur donner toute liberté, mais encore les prier de vouloir bien nous honorer de leur présence ; rien ne servira mieux la cause que je défends qu'une petite séance de véritable spiritisme. Seulement, je vous préviens que je vais faire en conscience mon métier de médium. Supposez que nous sommes étrangers les uns aux autres et qu'ayant entendu parler de mes merveilleuses facultés *médianimiques* vous m'ayez prié de vous donner une séance... A vous la parole M. de M*** ; comme spirite de la veille, il vous appartient de diriger les phénomènes et de traduire les manifestations de vos anciens amis, messieurs les esprits

Notre compagnon accepta en souriant de jouer un rôle qui, ainsi présenté, lui eût semblé, deux jours avant, être une profanation.

Le silence se fit : nos mains reposaient sur la table, et des coups frappés ne tardèrent pas à se faire entendre.

Pour moi, bien que je l'eusse traitée un peu légèrement tout d'abord, cette séance avait une importance extraordinaire, et le lecteur va voir qu'il était impossible de porter à la croyance aux esprits un coup plus décisif.

— Y a-t-il près de nous quelque *esprit* qui désire se manifester? commença M. de M***.

Deux coups furent frappés dans la table; c'était une réponse affirmative. Notre ami continua avec la phraséologie adoptée dans tous les cercles spirites :

— Cher esprit qui venez de nous révéler votre présence, voulez-vous bien nous dire votre nom?

— Dans les sphères célestes que j'habite, je suis connu sous le nom d'Azaël.

— Et pendant votre existence terrestre, quel nom avez-vous porté?

— Ce nom a été mêlé à de sombres aventures dont je désire ne pas rappeler le souvenir. Ma faute a été expiée par plusieurs siècles de souffrances, au milieu des esprits les plus pervers. J'habite maintenant le séjour des purs esprits, où se rencontrent tous les grands noms qui ont marqué sur la terre... Que voulez-vous de moi?

— Pouvez-vous, cher esprit, nous donner quelques détails sur ce lieu dont vous nous parlez !

— Volontiers !

« Je possède une maisonnette charmante au fond d'une vallée, couverte d'une végétation inconnue à la terre; le parfum qui s'exhale des fleurs est comme un miel divin qui sert à notre nourriture à tous, et des milliers d'âmes de petits animaux qui jouent ici le rôle des oiseaux terrestres nous bercent constamment dans un céleste concert. Tout près de ma demeure se trouve le cercle des poètes, présidé par le vieil Homère. Chacun de ses membres improvise des chants immortels dont rien dans les planètes inférieures ne peut donner une idée... et nos heures, qui seraient des siècles pour vous, s'écoulent à écouter ces bardes divins, au milieu de la plus parfaite félicité. Ici, tout est immatériel, impondérable. Nous sommes la quintessence de tout ce qu'il y a de bien, de beau, d'admirable et de sublime dans l'univers, et le parfum qui s'en échappe suffit à jeter comme une rosée bienfaisante sur les mondes inférieurs ; toutes les idées, toutes les notions, toutes les aspirations vers le bien, le vrai et le beau, que l'on rencontre dans les sphères imparfaites viennent de ce reflet subtil qui rayonne de notre séjour dans l'espace, comme la lumière et la chaleur rayonnent des innombrables soleils parsemés dans l'infini...! »

La communication s'était arrêtée là, un roulement de coups, selon l'ordinaire, en avait annoncé la fin, et M. de M***, après avoir assemblé les lettres en mots et divisé les phrases, chose dont il possédait une grande habitude, nous en avait fait la lecture.

A mesure qu'il lisait, les auditeurs me regardaient avec une curiosité singulière, et le morceau achevé, M. P***, l'ingénieur, sembla traduire la pensée de tous en me disant : — Qu'est-ce que cela signifie ? Allez-vous donc nous démontrer maintenant l'existence des esprits ?

— Nullement, mon cher ami, lui répondis-je. Ne m'avez-vous pas dit vous-même que l'on pourrait me reprocher de mettre empêchement aux manifestations des esprits ?

Il m'avait semblé en effet que...

— Eh bien, mon cher, comment voulez-vous que

je gêne en quoi que ce soit la manifestation d'êtres qui n'existent pas ? Je n'avais qu'une chose à faire, vous démontrer une seconde fois que les esprits n'existent pas en créant de toute pièce un de *ces êtres imaginaires*, ainsi que la communication que la table a reproduite.

— Ainsi cet Azaël ?

— Est sorti tout entier de mon cerveau.

— Avec sa poétique description ?

— Avec sa poétique description, comme vous voulez bien le dire. Ne vous avais-je pas promis de faire mon métier de *médium* en conscience ?... Voilà comment ces messieurs qui donnent des séances *sterling* et vont en ville trompent la crédulité des spirites.

Maintenant laissez-moi vous dire, et c'est là le côté vraiment intéressant de ce pouvoir inconnu qu'on a appelé force pschychique, toute personne, lorsqu'elle est en communication avec la table chargée de fluide, peut en diriger les manifestations, les coups frappés lui renverront exactement ses pensées ou celles de toutes autres personnes désignées ; il suffit pour cela que le *médium* n'impose pas sa volonté dans un sens contraire.

— C'est étrange, en vérité ; il y a certainement quelque chose là !

— Oui, il y a quelque chose là, et personne n'en doute, comme il y a quelque chose dans la transmission électrique que nul ne peut expliquer ; si vous le voulez, ce sera l'objet de notre troisième séance. Après avoir prouvé que les esprits n'étaient pour rien dans ces manifestations, nous en étudierons les phénomènes, afin d'en prendre pour ainsi dire la production sur le fait, et peut-être pourrons-nous en déduire une théorie satisfaisante.

Cette invitation acceptée à l'unanimité, nous nous séparâmes à une heure assez avancée de la nuit, après une conversation qui avait roulé sur les côtés les plus élevés de la physiologie et de la psychologie, et qu'il est inutile de rapporter ici.

TROISIÈME SÉANCE

Comment se comporte la *Force psychique* dans ses diverses manifestations ? Tel était le côté de la question qu'il s'agissait d'étudier.

Rappelons d'abord les faits acquis d'une façon à peu près certaine, c'est-à-dire admis pour tous ceux qui les ont examinés expérimentalement, sans parti pris, en leur appliquant une méthode rigoureusement scientifique.

Lorsque plusieurs personnes sont réunies autour d'une table, apportant chacune leur contingent de fluide, et qu'elles parviennent à produire la quantité nécessaire à la manifestation des phénomènes, des coups se font entendre dans la table ainsi influencée et, à partir de ce moment, chacun des assistants peut obtenir des communications ou réponses aux questions qu'il lui plaît de poser.

Ecartons de suite un argument que les spirites ont souvent donné en faveur de leur système, tiré de la nature de ces communications. Depuis vingt ans que nous nous occupons de la question spirite, nous avons colligé de tous côtés, en Amérique, en Angleterre, en France, les communications diverses qui se sont produites aux innombrables séances auxquelles nous avons assisté, et que souvent nous avons provoquées nous-même, et nous devons déclarer :

1° Que toutes n'ont jamais dépassé le niveau intellectuel des personnes présentes qui concouraient à la manifestation, et que dans le plus grand nombre des cas même, elles sont restées inférieures;

2° Que dans la réunion de gens notoirement ignorants, *Elles* sont restées sur le terrain de cette morale banale à force d'être connue : « Ne fais pas le mal »... « Conduisez-vous en tout comme d'honnêtes gens », « Il faut aimer et secourir ses semblables » etc., et cent autres de même force ; il faut avouer que l'humanité n'avait pas attendu l'avènement des esprits, et les plagiats du sieur Rivail, Allan Kardec, pour les formuler;

3° Que chaque fois qu'un homme indépendant a pu forcer les assistants et le médium à sortir du cercle de ces naïvetés, tout en s'éloignant assez lui-même du centre d'influence, pour ne pas prêter son propre savoir à la communauté, les esprits se sont trouvés d'une ignorance crasse, en histoire, en astronomie, en anatomie, en mathématiques et, en général, dans toutes les sciences naturelles et exactes. On en verra des preuves éclatantes à cette dernière séance;

4° Que, malgré la faculté que leur prêtent les spirites de connaître le passé, le présent et l'avenir, jamais les prétendus esprits n'ont pu résister au moindre examen scientifique de cette fabuleuse puissance. Les communications n'ont révélé sur le passé et le présent que ce qui était su d'un ou de tous les assistants, et quant à l'avenir, je n'ai pu obtenir que de ridicules prédictions à cet égard, ou l'éternelle phrase qui pare à tout : « Il nous est interdit de répondre. »

J'ajouterai qu'on ne peut accorder sur toutes ces choses aucune confiance aux témoignages des spirites, non que je prétende accuser leur honorabilité ; mais malgré eux, ils voient tout avec les yeux de la foi, et on sait où cela conduit. La Rome papale possède dans ses cartons des milliers de témoignages en faveur des saints, que l'on béatifie d'abord et sanctifie ensuite ; est-il un seul homme de science qui engagerait sa parole sur ces témoignages ?... Et quant à la valeur qu'a la parole des spirites sur les choses qui touchent à leurs croyances, qu'on se rappelle la plupart des signataires du procès-verbal Firman, qui retirèrent un à un leurs signatures, après avoir cependant *vu*, de leurs yeux *vu*, ce qui s'appelle *vu*, ce médium terrassé, et encore couvert des oripeaux du petit Indien dont il jouait le rôle.

Tout concourt donc, les preuves directes comme les preuves indirectes, à démontrer la fausseté absolue de l'hypothèse spirite ; il ne sort de tout cela qu'une force fluidique, qui, comme l'électricité, ne vous communique que les choses que vous la chargerez de reproduire, et qui sont connues ou sues d'une ou de plusieurs personnes présentes ; la duplicité des *médiums* qui y trouvent leur gagne-pain a seule embrouillé la question. Dès que l'expérimentateur est médium lui-même ou que les personnes qui expérimentent parviennent, grâce au nombre, à constituer une force fluidique suffisante, tout ce mirage de surnaturel disparaît, et on n'a plus devant soi qu'un fluide de nature organique, c'est-à-dire produit par les êtres vivants, qui est capable d'agir sur la matière inerte, et dont la science a le droit et le devoir d'étudier les manifestations.

Notre troisième séance ne fit qu'apporter des preuves de plus à ce que je viens d'exposer, et sur les faits, et sur la théorie qui s'en dégage.

Dès que nous eûmes pris place à la table, je demandai simplement à mes amis de ne rien cacher de leurs impressions, de leurs pensées, à chaque communication, afin qu'il nous fût possible de signaler l'origine de chacune d'elles.

Le premier esprit qui se produisit en toute liberté, car je n'influençais plus la table, laissant mes trois amis libres de leurs pensées, fut *Daguerre*. Il se plaignit amèrement de l'ingratitude des hommes qui avaient enlevé son nom — Daguerréotype — à un art qu'il avait contribué à fonder, car enfin, nul ne pouvait nier que la photographie ne dérivât de ses essais, quelque rudimentaires qu'ils aient été.

La communication était à peine terminée que M. S** nous déclara qu'elle n'était que la reproduction d'une pensée qu'il venait d'avoir en posant ses mains sur la table. J'en conclus que c'était celui de mes collaborateurs qui avait formulé le plus nettement sa pensée, ou bien encore celui qui fournissait le contingent fluidique le plus considérable. Peut-être le phénomène participait-il de ces deux causes.

La seconde communication nous vint sous le nom de *Bichat*. Elle exprimait l'idée que le médecin, qui en face d'une maladie épidémique fait passer sa sûreté personnelle avant ses devoirs professionnels, devrait être dégradé, comme le soldat qui refuse d'aller au feu.

M. P***, l'ingénieur, qui est de la Bresse et compatriote de Bichat, déclara de même que, la veille, un médecin de son quartier, ayant quitté brusquement le lit d'un diphtérique, sans qu'il ait été possible de l'y faire revenir, il venait de songer à cela en donnant à sa pensée la forme qu'avait prise la communication, et tout naturellement en infligeant mentalement ce blâme au médecin qui s'était si lâchement conduit, il s'était dit, en songeant à son compatriote, que l'illustre Bichat ne se serait pas conduit ainsi.

M. de M*** obtint un simple *bonjour* donné sous le nom d'un ami mort depuis quelques mois. Il ne fit nulle difficulté de nous avouer qu'il songeait précisément à cette personne et que les mots d'*adieu*, de *souvenir*, ou de *bonjour*, lui avaient traversé l'esprit dans le moment même où la communication se produisait.

Nous aurions pu continuer ce genre d'expériences pendant des jours et des mois, nous eussions toujours obtenu le même résultat. Le fluide médianimique n'est qu'un réflecteur d'idées, et son action mécanique s'accomplit d'autant plus facilement qu'il est dirigé *lettre par lettre* par la personne qui a évoqué l'esprit et demandé la communication. Quoi que l'on fasse en effet pour s'en distraire, on ne peut s'empêcher de suivre la marche des coups frappés, même quand on ne tient pas l'alphabet, et d'insister mentalement sur la lettre qui doit être indiquée; c'est un phénomène que j'ai observé cent fois, et qui s'accomplit sans que la plupart du temps la personne intéressée s'en doute.

Il me restait une dernière expérience à faire, et que je gardais, comme on dit vulgairement, pour la bonne bouche, non qu'elle fût plus probante que les autres, mais parce qu'elle était de nature à agir avec une telle spontanéité sur toutes les intelligences que l'effet en résultant était extraordinaire et immédiat. Chaque fois que j'ai eu l'occasion de la produire devant une assistance un peu mêlée, elle s'est terminée au milieu des éclats de rire des indifférents et de la confusion des spirites qui ne savaient que répondre.

— A mon tour, maintenant, fis-je à mes trois amis, lorsqu'ils eurent à peu près épuisé le cercle de leurs demandes, si toutefois vous voulez bien me permettre de clore cette série d'expériences.

Ayant obtenu leur assentiment, je continuai :

— Il est de principe, c'est Allan Kardec qui nous le dit, que nous avons le droit d'évoquer les esprits, et que, s'ils refusent de paraître, nous pouvons les y contraindre au nom de Dieu, car tous s'inclinent devant sa puissance. Je vais donc évoquer quelques-uns d'entre eux, et je vous déclare que, s'ils répondent aux questions bien simples que je vais leur poser, et ils y répondront si réellement ils existent, je ne mets plus en doute ni leur existence, ni leur puissance.

16.

— Voilà qui est grave, fit M. S*** en souriant.

— Moins que vous ne croyez, répondis-je sur le même ton.

Nous reprîmes nos places à la table, et en avertissant mes amis de l'intention où j'étais d'évoquer l'âme de Lamartine, le grand poète français, je leur demandai s'ils connaissaient le poème de *Jocelyn*, de façon à pouvoir réciter les vers du premier chant. Je reçus une réponse négative : l'ingénieur ne l'avait jamais lu ; quant aux deux autres, il ne leur en était resté qu'un souvenir d'ensemble.

J'évoquai donc l'esprit de Lamartine, et, après quelques minutes d'attente, les coups frappés se firent entendre, comme d'habitude, dans la table.

— Quel est l'esprit qui désire se communiquer ? demandai-je.

La réponse fut en toutes lettres : « Lamartine ! »

— Le grand poète ? continuai-je, pour qu'il n'y eût aucune confusion.

— Lui-même ! fut-il répondu. Que désirez-vous de moi ?

— Une chose inestimable pour nous, et qui pour vous ne sera qu'un jeu. Nous désirerions que vous nous récitassiez le premier chant de Jocelyn.

Après quelques instants d'hésitation, il nous fut répondu textuellement : « Je ne me souviens plus ! »

Il n'y avait près de moi en ce moment, de spirite, que M. de M***, et encore prétendait-il ne plus l'être depuis deux jours ; malgré cela je renonce à dépeindre a stupeur qui s'empara des trois assistants ; ils ne réfléchissaient pas que le fait était naturel après les nombreuses expériences que nous venions de faire ; ils ne voyaient que ce fait étrange jusqu'au comique, de Lamartine ne se souvenant plus des vers qu'il avait faits.

Je voulus pousser la chose jusqu'au bout, et faisant signe à mes trois amis de s'éloigner de la table, pour rompre la communication, je demandai à l'esprit de Lamartine de nous réciter un morceau quel qu'il fût ; la réponse fut encore : « Je ne me souviens plus ».

Je descendis à une strophe, un distique, un seul vers, pourvu qu'ils ne fussent pas empruntés à la poésie du Lac que je connaissais, et que naturellement j'aurais pu transmettre par le fluide. Même réponse, l'esprit de Lamartine ne savait ni un morceau, ni une strophe, ni même un seul vers de ses œuvres.

L'effet habituel fut irrésistible, un rire aussi unanime que peu respectueux pour le prétendu esprit du pauvre poète, salua ses différentes réponses, et j'eus le plaisir d'entendre M. de M*** s'écrier avec une conviction qui n'avait rien de joué :

— Et dire que j'ai perdu dix années de ma vie à ces billevesées !

Je n'étais pas au bout. Surexcités par cette première expérience, mes amis voulurent continuer, et successivement nous appelons les esprits : de Byron, il ne savait pas *Child Harold;*

De Milton, il ignorait même le premier vers du *Paradis perdu;*

De Victor Hugo, il ne put nous dire un seul morceau des *Orientales* ou des *Châtiments;*

De Musset, il avait oublié *Rolla* et *les Nuits;*

De Longfellow, il ne savait plus son hymne admirable à *la Liberté*.

Enfin notre ami l'ingénieur ayant évoqué l'âme de Leverrier, l'esprit du grand mathématicien astronome ne put indiquer par quels calculs il était parvenu à trouver la position de Neptune que personne n'avait encore découvert, et dont l'existence lui avait été révélée par les variations d'Uranus, inexplicables sans cette planète...

Nous nous en tînmes là, et l'opinion unanime fut que cette fameuse hypothèse spirite, qui d'après l'opinion de M. Victor Meunier, rédacteur scientifique du *Rappel*, « poussait dru comme une forêt sur les ruines du matérialisme agonisant, » venait de recevoir le coup mortel et était définitivement enterrée !

Nous connaissons la réponse des spirites.. Tous ces gens-là ne seraient ni Lamartine, ni Byron, ni Musset, ni Victor Hugo, ni Leverrier, etc... mais bien des êtres inférieurs, des *esprits farceurs* qui se sont moqués de nous... Farceurs eux-mêmes, les bons spirites, mais en même temps très habiles, car ils ont inventé deux ou trois phrases dans le goût suivant : « Il ne nous est pas permis de répondre », ou bien : « Vous avez été le jouet d'esprits inférieurs », à l'aide desquelles ils espèrent fermer la bouche à la science et esquiver les preuves que cette dernière est en droit d'exiger d'eux. Mais ils ont beau faire, ils ne donneront pas le change, et l'humanité ne s'est pas soustraite au despotisme des sorciers et des prêtres, pour retomber sous celui des médiums, ces mystificateurs modernes, que je défie bien, ainsi que les augures

de la Rome antique, de pouvoir se regarder sans rire.
Le défaut de la cuirasse est trouvé !

Ce qu'il fallait contrôler, ce n'était pas, comme Crookes et une foule d'autres l'ont fait, la réalité du phénomène, — le phénomène existe, — mais bien l'agent de production, c'est-à-dire le médium.

C'est de là qu'est partie la tromperie ! La crédulité des masses et le besoin de merveilleux, qui assiège le cerveau des trois quarts des hommes, ont fait le reste.

Toutefois, malgré les preuves évidentes, preuves absolument scientifiques, que tout le monde peut contrôler et reproduire à son gré avec la première personne venue, à condition qu'elle soit douée d'un peu de force fluidique, je n'ai pas l'espoir de faire de nombreuses conversions, de ramener beaucoup de spirites dans la voie du bon sens ; trop d'intérêts matériels sont venus se grouper autour des chefs de la secte, pour qu'on puisse obtenir d'eux quelque franchise... et puis il y a des gens qui ne demandent qu'à être trompés et que le spectacle des durs labeurs de cette vie, incite à vivre dans un monde de rêve et de mystère, dont le premier et le dernier terme signifient pour eux : consolation et espérance. Laissons ceux-là à leur douce folie. Quant aux fermes intelligences, entraînées comme M. de M*** par un mirage trompeur, j'ai l'espoir qu'elles trouveront dans ce livre le moyen de se ressaisir, et de combattre une fausse doctrine aussi vieille que le monde, et qui n'a fait jusqu'à ce jour que conduire individuellement les hommes à la folie, comme l'ami de M. Vacquerie, et les masses à l'abrutissement religieux, comme les Indous, qui râlent depuis dix mille ans et plus sous le joug de leurs prêtres et de leurs fakirs.

* * *

Je vais maintenant donner la parole à Home, le grand médium qui fut mon ami pendant plus de vingt-cinq années ; les hasards de la vie, les enivrements du triomphe, de lointains voyages, nous séparèrent souvent, mais il me retrouva toujours aux heures tristes de la souffrance et de l'abandon. Il est mort jeune, à peine âgé de cinquante et un ans, brisé par les secousses nerveuses et les commotions cérébrales que lui imposaient son existence de médium et la production journalière des plus étonnants phénomènes que la force psychique ait pu engendrer.

Il est mort aussi d'une pensée qui le rongea toute sa vie, car c'était un grand orgueilleux qui avait de hautes aspirations. Lui, le descendant du célèbre philosophe écossais David Home, il souffrait à mourir de se sentir traiter partout comme un charlatan... et des vains efforts qu'il avait faits pour faire croire à une mission, que personne n'avait voulu prendre au sérieux.

Oui ! je vais lui donner la parole pour qu'il dise le dernier mot sur une question qu'il a mieux connue que personne, et dont il eût bien voulu emporter le secret dans la tombe, pour laisser comme une mystérieuse auréole autour de son nom.

Nous causions un soir, quelque temps avant sa mort, du seul sujet qui avait intéressé sa vie, et chose étonnante, plus il s'affaiblissait, plus la force fluidique avait chez lui des retours de puissance extraordinaire et plus il aimait à en faire parade pour s'abuser lui-même sur son état. Il ne pouvait se dissimuler qu'il s'en allait lentement, mais aussi sûrement que le voyageur qui aperçoit déjà dans le lointain la silhouette du village où il va se coucher le soir; mais il ne voulait pas y croire.

Ce soir-là, donc, las de causer, il s'était approché de la table, et posant ses mains devenues diaphanes à force d'être amaigries, il me dit :

— Je veux voir combien de temps les esprits me laissent encore à vivre.

Et de toutes parts les coups frappés retentissaient dans la table, tantôt comme un roulement de tonnerre, tantôt comme un crépitement de mitrailleuse...

— A quoi bon? lui répondis-je en lui touchant le front légèrement du doigt. Est-ce que vous ne savez pas à quoi vous en tenir sur l'existence réelle de ces esprits qui n'ont jamais existé que par la puissance de cet admirable cerveau, qui dit à la matière inerte : « Fais ceci » et à qui la matière inerte obéit ! L'antiquité vous eût mis au nombre des demi-dieux.

Je savais comment le prendre, et cette flatterie lui plut, car il me répondit :

— *C'est vrai, après tout, que cette foule d'esprits devant lesquels s'agenouillent les âmes crédules et superstitieuses n'ont jamais existé ! Pour moi, du moins, je ne les ai jamais rencontrés sur mon chemin. Je m'en suis servi pour donner à mes expériences cette apparence de mystère qui, de tout temps, a plu aux masses et surtout aux femmes, mais je n'ai point cru à leur intervention dans les phénomènes que je produisais, et que chacun attribuait à des influences d'outre-tombe. Comment pouvais-je y croire? j'ai toujours fait dire aux objets que j'influençais de mon fluide, tout ce qui me plaisait, et quand cela me plaisait! Non, un médium ne peut pas croire aux esprits! C'est même le seul qui n'y puisse jamais croire! Comme l'ancien Druide qui se cachait dans un chêne pour faire entendre la voix redoutée de Teutatès, le médium ne peut pas croire à des êtres qui n'existent que par sa seule volonté.*

Après avoir prononcé ces paroles avec effort et comme s'il se parlait à lui-même, il se tut, et pendant quelques instants, l'œil perdu dans le vague, il sembla s'absorber dans ses réflexions.

Et moi j'avais sténographié ses paroles pour conserver la forme qu'il leur avait donnée... Home reniant les esprits quelques mois avant sa mort, n'était-ce pas le glas du spiritisme sonné par celui qui avait le plus contribué à le fonder?

Quand il revint à lui, il avait nettement conservé la notion de ce qu'il m'avait dit, car me prenant la main, il murmura :

— N'imprimez pas cela avant que je ne sois plus.

Et il retomba dans une de ces somnolences fluidiques qui semblaient déjà le transporter dans l'inconnu!... Et je lui ai tenu parole! Car lorsque ce livre paraîtra il y aura déjà quelques printemps que l'herbe poussera sur la tombe du grand médium, qui fut un grand désespéré.

CONCLUSION

Il ne me reste plus qu'à conclure, c'est-à-dire à extraire de l'ensemble des phénomènes et des faits que je viens d'exposer la portion de vérité qui peut surnager au-dessus de cet océan d'erreurs, de fourberies et de superstitions qui s'appelle le spiritisme.

De tout temps l'humanité s'est complue dans le rêve, le mysticisme et le merveilleux, et cette tendance a, pendant de longs siècles, retardé l'émancipation de la raison et stérilisé tous les efforts de la science ; au berceau de toutes les religions, comme au début de tous les pasteurs d'hommes se rencontrent les mêmes fables, les mêmes moyens, mis au service des mêmes idées; mais si pareilles choses pouvaient se comprendre à une époque où les plus simples phénomènes de la nature apparaissaient aux populations comme des manifestations d'esprits tutélaires ou de divinités malfaisantes, selon le caractère utile ou nuisible de ces phénomènes, une semblable tentative aurait dû être accueillie par le plus profond dédain, au siècle de la vapeur et de l'électricité.

Nous voyons cependant qu'il n'en a rien été, et que le spiritisme, qui n'est que la rénovation des anciennes pratiques mystérieuses de l'Inde, de la Chaldée, de l'Egypte, que l'on croyait éteintes avec les dernières superstitions du moyen âge, a fait de nouveaux adeptes et par millions, tant en Amérique qu'en Angleterre, et dans les diverses contrées de l'Europe.

La superstition a donc été encore une fois plus forte que la raison, plus forte que la science, malgré les immenses progrès que cette dernière a faits dans toutes les branches des connaissances humaines.

Disons toutefois qu'il y a progrès, car si la superstition ancienne proscrivait la science, le spiritisme, au contraire, l'appelle à son aide, et la convie à vérifier ses principes. Je sais bien que dans la bouche de ses adhérents, cette concession n'est que de pure forme et qu'il ne ferait pas bon de leur abandonner le pouvoir séculier : ils auraient tôt fait de relever, et contre nous, les foudres inquisitoriales ; mais c'est déjà quelque chose que ce respect affiché par les spirites pour les méthodes rationnelles et les décisions de la science.

Cet appel, je dirais même ce défi qu'ils adressent au contrôle de la science, j'ai voulu le relever dans ce livre, et je crois pouvoir affirmer que j'ai démontré jusqu'à l'évidence l'inanité de la théorie spirite relativement à l'existence et à l'intervention des esprits.

Non, il n'existe pas d'êtres immatériels, impondérables, vivant soit dans notre atmosphère, soit dans les autres mondes, capables de se manifester sous différentes formes, tantôt en empruntant le fluide du médium pour adresser aux hommes des communications d'outre-tombe, tantôt en se matérialisant par l'emprunt également, d'une partie des éléments organiques du même intermédiaire. J'ai prouvé d'une part que les communications émanaient toutes soit du médium, soit d'une des personnes présentes aux expériences et qu'en tout état de cause le médium pouvait toujours les diriger à son gré.

Nos démonstrations sur ce point ont été irréfutables, et n'est-il pas curieux jusqu'au comique de voir la plupart des grands écrivains de l'antiquité et des temps modernes évoqués selon le mode ordinaire, c'est-à-dire par *la table* et les *coups frappés*, ignorer jusqu'au premier mot, jusqu'au titre des ouvrages qui ont fait leur gloire ?

Que dire aussi des communications écrites par avance, et que nous obligions les prétendus esprits à venir nous répéter servilement comme une leçon ?

Peut-on démontrer d'une façon plus évidente et la supercherie de tous les médiums, et la faiblesse d'esprit de tous ceux qui leur font un piédestal par la naïveté de leurs entraînements et la crédulité de leurs admirations?

Quant aux apparitions et aux matérialisations, par le nombre des médiums pris en flagrant délit de fraude et de supercherie par les *trucs* enfantins dont ils se servent et que j'ai dévoilés, j'ai prouvé surabondamment que tout cela encore, malgré les photographies spirites de William Crookes, devait être relégué dans le domaine de la fantasmagorie et de la mystification.

Que reste-t-il de tout cela ?

Nous l'avons dit vingt fois et nous le rappelons en terminant : il y a dans l'homme un fluide spécial qui, dans certaines conditions déterminées, et chez certains sujets où il s'accumule plus facilement, parvient à produire des phénomènes de percussion, d'élévation, de transport à distance et de matérialisation du poids des corps, que l'on peut tous reproduire du reste par l'électricité, et qui sont des phénomènes purement naturels ; l'homme agit dans ce cas, et comme agent matériel de production, de force et de transmission, ni plus ni moins qu'une pile chargée de fluide, et comme intelligence directrice : voilà la vérité, tout ce qui est au delà n'est que superstition, tromperie, illusion ou mensonge.

Il est certain que le médium possède une force fluidique plus développée que chez les autres hommes, mais il est non moins certain que le commun des mortels peut arriver, avec de la persévérance, à accumuler une quantité suffisante de ce fluide nerveux, pour produire une partie de ces phénomènes.

Quel est ce fluide ? Quelle est la force qui en résulte ? Je ne sais, pas plus qu'on ne sait ce que sont l'électricité, le fluide magnétique, le son ou la lumière, mais ils existent, c'est un fait qu'on ne peut plus nier aujourd'hui.

Les Indous appelaient ce fluide *âgâsa*, c'est-à-dire fluide pur. Nous l'avons appelé fluide nerveux, et la force qui en résulte force psychique.

Cette dernière qualification appartient à M. Serjeant Cox, un des savants les plus recommandables de l'Angleterre.

« La théorie de la force psychique, dit-il, est simplement de reconnaître un *fait* presque indiscutable sous quelques rapports, mais encore imparfaitement connu sous d'autres. Ce fait établit qu'à une distance indéfinie du corps de certaines personnes, ayant une organisation nerveuse spéciale, il existe *une force* produisant, sans le secours des muscles, une action particulière, capable de *donner un mouvement*, ou de *faire mouvoir des substances solides*, et de *produire des sons* dans ces mêmes corps.

Comme la présence de semblables organisations est nécessaire aux phénomènes, il est raisonnable de conclure que la *force psychique*, par un moyen encore inconnu, procède de cette organisation ; de même, comme l'organisme est lui-même mû et dirigé dans sa structure par une force qui est l'âme, ou qui réside dans l'âme, l'esprit, ou l'intelligence — donnez-lui le nom que vous voudrez — et qui constitue l'être que nous appelons *l'homme*, il est raisonnable de conclure que la *force* qui produit le mouvement au dehors des limites du corps, est la même *force* qui le produit dans les limites du corps. »

En résumé, pour le savant anglais, c'est l'âme ou l'intelligence qui dirige tous les phénomènes *extérieurs* produits par la *force psychique*, comme elle dirige déjà tous les phénomènes intérieurs qui résultent de l'organisme humain ; et partant de là, tous les phénomènes attribués aux esprits sont des phénomènes purement naturels qui dépendent de l'organisation de l'homme, et que la science a le devoir d'étudier. Ce ne sera qu'une branche de plus ajoutée aux sciences physiologiques. C'est ce que nous avons voulu prouver.

Il n'y a rien de merveilleux sur la terre. Tout y est dirigé par des lois absolues qui sont les mêmes dans l'univers, et qui ne demandent qu'à être étudiées et examinées par la raison pour voir fuir, comme les brumes du matin devant le soleil, tous les fantômes, tous les spectres, toutes les superstitions enfantés par la crédulité des siècles.

TABLE DES MATIÈRES

Introduction 1

PREMIÈRE PARTIE
Histoire du Spiritisme. 1

DEUXIÈME PARTIE
La Théorie spirite 91

TROISIÈME PARTIE
Les Médiums, leurs fraudes, leurs victimes 163

QUATRIÈME PARTIE
Spiritisme expérimental 250

ÉVREUX, IMPRIMERIE DE CHARLES HÉRISSEY

BIBLIOTHÈQUE SCIENTIFIQUE UNIVERSELLE
à 3 fr. 50 le volume.

PIERRE DELCOURT

Ce qu'on mange à Paris, falsifications des produits alimentaires et des liquides. 1 vol. in-18.

LOUIS FIGUIER

Le Téléphone, son histoire, sa description, ses usages, Ouvrage illustré de 76 gravures. 1 vol. in-18.

Les Chemins de fer métropolitains, à Paris et en Europe. Ouvrage illustré de 35 gravures et de 5 cartes. 1 vol. in-18.

P. MANTEGAZZA

L'Amour dans l'humanité, essai d'une ethnologie de l'amour. 1 vol. in-18.

Physiologie de l'Amour, 1 vol. in-18.

Hygiène de l'Amour, 1 vol. in-18.

www.ingramcontent.com/pod-product-compliance
Lightning Source LLC
Chambersburg PA
CBHW060354170426
43199CB00013B/1865